本书为鲁晓明教授主持的国家社科基金重大项目"积极老龄化的法治问题研究（2019ZDA157）"阶段性成果。

鲁晓明 著

精神损害赔偿之
风险控制论

J

JINGSHEN SUNHAI PEICHANGZHI

FENGXIAN KONGZHILUN

中国政法大学出版社

2021·北京

图书在版编目（ＣＩＰ）数据

精神损害赔偿之风险控制论/鲁晓明著.—北京:中国政法大学出版社,2021.11
ISBN 978-7-5764-0162-2

Ⅰ.①精… Ⅱ.①鲁… Ⅲ.①侵权行为－赔偿－研究－中国 Ⅳ.①D923.84

中国版本图书馆CIP数据核字(2021)第225915号

出 版 者	中国政法大学出版社
地　　　址	北京市海淀区西土城路25号
邮寄地址	北京100088信箱8034分箱　邮编100088
网　　　址	http://www.cuplpress.com (网络实名：中国政法大学出版社)
电　　　话	010-58908586(编辑部) 58908334(邮购部)
编辑邮箱	zhengfadch@126.com
承　　　印	固安华明印业有限公司
开　　　本	720mm×960mm　　1/16
印　　　张	15.25
字　　　数	260千字
版　　　次	2021年11月第1版
印　　　次	2021年11月第1次印刷
定　　　价	59.00元

目 录　CONTENTS

第一章

精神损害赔偿概论

第一节　精神损害赔偿的概念

精神损害赔偿责任虽已是民事权利保护的重要内容，但对于何为精神损害、何为精神损害赔偿，理论界并没有达成共识。实务界就认定被害人遭受精神损害也没有形成一致意见。因此，尽管耳熟能详，但对精神损害赔偿制度中基本概念之界定仍是一个值得研究的问题。

一、损害的概念

我国《民法典》[1]第1183条规定，侵害自然人人身权益造成严重精神损害的，被侵权人有权请求精神损害赔偿。该规定没有正面界定精神损害赔偿的内涵，但确立了以"损害"作为界定精神损害赔偿依据的标准。鉴于在理论和实务中，对"损害"之理解均存在较大分歧，故本书首先对损害之概念进行探讨。

（一）损害与损失概念的辨析

损害一词，英文称"damage"，[2]德文为"der schaden"，法语则谓"dommage"，均源自于拉丁文"damnum"一词。依古罗马《阿奎利亚

---

[1] 主称为《中华人民共和国民法典》。为论述方便，后文中出现的我国法律、公报名称均省略"中华人民共和国"字样，全书统一，后不赘述。

[2] 英文"damage"与"damages"表示的含义并不相同，前者表示的"损害"是作为侵权责任构成要件的损害，后者则是指侵权效果意义上的，即损害赔偿中涉及的损害。参见〔德〕克雷斯蒂安·冯·巴尔：《欧洲比较侵权行为法》（第2版）（下卷），焦美华译，张新宝审校，法律出版社2004年版，第3页。

法》，"damnum"是指对物之完整性的侵害，即以直接的物理方式对物质实体的侵害。[1]

在汉语中，损害由"损"与"害"两个语素构成。"损"为动词，与"益"相对，意指减少、丧失、伤害；而"害"，《说文解字》称"害，伤也"，意即伤害、妨碍之意。《现代汉语词典》对损害的定义为：使事业、利益、健康、名誉等蒙受损失，将损失定义为："没有代价地消耗或失去（的东西）。"[2]在《牛津英语词典》中，"damage"被定义为："（1）因损害或伤害而导致的财产、条件和环境方面的损失或损害，（2）伤害或损害，特别指物的物理损伤……（4）法律用语（并不总在复述意义上被适用）：金钱衡量的物质价值的损失或减少；当事人请求的或法院判予的对遭受之损失或损害的补偿。"[3]

由此可以看出，首先，损害具有侵害和损失双重含义，并非一般意义上的损失。损害更加强调因侵害而造成的不利后果，如某甲饲养的家畜被邻居恶狗咬死。损失则纯粹强调不利后果，而不问该后果产生之原因，故是一种失去的事实状态，属于事实描述，可以是主动失去，如时间流逝；也可以是被动失去，如失恋等。其次，损害除了财产上的损失外，更含有健康、名誉等人身利益的非财产损失。非财产上的损害一般无法用金钱加以计量，属于抽象的概念。而损失则多用于财产上的失去，是一种可用金钱计量的损失，具有可用金钱衡量性。

正如有些学者指出的那样，侵权责任法所救济的损害，是指受害人人身或者财产方面的不利后果。这种"不利性"表现在：财产的减少、利益的丧失以及名誉的毁损、精神痛苦或肉体疼痛、生命丧失（死亡）、身体

---

〔1〕 不过，古罗马法中并无统一的"损害"概念，而是以诉讼程式为中心，不同的诉讼程式对应着不同的损害概念。参见徐银波："侵权损害赔偿论"，西南政法大学2013年博士学位论文，第15页。

〔2〕 中国社会科学院语言研究所词典编辑室编：《现代汉语词典》，外语教学与研究出版社2002年版，第1841页。

〔3〕 参见［德］克雷斯蒂安·冯·巴尔：《欧洲比较侵权行为法》（第2版）（下卷），焦美华译，张新宝审校，法律出版社2004年版，第10页。

损害（如残疾）、健康损害、自由损害、知识产权的损害等。[1]史尚宽先生认为，损害包含受到侵害并涉及广泛的人身利益之不利后果。[2]

从法律意义的角度，大致可以将损害区分为事实意义上的损害和法律意义上的损害。事实意义上的损害，是一种纯客观的事实，普遍存在于社会生活中。事实意义上的损害关注具体利益在损害事故发生前后事实状态上的变化，作为一种后果总是与一定的利益相联系。事实意义上的损害只能通过自然科学的方法去发现，不受人们价值判断的影响。法律意义上的损害则是以事实上的损害为前提，综合考虑客观性、确定性和可救济性等因素，依据法律价值判断确定的损害。鉴于法律意义上的损害才具有法律意义，故本书所称损害，如无特别说明，均仅指法律意义上的损害。

正是因为法律价值判断在损害判断中具有突出地位，故损害与损失存在鲜明的差异。我国曾有学者以《民法通则》[3]中没有将损害与损失相区别为由，认为损害与损失等同。比如佟柔先生认为："侵权行为造成财产上的损失时，在不法行为人和遭受损害人之间即发生债的关系……受害人有权请求对方对其造成的损害进行赔偿。"[4]但此说显非妥当。《民法通则》不区分损害与损失，一方面是因为对损害的研究还处于起步阶段，立法技术受制于理论研究水平，另一方面只能表明依当时的立法和实践经验，我国的关注重点在侵权行为造成的财产损害方面，并不能依此得出损害和损失概念相同的结论。

损害的价值判断性决定了损害包含损失和侵害所致的不利后果，且包含财产损害和非财产损害两个方面。其强调侵害行为导致的不利后果，且多由不法行为引起，是一个盖然性的概念。而损失作为一个事实概念，主要用于描述具体、不带有感情色彩的客观事实，多用来表达财产上的损害

---

[1]　参见张新宝主编：《精神损害赔偿制度研究》，法律出版社2012年版，第4页。

[2]　参见史尚宽：《债法总论》，中国政法大学出版社2000年版，第219页。

[3]　《民法典》于2021年1月1日起实施，由此，《民法通则》《民法总则》《最高人民法院关于贯彻执行〈中华人民共和国民法通则〉若干问题的意见（执行）》（以下简称《民通意见》）、《合同法》《继承法》《侵权责任法》失效。本书为了展示学说和立法的发展过程，援引《民法通则》等已失效的法律和司法解释时，不再逐一说明。

[4]　佟柔主编：《民法原理》（修订本），法律出版社1987年版，第237页。

即经济利益的丧失，即看得见摸得着的可用金钱衡量的价值丧失。该损失可由合法行为引起，也可由不法行为引起。比如，紧急避险行为导致受害人一亩菜地毁损。因为毁损行为的合法性，故宜称损失而非损害。而对于精神利益等非财产利益的丧失来说，其包含更广的名誉、名称、健康等非财产性质内涵，使用损害一词更为妥当。

法律意义上的损害大致有如下特征：客观真实性、确定性和不利性[1]以及可救济性。

（1）客观真实性。损害须为可识别的，不得为虚假的或想象的损害。损害事实必须为受害人实际发生的财产或非财产利益，且该利益应为不利后果。损害的客观真实性决定了在侵权法中要求受害人能够举证证明该损害。特别是当财产利益遭受损失后，需要具体可感知的证据来证明。对于精神上的损害举证，则需要证明精神伤害的严重程度，如由于加害人的行为导致受害人情绪严重不安、精神痛苦甚或精神性疾病等。

（2）确定性。要求受害人受到的财产上或精神上的损害是能够被证明，且受损害时间、严重程度、范围和类型都是确定的。只有损害是确定的，在被害人申请救济时才具有可操作性。该特性与客观性是紧密联系的。客观性是确定性的前提，确定性是受害人在举证时的进一步深化，是对举证细节提出的更高要求。

（3）不利性。损害的本质决定了损害对受害人具有不利后果，表现为受害人的经济损失、精神损失等。经济损失表现为已有财产的减少和可期待利益的减少或丧失。精神损失包含精神上的痛苦、不良情绪的滋生以及名誉或信誉受损等情形，概括地表现为导致受害人产生了精神上的负担。以上均表现为对被害人具有侵权法上的不利性。仅有加害行为或侵权行为并不必然导致损害的产生，损害应被严格限定在侵权法所保护的法益遭受侵害的范围之内。只有这样，损害赔偿法才具有可操作性，行为人也不至于动辄得咎。

（4）可救济性。在侵权法所保护的法益范围之内，加害人实施不法行

---

[1] 参见车辉：《非财产损害赔偿问题研究》，法律出版社 2011 年版，第 2 页。

为对受害人产生损害，受害人具有请求加害人赔偿损失、恢复原状等请求权，这体现为损害的可救济性。如果一个加害行为所产生的后果并不能得到法律救济，则认为损害没有发生。产生此种情形的原因可能是某种法益不属于法律保护的范畴，比如赌资；或者损害不能确定、已无救济之必要或可能。不管何种情形，都需要该不利后果在法律上具有可救济性。在某种意义上讲，前三种对损害的性质分析，都是为救济性做准备的。受害人最终起诉至法院，都是期待诉求能够得到满足，因而可救济性是损害的应有之义。

（二）关于损害的诸种学说

关于损害究竟为何，学界存在广泛争议。各国民法典甚少对损害作出明确界定。一方面，损害是一个因时、因势不断伸展收缩的概念，对损害内涵的确定总是在受害人保护与行为人自由之间进行利益平衡。一国某个时段占主导的观念与法律政策对损害概念的确定影响甚大，一个高速发展的社会可能更注重对受害人的保护，为此可能不断扩展损害的范畴；而一个经济水平落后、发展缓慢的社会则偏重行为自由，从而有意识地收窄损害的范围。另一方面，"损害始终是一个需要在个案中加以具体化的概念"，[1]难以形成一个统一的概念。而法律概念具有相对确定的内涵，一旦法律作出规范，则此种伸展收缩将受到很大限制。根据现有的文献资料，关于损害本质层面的学说，大致可以概括为如下几种：

1. 差额说

差额说，又称利益说，由德国学者蒙森（Mommsen）在其1855年出版的《利益说》一书中首创。蒙森认为，损害系因侵害事故所致的受害人财产总额的减少，即受害人在损害事故发生后财产数额与其在假设损害事故不发生的条件下应有的财产额的差额。"损害即被害人对该特定损害事故之利益关系。易言之，即被害人因该特定损害事故所损害之利益。该项利益，依其所言，乃被害人之总财产状况，于有损害事故之发生于无损害

〔1〕〔德〕克雷斯蒂安·冯·巴尔：《欧洲比较侵权行为法》（第2版）（下卷），焦美华译，张新宝审校，法律出版社2004年版，第3页。

事故下之差额。"[1]该说将损害量化为总财产上的差额，是受害人因该特定事故所减损的利益。该说提出之后，虽屡受批判，但经过不断的修正补充，迄今在德国仍具有通说地位。

差额说体现了损害由客观事实确定、裁判者立场中立的法律价值，并依此确立了完全赔偿规则。这对于加强受害人保护，防止产生法官恣意妄为的风险具有积极意义。但该说也存在明显的弊端：其一，差额说将受害人之损害与其财产状况的变化等同，没有将不具有财产价值的法益侵害考虑在内，明显缩小了损害的范围。如在名誉权遭受损害的情形下，受害人的财产有可能没有变动，但损害是显而易见的。这在人格权得到广泛重视的今天，无疑是一个无法回避的问题。其二，差额说所得出的结论仅仅为受害人财产状况变动的单纯数字，并不能说明损害的真正本质。比如，某甲外出旅游期间，某乙擅自使用其山地自行车三个月，并在其归来前悄悄归还至原处。于此情况下，某甲的财产总额没有变化，也就没有产生利益说所称的损害，故某乙的行为并未对某甲造成损害。再如，在假设因果关系中，某甲毁坏某乙的房屋，数日后发生地震，即使没有某甲的行为，某乙之房屋也将毁于地震。按照差额说，受害人并无财产上的差额存在，故行为人无需承担责任。此时，行为人确实实施了加害行为，并且导致了现实损害，认可其无责任显然有违公平正义。正如曾世雄先生所言，差额说虽迎合赔偿全部损害制度之旨趣而为德国百年来几近权威之学说，但依差额说认为损害不存在因而否定损害赔偿之请求，而依一般公平正义之观念观之，甚觉其不当者，常有之。[2]

2. 组织说

组织说由德国学者魏斯曼（Walsmann）于 1900 年提出，之后又经欧特曼（Oertmann）在 1901 年出版的《请求损害赔偿时之损益相抵》一书中作了细致阐述。[3]代表人物为卡尔·拉伦茨教授。该说是在差额说的基础上为弥补差额说的缺陷而提出的。其目的在于对差额说进行适当修正。

---

[1] 曾世雄：《损害赔偿法原理》，中国政法大学出版社 2001 年版，第 119 页。

[2] 参见徐银波："侵权损害赔偿论"，西南政法大学 2013 年博士学位论文，第 21 页。

[3] 参见张新宝主编：《精神损害赔偿制度研究》，法律出版社 2012 年版，第 6 页。

组织说认为，损害包括财产上的积极损失和可得利益的损失，它是加害人行为给被害人造成的不利益状态，要根据受到法律所保护的利益在遭受侵害以后客观上遭受的损失予以确定。[1]概言之，组织说认为，损害主要由两方面构成：其一，承认差额说的抽象意义上的财产损失之差额，即主观上的损害。其二，提出了非财产方面的客观损害，认为损害是由客观损害和其他整体财产总额的减少共同组成的法律上的概念。且客观损害应客观估定，并在任何情况下均能予以填补。组织说的判断标准为：当主观损害小于客观损害时，适用客观损害；反之则适用主观损害。组织说与差额说最大的区别在于"依前说，损害乃是一种抽象的计算额；依后说，损害则是具体的不利益。后说是针对前说适用于财产损害而不适用于非财产的损害之事实、并基于德国民法赔偿方法的一次性自然恢复主义而被提出来的"。[2]

　　组织说的意义在于：其一，组织说强调损害不但包括可量化的财产损害，还包括法律保护的非财产法益损害，扩展了法律上损害的范围，使得恢复原状责任有了用武之地。正如史尚宽先生所言："损害，谓就财产或其他法益所受之不利益，包括财产上及非财产上之积极的损害、履行利益及信赖利益。"[3]根据德国民法上回复原状优先于财产损害赔偿的原则，对于因受损害导致的不利益后果，应当更加强调其回复原状的必要性。有些时候，在受害人遭受非财产损害时，仅是财产赔偿并不足以达到损害赔偿的真实目的。其二，组织说通过承认各种具体的损害形态，突破了只有财产总额的减少才构成损害的理论桎梏，为接纳由于社会发展所产生的各种新形态的损害类型打开了方便之门，并且开创了具有较大影响力的定额化理论。

　　组织说也存在一些不足。其一，组织说将损害区分为客观损害和整体财产的差额损害。前者依据侵害标的的客观价值，后者依据权利人的主观利益差额计算，势必导致损害概念发生分裂。其二，组织说并不能涵盖所

---

〔1〕　参见李蓓："侵权法上的损害问题研究"，武汉大学 2010 年博士学位论文，第 17 页。

〔2〕　[日] 於保不二雄：《债权总论》（新版），有斐阁 1972 年版，第 136 页，转引自韩世远：《违约损害赔偿研究》，法律出版社 1999 年版，第 28 页。

〔3〕　参见史尚宽：《债法总论》，中国政法大学出版社 2000 年版，第 287 页。

有损害的情形，当侵权人侵害无形之人格权益、知识产权或者受害人整体财产权时，损害就会陷入认定困难。比如，行为人违反保护他人的法律或故意以违背善良风俗的形式进行不正当竞争时，受害人损失即难以被认定为损害。其三，过犹不及，一概认为客观损害均应得到赔偿，虽有效解决了假设因果关系等问题，但也会带来其他方面的不公平。组织说赋予赔偿权利人自由选择的权利，但客观损害与主观利益往往是不一致的。这导致在具体赔偿上，客观损害与实际需要填补的损害范围存在出入。在损害行为与实际损害之间存在较长时间差的情况下，明显无法客观地计量损害之范围。且延迟时间越长，越不利于损害认定，如迟延履行债务的情况，客观损害并未造成，但实际上对债权人已构成损害。

3. 规范说

由于差额说只是一种计算的损害，这使得许多缺乏比较基础，或者需要价值判断才能确认的损害难以被认定为损害。针对差额说的缺陷，部分德国学者提出了"规范的损害"概念，并指出损害不单纯是一个事实概念，对损害的认定也不单纯是一个事实的认定和计算问题，而是规范评价的结果。该说又分为"法律地位保护说"和"事实状态比较说"两个分支。"法律地位保护说"认为，损害是对于法律地位的侵害，故应以权利或法益侵害作为损害赔偿的依据，至于侵害事故所导致的价值减损，不应纳入损害考虑的范围；"事实状态比较说"认为，损害是两个状态的差异比较，而非金钱计算上的差额。规范说指出了损害概念的规范性，契合了当今有显著地位的评价法学的理念，因而被学界所接受。但规范说本身"并无一定的内容，不具有明确性，容易流于口号"。[1]

4. 损害事实说

针对差额说和组织说的不足，日本学者平井宜雄提出了损害事实说。[2]他认为，差额说和组织说均不足以说明损害概念作为民事责任要件的任何意义。而作为民事责任构成要件之一的损害是"受害人所主张的其本人所

---

〔1〕 王泽鉴："损害概念及损害分类"，载《月旦法学杂志》2005 年第 9 期。

〔2〕 参见李薇：《日本机动车事故损害赔偿法律制度研究》，法律出版社 1997 年版，第 132~134 页。

蒙受的不利益的事实"，[1]通过金钱赔偿所标明的损害从其性质上看含有法院裁量的因素，是经过法院裁判后用金钱所评价的损害，属于规范性判断的问题，或者赔偿范围的问题，而非损害赔偿的构成要件。该说指出，损害分为两类，即侵权责任构成要件上之损害和侵权赔偿范围之损害。前者指受害人所起诉的基于受侵害而导致的法律上不利益之事实，后者是法院在前者基础之上作出的损害赔偿认定的裁量结果。事实说区分了事实损害和赔偿损害的不同，从诉讼法的角度对损害作了进一步区分。[2]

损害事实说辨明了作为责任构成要件的损害与作为赔偿范围的损害的差异，强调了损害的意义在于它是民事责任的构成要件，因此损害必然意味着损害事实，是一个事实认定而非法律价值判断问题。正是基于此，才能从整体上把握因果关系、举证责任等问题。按照损害事实说，请求损害赔偿不仅仅是针对不法侵害的金钱赔偿问题，更多是对受害人人身权益的保护，从而达到减少侵害行为的目的。只要受害人的身体、生命遭受侵害，即认为受害人遭受损害，因为遭受侵害本身就意味着不利益。这种不利益虽不能直接表现为金钱数额上的差异，但作为损害事实足以成为民事责任的构成要件。[3]至于受害人本身是遭受财产损害，还是人身权中的健康权、名誉权、隐私权等遭侵害而产生精神不利益后果，均无需关注，只要不法行为满足侵权要件，法院即可基于此事实加以裁判。损害事实说免去了受害人对于损害数额的证明责任，受害人只需对"构成数额基础的事实负有'主张责任'"[4]即可，从这个角度看，损害事实说将损害的存在与计算分别交由受害人一方和法官确定，较为符合日常的思维习惯，因而得到了我国许多学者的支持。

然而，损害事实说也存在一些不足。损害事实说将损害界定为事实认定问题，忽略了损害有法律判断的一面。损害作为法律上的一个概念，不可避免地含有进行法律判断的因素，完全否认损害的法律性明显有失偏

〔1〕　参见龚赛红：《医疗损害赔偿立法研究》，法律出版社 2001 年版，第 120 页。
〔2〕　参见胡平：《精神损害赔偿制度研究》，中国法制出版社 2004 年版，第 29 页。
〔3〕　参见李薇：《日本机动车事故损害赔偿法律制度研究》，法律出版社 1997 年版，第 133 页。
〔4〕　于敏：《日本侵权行为法》（第 2 版），法律出版社 2006 年版，第 412 页。

颇。在审判实务中，对损害的判断焦点在于，如何对各种损害进行精确的具有可操作性的认定。无论是裁量范围的损害还是侵权构成要件的损害，二者都不是完全割裂的，需要在侵权构成损害的事实认定基础上进行裁量。

在笔者看来，差额说将法律概念与事实概念等同，显属不当。组织说和规范说都是为了弥补差额说的不足而提出来的，相对于差额说更具有适用性，但也天生带有差额说的一些固有缺陷。损害事实说较为符合日常的思维习惯，但一概地否认损害的法律性，明显有失偏颇。损害不仅是一个事实认定问题，更是一个规范评价问题。在对损害进行规范评价时，应考虑法律对被侵害对象的保护、对损害的救济、对行为的指引以及社会伦理观念等多种因素。前述几种学说并非相互排斥，且在一定意义上是相互融合的，不应割裂起来看待。具体言之，差额说是其他学说的基础，组织说和规范说是对差额说的完善，而损害事实说则从整体的角度区分了损害的构成。

在英美法系中，损害始终是一个需要在个案中衡量的概念。英美法系通常将侵权行为区分为"自身可诉性侵权行为"和"须证明实际损失"的侵权行为。在"自身可诉性侵权行为"中，加害行为本身就意味着产生了损害，受害人无需证明实际损失的存在，即可以遭受损害为由，要求侵权人赔付名义赔偿金。在"须证明实际损失"的侵权行为中，受害人仅在举证证明实际损失存在的情况下，才能获得损害赔偿。

两大法系关于损害含义的学说和理论，均受到了罗马法的影响，因此本质上是一致的。两大法系都是从权益的保护或义务的违反角度去阐述和概括损害的，均认为损害是财产或者其他法益在遭受侵害之时的不利益。这对于我国损害概念的确定是有意义的。

鉴于在我国审判实践中，法官通常以加害行为是否造成受害人"利益"减损来判断该行为是否满足侵权要件，再将侵权行为的损害后果分为直接财产损害、间接财产损害和精神损害三部分来作为裁判标准。笔者认为，侵权法所救济的损害，是受害人人身或财产方面的法律上之不利后果，这种不利性表现为：财产的减少、利益的丧失以及名誉的毁损、精神痛苦或疼痛、生命丧失（死亡）、身体损害（残疾）、健康损害、自由损害、知识产权损害等。

二、精神损害的概念

精神是作为具有生物特性的自然人对社会生活产生的意识活动。从哲学上来讲，精神是与物质相对应、与意识相一致的哲学范畴，是由社会存在决定的人的意识活动及其内容和成果的总称。[1]法律上使用精神这一概念，并不包含哲学上精神概念的全部，而只使用其中的部分内容，主要是指精神活动，并且总是与精神损害及其法律后果即精神损害赔偿联系在一起使用。[2]

虽然我国系列民事法律均使用了"精神损害"一词，但并没有给"精神损害"规定明确的含义。《牛津法律大辞典》将精神损害定义为："精神损害目前被认为是同身体损害一样可以起诉的一种损害。实际上精神损害不仅仅是一种惊吓，而且是一种可辨认的身体上或精神上的损害，它不是由于身体撞击而引起的，而是其所见、所闻或其他经历经过大脑而产生的。"该定义揭示了，精神损害是自然人大脑在外界行为侵害或打击之下产生的身体或精神上的损害。

关于精神损害及其范围，学界也存在较多争议。如有学者认为，精神损害是指对民事主体精神活动的损害。精神损害的最终表现形式，就是精神痛苦和精神利益的丧失或减损；[3]有学者认为，精神损害是指因侵害而造成的生理上、心理上的损害；[4]有学者认为，精神损害乃侵害受害人人身、人格权利而致其心理上的损害；[5]有学者认为，生理损害与心理损害只是产生精神痛苦的来源，精神损害本质上是精神痛苦；[6]还有学者认为，精神损害可以分为肉体疼痛、精神痛苦和生活乐趣丧失。[7]

我国学界关于精神损害的争议，大体可以分为广义说和狭义说两种类

---

〔1〕 参见王利明主编：《民法·侵权行为法》，中国人民大学出版社 1993 年版，第 617 页。

〔2〕 参见杨立新：《人身权法论》（修订版），人民法院出版社 2002 年版，第 270 页。

〔3〕 参见杨立新：《侵权责任法原理与案例教程》（第 3 版），中国人民大学出版社 2013 年版，第 318 页。

〔4〕 参见马荣编著：《人格权与精神损害赔偿》，南京出版社 2001 年版，第 148 页。

〔5〕 参见邓瑞平："人身伤亡精神损害赔偿研究"，载《现代法学》1999 年第 3 期。

〔6〕 参见张玉平："论精神损害赔偿数额的确定"，载《齐鲁学刊》2003 年第 6 期。

〔7〕 参见谢鸿飞："精神损害赔偿的三个关键词"，载《法商研究》2010 年第 6 期。

型。广义说认为，精神损害包括精神痛苦和精神利益的丧失或减损。其中精神痛苦主要包含：①侵害自然人人体的生理损害，如侵害身体权、健康权、生命权而导致的精神痛苦；②对自然人心理的侵害，如侵害隐私权、姓名权等人格权时导致的恐惧、焦虑、沮丧、抑郁、厌恶等不良情绪，从而导致精神痛苦。精神利益的丧失或减损，则是指自然人、法人人格利益、身份利益受到侵害，因而导致其人格利益、身份利益造成损害。如名誉受到毁损、肖像权受到侵害等。[1]而狭义说认为，精神损害专指自然人因其人格权受到侵害而遭受的生理上、心理上的痛苦及其他不良情绪，即精神痛苦。广义说和狭义说的区别在于：①精神利益是否属于精神损害的范畴；②法人是否具有精神损害。广义说中的精神损害包含精神利益，进而认为侵犯法人人格权所产生的精神利益丧失就是法人的精神损害。

比较法上使用精神损害这一术语的国家并不多见，主要是菲律宾、俄罗斯、越南等国。《菲律宾民法典》第2217条规定："精神损害包括身体遭受痛苦，精神受到恐吓，极度焦急，诋毁名誉、伤害感情，精神刺激，社会的贬抑以及类似的损害。"《俄罗斯联邦民法典》第151条第2款规定："如果公民因侵犯其人身非财产权利的行为或侵害属于公民的其他非物质利益的行为而受到精神损害（身体的或精神的痛苦），以及在法律规定的其他情况下，法院可以责成侵权人用金钱赔偿上述损害。"《越南民法典》第310条规定："损害赔偿责任包括物质损害赔偿责任和精神损害赔偿责任；由于侵害他人的生命、健康、名誉、人格、威信而造成他人精神损害的，事实侵害人除必须停止侵害、公开赔偿道歉外还必须赔偿被侵害者精神损失费。"从前述规定来看，菲律宾民法和越南民法规定的精神损害的范围比较狭窄，主要限于人格权益遭受侵害而致的精神痛苦。俄罗斯民法则要广泛得多，一切非物质利益遭受侵害均可能导致精神损害。死者权益，甚至某些法定的财产权遭受侵害，都可能导致精神损害。[2]

我国由于没有对精神损害作界定，故难以笼统地认为采用了狭义说还

---

〔1〕 参见王利明：《人格权法》，中国人民大学出版社2009年版，第334页。

〔2〕 参见申建平："俄罗斯精神损害赔偿制度的启示与借鉴"，载《法学杂志》2011年第11期。

是广义说。但通说认为,《最高人民法院关于确定民事侵权精神损害赔偿责任若干问题的解释》(法释〔2001〕7号)〔1〕采纳了狭义说。理由是,对"通常所说的精神损害赔偿,世界各国和地区的立法与判例通常采取狭义说。法释〔2001〕7号也从限定主义的立场出发,采取狭义说,在精神损害赔偿的主体范围上以自然人为限,但在精神损害概念的外延上则修正了传统的狭义说,认定自然人的精神损害包括积极的精神损害即精神痛苦和肉体痛苦,也包括消极的精神损害即知觉丧失与心神丧失"。〔2〕

如果仅就精神损害作字面意义上的理解,广义说明显不能自洽。首先,精神损害是人身权被侵害之后产生的愤怒、焦虑、抑郁等精神痛苦,它不包括因侵害行为产生的财产利益之损失。但广义说中的精神利益本质上是一种特殊的财产性利益,即自然人、法人为维护人身权益而遭受到的利益减损。其次,法人是自然人的组织体,法人尽管具有人格权益,但不可能具有精神活动。法人本身没有生理上或心理上的精神痛苦,对其人格利益的侵害并不能损害其精神状况。且法人人格利益遭受侵害后,其损失均可被量化为可用金钱计量的财产性损失。如法人商誉的贬损,最终将导致客户流失和业务的减少。最后,法人尽管具有精神利益,但其精神利益具有财产性,可以在财产责任中解决其人格保护问题。若认为法人也可以遭受精神损害,对于精神损害赔偿的范围就有人为扩大之嫌。如此一来,只要自然人或法人的人格权受到侵害,被害人均可主张精神损害赔偿,这与我国侵权法对精神损害赔偿谨慎的限定态度背道而驰。

然而,法学作为应用型学科门类,以有利于实践、能够解决现实问题为目标,逻辑本非其长。对法律概念也不可单纯基于理论逻辑作望文生义的僵化理解,而应在总结实践经验的基础上动态考虑。固然,精神损害应以产生精神痛苦及精神不适为前提,没有遭受精神痛苦及不适的精神利益不足以构成损害。法人作为无独立精神与思维的组织体,的确难以称得上

---

〔1〕 该解释于2020年《民法典》通过后进行了修正,为论述方便,行文中采用"法释〔2001〕7号"。

〔2〕 唐德华主编,最高人民法院民事审判第一庭编著:《最高人民法院〈关于确定民事侵权精神损害赔偿责任若干问题的解释〉的理解与适用》,人民法院出版社2001年版,第21~22页。

遭受精神损害。然而，对精神损害赔偿制度的构建，本就不是单纯以精神上的损害赔偿为出发点。立法者构建精神损害赔偿的目的，不过是使形式广泛的非财产损害能够得到法律的救济，其所起到的功能也理应超越字面范畴。在很多情况下，我国精神损害赔偿制度不过是比较法上"非财产损害""财产损害以外的损害""抚慰金"制度的替代语，事实上起着非财产损害赔偿制度的作用。从这一层面来说，将精神损害过分限制于精神痛苦及相关不良情绪，不利于对受害人的保护。而且，法人的精神利益尽管具有财产性，但并非所有利益都具有，也并非所有利益均可以在财产侵害责任范围内解决。我国司法实践中的做法也证明，一味恪守狭义说的传统立场，不利于对受害人的保护。法释〔2001〕7号在精神损害概念外延上的扩展，正是对传统狭义说的突破。可以预见，尽管在现行条件下法律暂时难以承认法人的精神损害赔偿，但不能排除在未来条件成熟时，就某些特殊情况下的法人精神损害赔偿主张予以支持。基于前述理由，本书赞同广义说。但为防止精神损害赔偿的泛化，对于精神利益和法人的精神损害，都应附有严格的条件限制。

有学者将精神损害总结为三种类型，即肉体上的痛苦、精神上的痛苦和其他不良情绪。一是肉体上的痛苦，主要是指侵害物质性的人格权而造成的自然人肉体上的疼痛、奇痒、失禁、恶心、听力损害、视力下降、功能丧失等。二是精神上的痛苦，是指因为侵害各类权利而造成的精神痛苦。精神痛苦要区分侵害身体造成的精神痛苦和非侵害身体造成的精神痛苦。三是因侵害各类权利而造成的各种不良情绪，包括忧郁、绝望、怨愤、失意、悲伤、缺乏兴趣、惊惧、不安、羞辱等。总之，精神损害来源于生理上和心理上的损害。[1]有学者认为，精神损害还应包括精神利益的减损。[2]还有学者认为，生活乐趣丧失也应属于精神损害的范畴。[3]

笔者认为，确定精神损害的范围，应区分损害本身与引发损害的因素。首先，就精神损害本身而言，无疑是指精神痛苦及其他情感上的不良

〔1〕 参见王利明：《人格权法研究》（第2版），中国人民大学出版社2012年版，第675页。
〔2〕 参见汪渊智：《侵权责任法学》，法律出版社2008年版，第506页。
〔3〕 参见谢鸿飞："精神损害赔偿的三个关键词"，载《法商研究》2010年第6期。

情绪，包括忧郁、绝望、怨愤、失意、悲伤、缺乏兴趣、惊惧、不安、羞辱等。肉体上的各种痛苦，只是引发精神损害的原因，而非精神损害本身。其次，就引发精神损害的因素而言，通常是人身权益遭受侵害。人身权益以外的其他权益遭受侵害时，由于人身关联性不密切，即使造成精神痛苦，也在可承受范围内。但在特殊情况下，侵害人身权益以外的其他权益也可能引发严重的精神痛苦，因而也可能产生精神损害。而所谓精神利益的减损或丧失，其本身并不是精神损害，而只是引起精神损害的原因。最后，精神损害是一个动态的概念，受制于社会发展水平与文明程度。生活乐趣丧失固然是一种精神损害，但通常不应成为一种精神损害类型，而宜作为判断是否产生损害的一种因素加以考虑。其一，"生活乐趣丧失"的主观性过大，诱发的因素不好认定，侵害人行为、受害人心理承受能力、第三人因素都有可能成为诱因。其二，何谓"生活乐趣丧失"不好认定。在没有好的评判标准的情况下，如果社会文明程度不够高，诚信缺失，则势必虚伪诉讼泛滥。更何况，人的感觉经常因时、因地、因事而不同。此时此刻感觉生亦何欢，彼时彼刻觉得生活充满阳光的例子数不胜数。其三，从比较法上来说，不承认"生活乐趣丧失"作为独立精神损害类型是各国通例。[1]在美国，绝大多数州认为，"生活乐趣丧失"是一种不同于精神损害的独立类型，还有一些州根本就不承认存在"生活乐趣丧失"。而大陆法系国家基本没有严格意义上的"生活乐趣丧失"概念。[2]

基于前述理由，本书认为，所谓精神损害，是指受害人因其权益（通常是人身权益）受到侵害而遭受的、需要通过金钱方式抚慰的精神痛苦以及特殊法定情况下的利益损失。

三、精神损害赔偿的概念

对于精神损害赔偿的概念，可以从实然与应然两个层次进行探讨。作

---

〔1〕 例外的是，在 20 世纪 60 年代，英国法院确认了"安乐生活的丧失"这种非金钱损害的可赔偿性。参见《精神损害赔偿数额之评算方法》课题组：《精神损害赔偿数额之评算方法》，法律出版社 2013 年版，第 11 页。

〔2〕 参见《精神损害赔偿数额之评算方法》课题组：《精神损害赔偿数额之评算方法》，法律出版社 2013 年版，第 11~13 页。

为实然概念的精神损害赔偿以法律的实际规定为基础，作为应然概念的精神损害赔偿则需从法律合理性去分析，不受实然法的桎梏。鉴于应然法上的精神损害赔偿是一个仁者见仁、智者见智的问题，本章仅从实然法角度对精神损害赔偿进行界定。但本书后文将视情况在实然和应然两个层次上交替使用精神损害赔偿的概念。

依据我国《民法典》的规定，精神损害赔偿是指自然人在人身权益遭受严重的精神损害时，得以请求对该损害赔偿以金钱上相当之金额的救济手段。通过对此概念的解析，可以得出精神损害赔偿具有如下几个特征：

（1）精神损害赔偿是对人身权益所遭受的侵害进行救济的方式。固然，精神上的痛苦除了可能因人身伤害引起之外，还可能因财产损害等其他原因引起。比如，一方严重违约使非违约方备受煎熬，一方毁损他人心爱之物导致受害人产生精神痛苦等。但在现行法律中，单纯财产损害不能主张精神损害赔偿。

（2）精神损害赔偿具有人身专属性。对自然人的金钱救济名为赔偿，实为抚慰，且对加害人有一定的制裁、教育功能。因此，该类赔偿不像财产损害赔偿那样可以转让，其具有人身专属性。精神损害赔偿只能由受害人享有，一般不得转让。

（3）精神损害赔偿是针对自然人人身权益侵害的救济措施。第一，法人尽管具有精神利益，但其精神利益具有财产性。为防止精神损害赔偿的泛化，对于法人精神利益的损害一般在财产责任中解决。第二，侵权行为之外的其他行为也可能使人遭受精神损害。比如，在某些违约情形下，受害人也会遭受精神损害。例如，某甲因某乙的严重违约而未能获得钟爱已久的名画，连续一周食欲不振，精神恍惚，即使对其进行违约赔偿其精神损害也得不到救济。某些国家的立法如法国、奥地利均认可违约也可请求精神损害赔偿。[1]但我国目前只限于侵权精神损害赔偿。违约中的精神损害赔偿问题，本书将在后文作专章讨论。

_____

〔1〕 参见 ［德］U. 马格努斯主编：《侵权法的统一：损害与损害赔偿》，谢鸿飞译，法律出版社 2009 年版，第 281 页。

（4）精神损害赔偿虽是一种赔偿责任，但其功能具有多重性，不仅仅具有补偿功能。精神损害赔偿在抚慰受害人之外，兼具制裁和教育加害人的功能。自然人因人身权利遭受侵害而产生的精神痛苦，不像财产损害那样容易被认定，很多时候，所谓精神痛苦只是基于侵害行为性质的一种推定性后果，受害人并不一定真的遭受精神痛苦。即便遭受精神痛苦，多数都能自愈，通过赔偿填补损害实无必要。此时，对精神痛苦的赔偿并不是真正意义上的赔偿，实质上是一种抚慰，同时也具有对加害人施加制裁和教育的作用。可见，赔偿额度的大小和加害人主观过错程度具有正相关关系。

第二节　精神损害赔偿制度的历史发展

一、大陆法系精神损害赔偿制度的历史发展

（一）大陆法系精神损害赔偿制度的早期发展

大陆法系中的精神损害赔偿制度起源于罗马私法。在罗马法的第四个时期，即法典编纂时期，精神损害赔偿制度开始萌芽。在商品交换普遍之后，为了更好地维护交易，罗马法从"同态复仇"制度向"救赎金"制度发展。现代民法意义上的精神损害赔偿制度最初见于裁判官法。通过侵侮之诉，罗马法构建起"侵侮之诉"与"阿奎流斯法"的二元结构，形成区分人格利益侵害与财产利益侵害的二元结构。[1]早在罗马《十二铜表法》第八表"私犯"中，就规定了侮辱毁谤构成私犯。而在罗马晚期查士丁尼下令编写的《法学阶梯》中，则明确规定："侵害行为的构成，不仅可由于用拳头或棍棒殴打，而且由于当众诬蔑，如诬赖他人是债务人而占有他人的财产，而行为人明知他人对他不负任何债务；或写作出版毁谤性的诗歌、书籍、进行侮辱，或者策动其事。"[2]"关于一切损害，被害人可提出

---

〔1〕　参见瞿灵敏："精神损害赔偿惩罚性与惩罚性赔偿补偿性之批判——兼论精神损害赔偿与惩罚性赔偿的立法完善"，载《东方法学》2016年第2期。

〔2〕　［罗马］查士丁尼：《法学总论——法学阶梯》，张企泰译，商务印书馆1996年版，第201页。

刑事诉讼，也可以提出民事诉讼。"〔1〕

到了罗马法晚期，经由裁判官法的发展，侵侮之诉发展出四种类型，并且逐步突破类型的封闭性，开始出现针对侵侮的一般性条款，即学者们所称的"侵侮估价之诉"。罗马法晚期的四种类型：一是公然性毁谤与言辞侮辱。按照乌尔比安的说法，侮辱"或以物件实施，或以言辞实施。以言辞实施的，发生公然性毁谤与言辞侮辱"。〔2〕这种侵侮之诉主要表现为市民聚众批判某些丧失名誉的市民。二是玷污妇女或青年贞节。三是鞭打或者虐待他人奴隶。未经主人允许就违反善良风俗鞭打或者虐待他人奴隶，被认为是对主人的间接侵侮。四是侵害他人名誉与尊严的侵侮行为。

罗马法学家对私犯赔偿金的认定可以分为两部分：一部分是对损失的赔偿，一部分则具有罚金的属性。因此，受害者有时可以提起"损失诉"，有时可以提起"罚金诉"，有时还可以提起兼具损失诉和罚金诉性质的"混合诉"。罚金诉主要适用于 injuria（对人私犯），专指对身体和人格的赔偿，是严格的对人诉，只能由受害人本人直接对加害人提起，诉权不能转移给双方的继承人。〔3〕"侵侮之诉具有很强的人身性，无法转移和继承"，〔4〕而罚金诉已经初具精神损害赔偿的性质，被害人可以请求罚金赔偿，具有对加害人的制裁功能。罗马法后期将侵害身体的侵侮之诉从 injuria 中分离出来，从而使原来的 injuria 只剩下侵害人格权的精神损害赔偿内容。

欧洲中世纪教会法对封建神权推崇备至，广泛推行禁欲主义。人性普遍受到压制，几乎无人格尊严可言。谈不上人格权保护，也就谈不上精神损害赔偿。近现代精神损害赔偿在思想上是文艺复兴运动推动人格权保护的结果，在经济基础上则是商品经济的产物。"在市场经济快速发展的现代社会里，同其他损害赔偿一样，侵害人给受害人造成的损害，仅仅因为

---

〔1〕 [罗马] 查士丁尼：《法学总论——法学阶梯》，张企泰译，商务印书馆 1996 年版，第203 页。

〔2〕 转引自汪洋："罗马法上的人格保护及其现代传承——以'侵辱之诉'为研究中心"，载《法商研究》2014 年第 3 期。

〔3〕 参见张新宝主编：《精神损害赔偿制度研究》，法律出版社 2012 年版，第 362 页。

〔4〕 汪洋："罗马法上的人格保护及其现代传承——以'侵辱之诉'为研究中心"，载《法商研究》2014 年第 3 期。

它是精神上的无形损害，就将其弃之不管，不予赔偿，是违背市场经济平等和公平原则的。"[1]

（二）近现代大陆法系主要国家精神损害赔偿制度

1. 法国

法国法传统上认为，精神损害等非财产损害不能赔偿，其理由一是认为精神痛苦不应予以金钱化，二是认为精神痛苦的赔偿不可能加以确定。在 1804 年《法国民法典》制定之时，立法者认为不存在人格权问题，因而没有正面确定人格权，[2]也就没有规定专门的精神损害赔偿。其第 1382 条至第 1386 条几个条文是有关侵权损害赔偿的规定。其中，第 1382 条是一般条款，对于侵权损害赔偿具有统摄作用。

认识到不承认非财产损害赔偿不利于保护受害人，法国法逐渐转变对精神损害赔偿的排斥态度，转而承认精神损害赔偿在内的非财产损害。《法国民法典》第 1382 条规定，任何行为使他人受损害时，因自己的过失而致行为发生之人对该他人负赔偿责任。理论上认为，此处的损害赔偿也应包括精神损害赔偿。在法国精神损害赔偿的历史上，判例在确定精神损害赔偿的原则、类型、限制等方面发挥了关键性作用。比如，1833 年，法国最高法院通过一个判例确定了对待精神损害赔偿的基本原则，即非财产上之损害赔偿所适用的规定与财产损害并无不同。此外，多项单行立法也确立了精神损害赔偿的规则。比如，《法国刑事诉讼法典》第 3 条第 2 款规定："就由于所追究的犯罪行为所导致的一切损失——包括物质损失、人身损害或者精神损害——所提起的民事诉讼，都是可以受理的。"

法国民法对于精神损害赔偿采用概括主义，广泛承认精神损害赔偿。首先，从受害人范围来说，直接受害人自己，受害人的直系和旁系亲属、订婚者，认领的子女等均可以就因受害人的伤害或死亡而遭受的精神损害主张损害赔偿。1931 年，法国最高法院曾经尝试将精神损害赔偿请求权人的范围限制于受害者自己和受害人亲属关系范畴内，而将未婚夫妻关系、

---

[1] 关今华主编：《精神损害赔偿数额的确定与评算》，人民法院出版社 2002 年版，第 4 页。

[2] 参见梁慧星：《中国民法经济法诸问题》，中国法制出版社 1999 年版，第 48 页。

同居关系或朋友关系的受害者排除在外。但这一限制受到广泛批评，因而未获普遍支持。其次，从适用客体上来说，精神损害赔偿的适用客体极为宽泛：无论是人身权受侵害还是物质财产受侵害，如使用过的汽车受损，衣物、书籍、心爱的动物遭受侵害等情形，受害人均可请求赔偿。由于《法国民法典》对于法院的指示和限制过少，实践中精神损害赔偿的适用范围过于宽泛，如动物被侵害致死，主人可以获得情感损害的赔偿；汽车毁损，主人亦可获得赔偿；这引发了对于精神损害赔偿滥殇的担忧。

从司法实践看，法国产生精神损害赔偿的情形主要有：[1]

（1）侵害人格权。法国判例中不断丰富和完善人格权的内容，侵权法所承认的人格权种类繁多，在下述情况下经常引发精神损害赔偿：①侵犯隐私权；②侵害肖像权；③侵害名誉权；④侵害家庭法上有关的人格权，比如，违反夫妻忠实义务，行使亲权、探视权等受到不法阻碍，亲属间的身份关系受到阻碍等；⑤侵犯民事自由，如表达自由，侵犯科学研究或学术创作自由等；⑥侵害法人的商誉、商业形象等。

（2）人身损害。在人身损害赔偿方面，法国被认为是世界上最"慷慨"的国家之一。法国引发精神损害赔偿的人身损害主要有：①身体损害。主要指受害人身体所遭受的痛苦的代价，包括肉体上的痛苦、身体残疾和精神上的痛苦等。这部分的损失大约在 1000 欧元至 15 000 欧元之间。②乐趣损失。该种损失是针对"具有个别性特点"的损害，旨在补偿"由于从事正常的乐趣活动方面的不可能或者困难所导致的生活乐趣的减少"，囊括由于残疾、身体或者精神不平衡引起的一切不便，或由此所经历的挫折感。赔偿金额一般在 1500 欧元至 7500 欧元之间，若是完全丧失乐趣活动能力，则可赔偿 15 000 欧元甚至更多。③性功能损害，主要是侵权行为对受害人造成性功能方面或者生殖能力的损害。④美感损害。主要是对于受害人外表形象的损害，损害共分 7 级，不区分年龄和性别，但考虑性别、年龄、损害的具体情节和后果等因素。⑤青春损失。主要是未成年受害人

---

〔1〕 本部分内容除特殊说明者外，主要参见张新宝主编：《精神损害赔偿制度研究》，法律出版社 2012 年版，第 385～398 页。

不能从事与其年龄相适应的游戏或生活乐趣的活动损失。⑥情感损害。主要是直接受害人遭受身体、精神创伤或发生死亡情况下，其近亲属所遭受的情感或精神上的痛苦。早期的情感损害虽限于与受害人具有血缘或者婚姻关系的人，但自 20 世纪 60 年代之后，法院逐步将赔偿对象扩大到更为广泛的亲属关系和未婚夫妻，甚至亲属以外具有明显情感联系的人。如今，同居一方因侵权死亡或者遭受伤害，另一方主张情感损害赔偿已极为普遍，法院在损害赔偿的道路上越走越远，即便动物因侵权行为死亡而被判决承担主人情感损害的案件也不在少数，这些做法也引来了尖锐的批评。

2. 德国

在德国法上，精神损害被称为非物质损害（immaterieller schaden）或非财产损害（nichtvermoegen schaden），精神损害赔偿有时也使用痛苦金（schmerzensgeld）的概念。《德国民法典》起草人认为损害赔偿法是以财产损害为中心的制度，精神损害赔偿只是一种另类。因此，《德国民法典》并没有就精神损害作出明确的定义，仅在原第 253 条（现第 253 条第 1 款）中从消极的角度作了界定。《德国民法典》第 253 条在同样的内涵和外延上使用了非物质损害和非财产损害的概念。

从精神损害理论产生之日起，德国司法实践和理论就一直面临如何处理精神损害不同于财产损害的特殊性问题。德国法学家认为，精神损害具有主观性，无法通过金钱客观地加以计算，而且只能主观评估，还可能导致人格的商品化。[1]故而对精神损害赔偿心存疑虑，认为精神损害赔偿"就被害人言：此种损害通常不若财产上损害重要，有无轻重，难以衡量；就加害人言：此种损害难以预见，责任不易限定；就法院言：此种损害，若皆许以金钱赔偿，诉讼群起，增加诉累，通说难免造成法官自由裁量权滥用。"[2]故《德国民法典》只在有限的范围内承认非物质损害。其第 253 条是有关精神损害赔偿的一般条款，该条规定，损害为非物质损害时，仅

---

〔1〕 See U. Magnus, Schaden und Ersatz, 1987.

〔2〕 王泽鉴：《民法学说与判例研究》（第 7 册）（修订版），中国政法大学出版社 2005 年版，第 135 页。

在法律有规定的情况下，始得要求以金钱赔偿损害。就法律的特殊规定而言，以第 847 条最为重要。该条规定："（1）在侵害身体或者健康，以及剥夺人身自由的情况下，受害人所受损害即使不是财产上的损害，亦可以因受损害而要求合理的金钱赔偿；（2）对妇女犯有违反道德的犯罪行为或者不法行为，或者以欺诈、威胁或者滥用从属关系，诱使妇女允诺婚姻以外的同居的，该妇女享有相同的请求权。"由于第 847 条所处位置属于侵权行为规定，而作为侵权行为一般条款的第 823 条第 1 款仅列举了生命、身体、健康、自由四种具体人格权，[1]这使得德国法上非物质损害的范围十分狭窄，保护手段也仅限于要求侵权人承担侵权责任。

为解决这一缺陷，德国理论界提出了多种理论：其一，提出了一般人格的概念，认为在各种具体人格权之上，基于人格尊严，还存在某种"一般人格"。第二次世界大战以后，德国学者反思纳粹的罪行，逐渐认识到人格尊严、人的自治权利和隐私等权利的重要性，逐步提出了一般人格权的概念。1954 年，"出于相对而言微不足道的契机，德国最高法院承认了一般人格权"。[2]德国法官在司法裁判中，通过"读者来信案"[3]"骑士案"[4]

---

〔1〕《德国民法典》第 823 条第 1 款规定："故意或过失而不法侵害他人的生命、身体、健康、自由、财产所有权或者其他权利的人，有义务向他人赔偿由此而造成的损失。"

〔2〕鲁晓明："论一般人格理论的摒弃及替代"，载《法律科学（西北政法大学学报）》2013 年第 4 期。

〔3〕德国《明镜》杂志刊登了一个关于当时还活着的希特勒政府财政部长——哈马尔·沙赫特的报道，后者委托其律师写了一封信给杂志社，指出了报道中的一些错误。杂志社把律师的这封信经过删减后作为读者来信刊登出来。把质疑信作为读者来信刊登的做法，无法视作对该律师名誉的损害。因此，德国最高法院第一次承认了一般人格权，认为：原则上只有信件的作者本人单独享有决定其信件是否公之于众以及以何种方式公之于众的权利。《明镜》杂志损害了这种权利，因此要承担停止侵害和损害赔偿的责任。参见 BGHZ 13，334，338，339。

〔4〕在本案中，一家生产催情药的厂家在产品广告和招贴画中使用了一幅著名骑士的照片，厂家希望读者产生催情药可以提高跳跃力的联想，以达到做广告的目的。该骑士属于时代名人，按照德国法律，名人的照片无需征得本人同意就可以为报纸转载。德国最高法院认为，名人也许得容忍其肖像的广泛传播，但无需容忍其被用于商业目的。由于这项包含于一般人格权中、并属于《德国民法典》第 823 条第 1 款中其他权利的自主权受到了损害，德国最高法院判决该厂家向这个骑士支付相当于使用许可费的损害赔偿。该案违背了《德国民法典》第 253 条，第一次承认了对诸如此类的人格损害的金钱赔偿。在此之前，只有在对他人身体的伤害中，受害人才能对精神损失要求抚慰金。参见 BGHZ 26，349.

"索拉雅案"[1]等一系列案件，确认了"一般人格权"的存在。这使得具体人格之外的人格利益借由"一般人格权"获得保护，也为精神损害赔偿的适用打开了方便之门，对于名誉、隐私的侵犯，对个人形象的扭曲及诸如此类无法穷尽的其他情形，在法官认为确有必要时，都可以循由一般人格权获得精神损害的救济。在1961年的"人参案"[2]中，法官明确指出，《德国民法典》第253条对人格权的保护不尽周全，不符合宪法价值，应直接依据《德国基本法》第1条和第2条的规定，认定被告侵害原告人格权并向原告赔偿精神抚慰金。其二，在司法实践中，不断对财产损害赔偿进行扩张，使之事实上涵括精神损害。比如，在一些案件中，法官将受害人的精神不悦及人格可能展开的商品化都解释为一种财产损害，[3]人格利益损害，只要能够以财产计算并且在市场中可以通过金钱获得，均计入财产损害。在计算方法上，提出了"沮丧理论"和"商品化理论"。依据"沮丧理论"，所有因侵权行为所造成的纯粹损害或者使用机会的丧失都可以作为财产损害。某人因遭受侵害而卧病在床，则其因行动不便而无法使用物品所遭受的损害也是财产损害。此种观点过度地扩大了损害赔偿的范围，因此司法和理论界多数持反对的态度。"商品化理论"将一些非财产权利商业化，认为凡于交易上得以支付金钱方式"购得"的利益（例如享受愉快、舒适、方便）即具有财产价值，从而对其侵害而造成的损害，应属财产损害。被害人得请求金钱赔偿，以回复原状。借以突破第253条关于法律特殊规定的限制。此种观点虽获得较多支持，但受到价值评价、经济观点与规范目的的限制。整体而言，《德国民法典》对精神损害的保护仍存在明显不足。

---

[1]　一家专门报道花边新闻的小报杜撰了一则对当时伊朗皇帝的德国皇后索拉雅的专访，杜撰了索拉雅担心自己因生不出皇位继承人而被皇帝抛弃的焦虑。这则报道不构成损害名誉的行为，而仅仅是为了满足公众对皇室生活的好奇心。德国最高法院认定，这种刊登杜撰出来的专访的做法侵害了原告的自决权，因而判决报社向原告支付损害赔偿金。参见 Bverfg 34, 269.

[2]　BGHZ 35, 363. 原告为某大学国家法和宗教法专家，从韩国带回人参进行研究，其同事发表研究成果并致谢原告的帮助。某科学杂志在其广告中强调人参具有增强性功能的效用，并引述原告为著名人参专家。原告以人格权受到侵害为由，主张抚慰金。

[3]　BGSI, JUS 1987, 108 ff.

在 2002 年对损害赔偿法进行改革之前，《德国民法典》中仅仅有三种情况明确规定了受害人可以要求精神损害赔偿：第一，《德国民法典》第847 条所规定的对身体、健康和自由造成痛苦情况下的精神损害赔偿；第二，在第 651f 条有关旅游合同规定中，因违反约定导致丧失假期旅游的娱乐而承担精神损害赔偿；第三，在第 611a 条雇用合同中，雇主触犯禁止性别歧视条款而应承担精神损害赔偿。在劳动就业中违反禁止歧视规定的情况下，也同样应承担精神损害赔偿。此外，《德国著作权法》第 97 条第 2款、《德国航空运输法》第 53 条第 2 款、《德国原子能法》第 29 条第 2款、《德国海商法》第 40 条第 3 款等特别法也作了一些特殊规定。

为合理解决受害人保护问题，德国立法者对《德国民法典》不断修改，扩大其适用范围。1967 年，德国司法行政部在《损害赔偿规定修正补充草案》中将《德国民法典》第 823 条修正为"故意或过失不法侵害他人生命、身体、健康、自由、名誉，或以其他方法侵害他人之人格权益的，应当承担损害赔偿责任"，大大扩大了非物质精神损害的赔偿范围。2002年，德国议会通过了关于《修改损害赔偿法规定的第二法案》，对《德国民法典》第 253 条与第 847 条进行整合，在保留第 253 条的基础上增加 1款作为第 2 款，规定因侵害身体、健康、自由或性的自我决定而须赔偿损害的，也可以因非财产损害而请求公平的金钱赔偿。同时取消第 847 条。这一调整，使得精神损害不仅可循侵权责任获得保护，还可以循违约责任等其他责任获得保护。[1]

经过此次改革，精神损害赔偿被完全纳入损害赔偿法体系之中，具体表现在：其一，能够适用精神损害赔偿的情况包括：侵害身体、健康和自由，侵害女性的性自主权，侵害一般人格权。其二，发生精神损害赔偿的事由从特殊的侵权行为，扩展到违约责任领域。其三，在危险责任中不再一概排斥精神损害赔偿，通过特别法的形式在道路交通事故责任、产品责任、药品责任、航空责任、原子能责任、基因责任、环境侵权责任中承认

---

[1] 参见韩赤风："精神损害赔偿制度的划时代变革——《德国民法典》抚慰金条款的调整及其意义与启示"，载《比较法研究》2007 年第 2 期。

精神损害赔偿。[1]其四，精神损害唯有达到严重的程度才可以主张赔偿，除非加害人为恶意的加害行为。

关于精神损害赔偿的功能，早在《德国民法典》立法时期，利益法学派的代表人物耶林就认为，精神损害赔偿不纯粹是经济上的补偿，而应当具有抚慰功能。潘德克顿学派的代表人物温特夏德虽然曾否认精神损害赔偿请求权的必要性，但在其后期作品中认为抚慰金具有损害赔偿的性质，且其民事性质决定了不应当考虑加害人的过错程度。[2]在实践中，德国最高法院大民庭会议认为，非物质损害赔偿不是一般的损害赔偿，而是特殊损害赔偿请求权，具有补偿与慰藉双重功能。[3]时至今日，德国司法实践基本坚守精神损害赔偿金的两个基本功能：补偿功能和抚慰功能。

3. 瑞士

瑞士是世界公认的对人格权规定最为明确的国家。有关人格权保护的主要法律文件一是 1907 年制定的《瑞士民法典》，一是 1911 年的《瑞士债务法》。

受同时期德国民法影响，《瑞士民法典》的制定者对非物质精神损害赔偿持疑虑态度。《瑞士民法典》第 28 条规定："任何人在其人格遭受侵害之时，可以请求排除侵害；只有在法律明确规定的情况下，始可以请求损害赔偿或给付一定数额的抚慰金。"依据该条，受害人人格遭受侵害之时，法律上首先支持的是停止侵害。至于损害赔偿，则只在法律有明文规定的情况下始予支持。至于该法明文规定的情形，则大致有第 29 条第 2 项盗用他人姓名致人损害，第 93 条第 1 项违反婚约致人损害，第 318 条生父母同居前曾经约定结婚，或同居对生母构成重罪或因生父滥用权势，或同居时生母尚未成年等导致身体权、自由权受侵害的情形。

相对而言，《瑞士债务法》对人格权的保护更为全面。该法第 47 条规

---

[1] 相应法律依据是《德国道路交通法》第 11 条第 2 款、《德国产品责任法》第 8 条、《德国药品法》第 87 条第 2 款、《德国航空运输法》第 36 条第 2 款、《德国原子能法》第 29 条第 2 款、《德国基因法》第 32 条第 5 款、《德国环境责任法》第 13 条第 2 款。

[2] Windscheid, Lehrbuch des Pandektenrechts, 4 Aufl. 1875, s. 707, Anm. 31.

[3] BGHZ18, 149.

定，在行为致人伤害或死亡情况下，法院应斟酌情况给被害人或死者遗族以相应金钱的赔偿。第 49 条规定，人格关系被侵害时，于加害人有过失时被害人得请求损害赔偿；侵害及过失特别重大时，得请求给付相当金额作为抚慰金。

综之，瑞士民法在承认非财产损害以及抚慰金赔偿方面，一向比较积极。[1]瑞士法中受害人可以主张精神损害赔偿的场合，既有人格权遭受侵害的情况，也有人格关系遭受侵害的情形。不过，人格关系是一个容易引起歧义的概念。到底何谓人格关系，理论上尚无定论，这给精神损害赔偿的适用带来了一定的困扰。

4. 日本

日本民法理论通常把损害区分为财产损害和精神损害。在具体的人身伤害案件审理中，通常以积极财产损害、消极财产损害、抚慰金三部分计算受害者损失。[2]日本精神损害赔偿制度主要体现在《日本民法典》第 709 条和第 710 条，其中，第 709 条是关于损害赔偿责任的一般规定，并不直接针对精神损害。第 710 条才是精神损害赔偿的直接法律依据，但《日本民法典》并没有明确使用精神损害赔偿这一称谓，而是区分损害与赔偿。就损害而言，使用了非财产损害的概念，对于赔偿而言，则使用了抚慰金的概念（日文为"慰谢料"或"慰藉料"）。在日本，抚慰金的范围极其广泛。《日本民法典》第 709 条规定，因故意或过失侵害他人之权利者，对因此所生损害，负赔偿责任。第 710 条规定："无论侵害他人的身体、自由或者名誉的场合，还是侵害他人的财产权，依照前条（第 709 条）负损害赔偿之责者，对于财产以外的损害也要予以赔偿。"本条中，"财产以外的损害"的赔偿请求包含着什么样的损害，《日本民法典》起草者并没有作出积极的说明。只是主张"正当的人的感情、感觉是所有的人的生活中一个非常重要的部分，它必须得到正当的保护，因此，可以想象

---

〔1〕 参见龙卫球："论自然人人格权及其当代发展进路——兼论宪法秩序与民法实证主义"，载《清华法学》2003 年第 1 期。

〔2〕 参见于敏："日本侵权行为法中的抚慰金制度研究"，载《外国法译评》1998 年第 2 期。

只限于财产上的损害是多么过分狭窄"。[1]由于"精神损害"是与"财产损害"相对应的术语，因此也有以"非财产损害""财产以外的损害""无法以金钱估量的损害"等术语来表述者。还有的专著称为"无形损害"，并进一步将其区分为"社会性无形损害"和"感情性无形损害"。现在，学界对"财产以外的损害"一般均称作"精神损害"。[2]

日本精神损害赔偿制度大致可以概括为以下几点：

第一，就精神损害赔偿的范围来说，出于赔偿责任泛化的担心，原则上只承认生命、身体、自由和名誉等绝对人格权遭受侵害时可以主张抚慰金，但在"云右卫门浪曲唱片案"[3]和"'大学汤'案"[4]以后扩大到权利之外的法益，自然也包括人格法益。日本法学家千种达夫从人格利益的角度把有关支付抚慰金的判例分为22类。即：①生命，②身体（又分为健康损害和精神冲动），③自由，④名誉、信用，⑤贞操，⑥婚约，⑦通奸，⑧离婚，⑨婚姻可能性的减少，⑩收养关系的建立与解除，⑪亲权，⑫户主权，⑬姓名，⑭肖像，⑮秘密，⑯欺诈、强迫，⑰不法诉讼程序，⑱居住之平安，⑲通风、采光、噪音、臭气、煤烟等，⑳共同绝交，㉑特殊财产权的侵害，㉒其他。[5]但对于权利之外的法益，通常认为仅在行为人违反保护他人的法律，或故意以有违善良风俗的方式侵害他人权益时，始需承担损害赔偿责任。

第二，抚慰金限于人格权受到侵害的场合，但在某些特殊的情况下，

---

〔1〕《日本法典调查会·民法议事速记录》第41卷206丁（穗积陈重博士说明），转引自于敏："日本侵权行为法中的抚慰金制度研究"，载《外国法译评》1998年第2期。

〔2〕参见于敏："日本侵权行为法中的抚慰金制度研究"，载《外国法译评》1998年第2期。

〔3〕著名浪曲师桃中轩云右卫门的浪曲经由A灌成唱片，B擅自将其复制出售。A以侵害著作权为由提起诉讼。大审院认为，浪曲这样的低级音乐不宜承认著作权，故B的行为没有侵害权利，但B的行为违反正义的性质不言而喻。参见大审院刑事判决录20辑第1360页。

〔4〕A从B处购买了"大学汤"这一老字号，并租借了B的建筑物从事浴室业，6年后双方解除租赁合同。B擅自将老字号与建筑物一起租赁给第三人，用"大学汤"这一名称经营浴室。大阪控诉法院认为老字号不是权利而驳回了原告的主张。但大审院认为，在行为人有违反法规的情况下，僵化地紧守权利侵害而拒绝对受害人予以救济是极不合适的。参见于敏：《日本侵权行为法》，法律出版社1998年版，第139~140页。

〔5〕参见〔日〕千种达夫：《人的损害赔偿之研究》（上），有斐阁1974年版，第35页以下。

受害人财产权受侵害亦得以主张抚慰金。比如，从先祖世袭而来的土地被他人强占及宠物猫被他人的小狗咬死的情况下，有关抚慰金的主张亦可获得支持。[1]

第三，《日本民法典》第711条例外地规定，"侵害他人生命者，对被害人的父母、配偶者及子女，即使没有侵害其财产权也要承担责任"。这种责任即精神损害赔偿责任。在判例中，本条中的亲属范围被不断扩展，类似于父母的所有近亲属，如祖父母、舅舅、兄弟姐妹、有扶养关系的继父母、养父母、类似配偶者、类似子女者均可援此条获得赔偿。[2]

第四，就抚慰金的主体而言，主要是遭受侵害的自然人，但在特殊情况下，也可以是法人。如日本最高裁判所在1964年的一个法人名誉毁损案件中，就指出："民法第710条只是规定了对财产以外的损害也要进行赔偿，但并没有限定损害的内容……所谓抚慰金的支付，不能仅仅理解为是对精神上的痛苦进行慰藉，而应当看作是对一切无形损害的慰藉。因此……无形损害仅仅被解释为精神损害，从而以法人没有精神为理由判断其没有无形损害……这完全是谬见。"[3]

第五，在受害人死亡的情况下，与承认财产损害请求权的继承性不同，抚慰金请求权强调专属性，仅在受害人具有抚慰金请求的明确意思表示时始可以继承。即当受害人表明了对于加害人主张抚慰金的明确意思时，抚慰金请求权方构成作为一般金钱债权被继承的对象。

二、英美法系精神损害赔偿制度的历史发展

英国法传统上在侵权责任的适用方面采用令状制度，原告能否取得赔偿取决于他是否能够在传统的诉讼范围中提起诉讼。英美法系最初并没有把精神损害作为单独的诉因。虽然早在百多年前，精神损害作为人身损害

---

[1] 大判1910年6月7日刑录16辑1121页，东京地判1941年2月19日新闻4685号7页，转引自罗丽："日本的抚慰金赔偿制度"，载《外国法译评》2000年第1期。

[2] 参见于敏：《日本侵权行为法》，法律出版社1998年版，第164~165页。

[3] 日本最高裁判所1964年1月28日判决，转引自胡平：《精神损害赔偿制度研究》，中国政法大学出版社2003年版，第30页。

的附带后果得到了法律的广泛承认，但作为一种独立的侵权诉因则是最近五六十年的事情。基于受害人保护的需要，司法审判中逐步突破，形成了有关精神损害赔偿的判例并为后来的案件所秉承和援引。到了现代，英美法系普遍认为，伤害身体并直接引起精神痛苦是构成赔偿的理由。然而，英美法系对于"精神损害"一直没有确切的定义，而只是含糊地使用"精神上的担忧、忧虑、焦虑和悲伤"等表述。实践中，英美法系适用精神损害赔偿的情形主要有：故意或严重不负责任导致精神痛苦、过失致人严重精神损害、附带于人身伤害的精神损害、非法致死时亲属的精神损害、死者生前痛苦的损害，及侵害人格时造成的损害等。[1]

　　在英美法中，一方面，随着对受害人保护的强化，精神损害赔偿的范围不断扩展；另一方面，认识到精神损害的无形性，损害极易被伪装和夸大，限制精神损害赔偿一直是法院在处理精神损害赔偿案件时坚持的一个主题。[2]

　　《美国第二次侵权法重述》第46条第1项规定："行为人故意或严重不负责任地，以极端无理之行为致他人遭受严重的精神痛苦，应就该精神痛苦负责；如因之而致身体上伤害时，亦应就该身体上伤害负责。"依该条规定，故意或严重不负责任造成精神痛苦可以作为独立的诉因。行为人就其故意或严重不负责的行为所致他人遭受精神痛苦承担责任的条件是：行为人有极端且令人难以接受之行为；[3]行为人出于故意或具有重大过失；行为使人产生严重精神痛苦；被告的行为与原告的精神痛苦之间存在因果关系。

---

〔1〕　参见张新宝主编：《精神损害赔偿制度研究》，法律出版社2012年版，第362页。

〔2〕　参见周琼："论过失导致的纯粹精神损害——以美国法为中心的考察"，载《环球法律评论》2010年第5期。

〔3〕　什么是极端且令人难以接受的行为，《美国第二次侵权法重述》第46条的注释d部分的解释是："只有当被告的行为在特征上达到骇人，在程度上达到极端，超越了任何一种礼貌的范围，而且恶劣到一个文明社会实在无法容忍的地步，才被要求承担精神伤害的法律责任。"按照通常理解，判断行为是否极端不负责任，有四项参考因素：滥用职权的行为；被告利用所知晓的原告的弱点获取利益；连续进行持续不断的侵犯；以暴力或胁迫方式，使原告产生财产或身体上的损害。参见潘维大："第三人精神上损害之研究"，载《烟台大学学报（哲学社会科学版）》2004年第1期。

　　英国早期精神损害的著名案例是 1897 年的 Wilkinson v. Downton 案。在该案中，被告开玩笑称原告的丈夫被车撞断了腿，正躺在街上。这导致原告长期精神痛苦，数周无法正常工作。法院支持了原告精神损害赔偿方面的主张，认为被告的行为已经超出一般玩笑的范围，目的是使原告遭受精神损害，而这种损害最终将导致身体伤害的后果。[1] 该案确立了这样的立场：除非享有特权，任何造成身体损害的故意行为都是可诉的，不管造成损害的手段是什么。

　　美国法院早期认为，法院不应对仅仅是精神上遭受痛苦的受害人提供救济，应将精神损害置于人身损害中一并加以审理。[2] 直到 20 世纪中叶，美国法院对精神损害赔偿仍采用限制性赔偿原则，但受害人保护的需要使得精神损害赔偿范围不断扩大。一方面，美国侵权法强调以过错作为责任基础；另一方面，主张精神损害必须与人身损害相伴随，即因被告的过失行为而导致了原告身体或生理上的损害，并附随有精神痛苦，才可以请求精神损害赔偿。因此，美国法院在相当长时期内完全否认纯粹精神损害的可救济性，直到 19 世纪末 20 世纪初才开始向故意造成的纯粹精神损害提供救济。"在普通法上，纯粹精神损害的历史根源非常深厚，并且非常难以理顺。故意导致的纯粹精神损害赔偿至少可以追溯到中世纪；而过失导致的纯粹精神损害给予赔偿则直到 20 世纪中期才逐渐被法院所接受。"[3] 这明显不利于为遭受精神痛苦的受害人提供救济。为克服这种规则对被害人的不利影响，判例逐渐修改为"身体受影响"规则：原告只要能够以有形方式证明其受到精神损害就可得到救济。如果没有生理上的损害，因身体接触而产生精神损害也可请求赔偿。如在 Bowman v. Williams 案中，原告仅仅因为目睹一辆卡车碾压过其居住的房屋而受到惊吓，只要其能证明受到了精神打击至相当程度，且通过身体内部状况或病例、生理或精神状况

---

　　〔1〕　See Wilkinson v. Downton, 2 Q. B. 57 (1897).

　　〔2〕　参见陈龙："美国精神损害赔偿制度——历史的考察"，华东政法大学 2008 年硕士学位论文，第 11 页。

　　〔3〕　Robert, Rabin, "Emotion distress in Tort Law: Themes of Constraint", 44 *Wake Forest Law Review*, 2009, 转引自周琼："论过失导致的纯粹精神损害——以美国法为中心的考察"，载《环球法律评论》2010 年第 5 期。

的显在症状表现出来，就可获得精神损害赔偿。[1]

现代美国对人格利益的保护采用"特殊确认和一般推论"相结合的方式，旨在扩大对精神利益的保护。其侵权法上精神损害赔偿的诉因包含以下几种类型：[2]①致人严重精神痛苦的精神损害；②在有限法域范围内，对仅造成原告精神损害而无其他损害的过失侵权也判令给付精神损害赔偿；③人身遭受侵害时的附带赔偿；④在非法致死诉讼中，死者近亲属代死者请求的精神损害赔偿和近亲属本人因亲属死亡而产生的自身精神损害；⑤隐私权、名誉权、人身自由权等人格权遭受侵害。

随着判例的发展，美国法中精神损害赔偿的实践不断推进，实践范围不断扩大，在很多方面取得了突破性进展。首先，不仅伴随有人格权损害的精神损害，没有伴随人格权损害的纯粹精神损害也逐步得到法院认可。并且逐步发展出危险区规则、碰触规则、特殊关系规则等判断精神损害存在与否的各种实践性规则，有效地平衡了受害人利益与行为人责任之间的矛盾。其次，不仅故意导致的精神损害可以获得救济，过失导致的精神损害也可以获得救济。比如，在美国著名的 Batallav v. State of New Work 案中，一名州雇员在将一名 9 岁儿童放上升降机时，因为疏忽没有系好安全带，致原告长时间处于悬吊状态，因而受到惊吓。纽约州上诉法院认为，行为人应对其行为的直接后果负责。最终，法院认为被告的行为与原告的损害之间存在实质联系，应当向原告赔偿损失。[3]最后，不仅直接损害，间接损害的受害人也可以获得救济。在 Dillon v. Legg 案中，一位带着两个女儿的母亲在正常经过一个十字路口时，被告过失地驾驶汽车将其一个女儿撞死。作为原告的母亲及其正处于襁褓中的小女儿目睹了这一惨案。加州最高法院认为，被告对第三人承担精神损害赔偿是一种公平的结果，并不会导致侵权责任的不适当扩展。[4]

---

〔1〕 参见王利明：《人格权法研究》（第 2 版），中国人民大学出版社 2012 年版，第 689~690 页。

〔2〕 参见张新宝主编：《精神损害赔偿制度研究》，法律出版社 2012 年版，第 373 页。

〔3〕 See Batallav v. State of New Work，214 N. Y. S，2 d330（1961）.

〔4〕 See Dillon v. Legg（1968），68 Cal. 2d 728，441 P. 2d 912.

第三节　精神损害赔偿与财产损害赔偿

一、财产损害赔偿的含义

财产损害赔偿，是指侵害他人民事权益并造成财产损失时，侵权人应当向被侵权人承担的损害赔偿责任。

什么是"财产损害"，我国学者历来有不同的解读。一种观点认为，"所谓财产损害，是指侵权行为侵害财产权，使财产权的客体遭受破坏，其使用价值和价值的贬损、减少或者完全丧失，或者破坏了财产权人对于财产权客体的支配关系，使财产权人的财产利益受到损失，从而，导致权利人拥有的财产价值减少和可得财产利益的丧失"。[1]一种观点认为，财产损害是指因侵害权利人的财产、人身而造成的受害人经济上的损失。[2]

第一种观点将财产损害等同于侵害财产权，明显不具合理性。"财产损害"对应"非财产损害"，侧重强调行为造成之损害结果是否具有财产内容。"侵害财产权"则对应"侵害非财产权"，侧重强调行为侵害之对象是否为财产权。财产损害和侵害财产权，两者是交叉的关系。即，侵害财产权既可产生财产损害也可产生非财产损害；财产损害可因侵害财产权引起，也可因侵害非财产权引起。例如，当侵害具有特殊价值意义的物品时，此时其侵害的对象属于财产权，但其结果既有财产损害又有非财产损害。第二种观点揭示了财产损害的本质是经济上的损失，无论侵害财产还是人身均可能造成财产损害，较具合理性。本书采此说。

财产损害作为经济上的损失，大致可以分为三类：对财产权益本身造成的损失；因侵害生命权、健康权等物质性人身权造成的财产损失；因侵害肖像权等精神性人身权而造成的财产损失。正如王泽鉴先生所言："所

---

〔1〕 杨立新：《侵权法论》（第 2 版），人民法院出版社 2004 年版，第 661 页。
〔2〕 魏振瀛主编：《民法》（第 7 版），北京大学出版社、高等教育出版社 2017 年版，第 674 页。

谓财产上损害，系指损害具有财产上之价值，可以金钱加以计算者而言。财产上损害之发生，多由个别财产法益（物、无体财产）之毁损灭失，或其使用收益被剥夺；但亦有由于债务不履行，人格或身份法益遭受侵害而生之。例如，债务人未能如期交货，致债权人工厂生产停顿、遭受损失；甲拐诱未成年子女乙离家出走，父母为寻子女所支出之费用，均属财产上之损害。"[1]也就是说，无论是侵害财产权或人身权等非财产性权利，都可能产生财产损害。至于财产损害的具体形式，不仅可以表现为积极的财产损害，即财产价值的直接减少；也可以表现为消极的财产损害，即财产价值在本应当增加的情况下没有增加。

无论何种民事权益遭受侵害，财产损害赔偿都只是用来填补被侵权人因侵权行为所遭受的经济利益和财产利益的损失。[2]财产损害赔偿遵循"完全赔偿原则"。侵权人须就被侵权人遭受的全部经济利益损失，负赔偿责任。财产损害赔偿以填补被侵权人的经济利益损失为目的，损失的范围决定了赔偿的范围。行为人的过错程度对赔偿金的数额不产生影响。

二、精神损害赔偿和财产损害赔偿的区别

（一）二者本质不同

精神损害赔偿和财产损害赔偿都表现为向受害人支付一定的金钱，但二者存在本质不同。一般来说，财产损害赔偿的范围是受害人直接或间接的经济损失，目的在于消除损害或恢复原状，所以其赔偿总是指向过去。而精神损害赔偿则较为积极，其目的在于通过使受害人获得一定的物质利益，摆脱精神上的痛苦，恢复心理和精神的正常状态，从而恢复正常的精神生活。从受害人角度言之，此种赔偿的着眼点永远在于将来。

（二）适用范围不同

财产损害赔偿之前提，是因侵害受害人人身或财产权益而致其财产损害。在财产损害赔偿中，赔偿权利人一般是直接受害人，既可以是自然

---

[1]　王泽鉴：《民法概要》，中国政法大学出版社2003年版，第231页。
[2]　参见程啸：《侵权责任法》（第3版），法律出版社2021年版，第820页。

人，也可以是法人和非法人组织。在精神损害赔偿中，只有人身遭受损害，且造成受害人严重精神痛苦，或使受害人知觉丧失和心智丧失等损害的情况下，方可以要求赔偿。其原因，盖在于若不要求损害达到严重的程度，则不好控制和度量，极可能造成精神损害赔偿的滥殇。精神损害赔偿的权利人，可以有条件地扩展及于直接受害人之外的人，但只能是自然人，法人和非法人组织无权主张。

精神损害赔偿与财产损害赔偿的不同，在"薛某林诉杨某风侮辱诅咒其房屋侵害人格尊严精神损害赔偿案"的二审中体现得特别明显。在该案中，针对上诉人关于"在门上写字，针对的是被上诉人的房屋，而非针对其本人，没有侵害其名誉，也没有造成其精神受到损害的后果，不应赔偿其精神损害抚慰金"的主张，法院认为，"用红漆公开书写的语言，明显具有侮辱贬低诅咒的内容，其针对的不仅是房屋财产本身，同时还致被上诉人的人格尊严在其居住的小区范围内形成了负面的影响，也对被上诉人的心理造成了不良影响"，因此应该承担精神损害赔偿。[1]

根据《民法典》第 1183 条以及相关司法解释和司法经验，精神损害赔偿的适用范围主要包括：

（1）侵害物质性人格权的精神损害赔偿。侵害生命权、健康权，造成精神痛苦的，被侵权人享有损害赔偿请求权。侵权人应当承担精神损害赔偿责任。至于侵害身体权是否可以主张精神损害赔偿，存在疑义。盖依《民法典》第 1183 条，精神损害赔偿以造成严重精神损害为前提，单纯侵害身体权，一般不至于造成严重精神损害，除非该种侵害已逾越身体权范畴，而造成受害人生命、健康损害。不过，理论上身体权作为独立人格权，在特殊情况下，对其侵害亦有造成严重精神损害之可能。

（2）侵害精神性人格权的精神损害赔偿。侵害姓名权、名称权、名誉权、肖像权、隐私权、荣誉权等精神性人格权造成精神损害的，应支付精神抚慰金。在侵害前述权益的情况下，是否尚需造成严重精神损害始予赔偿，颇具争议。一般认为，精神性人格权事关精神利益，侵权本身

---

〔1〕 参见江苏省镇江市中级人民法院［2006］镇民一终字第 339 号民事判决书。

即精神遭受损害之表征，无需再寻精神损害严重性之证明。唯在赔偿中需遵循抚慰为主，补助、处罚为辅的原则，结合侵权获利等因素确定赔偿金。

（3）侵害身份权的精神损害赔偿。《民法典》人格权编并没有关于身份权的规定。但身份权作为人身权的类型之一，理当属《民法典》第1183条所指的"人身权益"。侵害配偶权、亲属权等身份性权利，造成严重精神损害的，被侵权人可以请求精神损害赔偿。对于侵害著作权中的署名权，如侵害署名权、修改权、维护作品完整权造成严重精神损害的，被侵权人也可主张精神损害赔偿。

（4）故意侵害人格、身份利益造成严重损害时的精神损害赔偿。对于人格、身份利益受到侵害的，是否可以请求精神损害赔偿，是一个两难的问题。一方面，该种人身利益不是权利，具有隐形性，要求行为人承担责任可能加重民事行为人的负担；另一方面，若一概不予赔偿，受害人可能感觉不公，亦可能放纵侵害行为。因此，一概地予以赔偿或一概不予赔偿均不合适。此时，区分行为人之主观状态具有必要性。若行为人非为故意，因该利益具有隐形性，行为人没有过错，对于受害人所遭受损失无需赔偿；若为故意，则行为人存在过错，需承担损害赔偿责任。在多数情况下，还需考虑行为之违法性，即行为人是否违反保护他人的法律或以违反公序良俗之方式侵害他人人身利益。

（5）侵害具有人身意义的特定物的精神损害赔偿。《民法典》第1183条规定，因故意或者重大过失侵害自然人具有人身意义的特定物造成严重精神损害的，被侵权人有权请求精神损害赔偿。

（三）二者的功能不同

作为私法责任，财产损害赔偿以损害可计算和度量为基础，其功能在于填补因侵害行为导致的损害。即通过赔偿责任的适用，使受害人财产恢复至损害发生之前的状态，赔偿不过是以金钱的方式恢复原状。财产损害赔偿以全部赔偿为原则。只要责任成立，赔偿义务人就要赔偿权利人的全部损害，不考虑加害人的过错程度、当事人双方的经济状况，以及其他归责的具体情况。[1]这种赔偿原则的依据，系由侵权损害赔偿的性质所决定。损害赔偿最基本、最主要的功能是填补被侵害人的损失。既如此，填补就只能以财产损失的多少为依据，赔偿大于损失，有悖填补的意义；赔偿小于损失，达不到填补的目的。只有全部赔偿，才能完全体现损害赔偿的补偿性质。

精神损害赔偿则不然。精神损害赔偿的功能多样。其一，对于受害人来说，主要在于情感的抚慰，即使受害人获得一定的金钱补偿和精神慰藉。其二，对于行为人来说，则既有补偿性质，又有惩罚功能。一方面，通过使行为人支付一定的金钱，使其对受害人的精神痛苦进行补偿，以补助受害人；另一方面，在特殊情况下，比如，在可推知的精神损害中，只要行为人进行了恣意侵害行为，即认为其造成了严重精神损害，而要求其承担损害赔偿责任。[2]此时，赔偿对于行为人来说，实际上是惩罚。

（四）二者的可赔偿性不同

各国法律对精神损害赔偿大多持谨慎态度，即只有在法律明文规定的情况下，受害人才可以主张此种损害的赔偿。且为避免法官自由裁量权的滥用，法律往往对赔偿作出限制。而财产损害实行完全赔偿原则，只要有损失存在，当事人即可以主张。[3]

（五）二者的计算方式不同

财产损害是有形损害，可以用金钱计算和度量，因而计算赔偿数额并不困难。而精神损害赔偿的确定则要复杂许多。精神损失本身是无形的，无法精确度量。如果完全按照填补损失的规则，将导致这种损失无法被填平。故而，精神损害赔偿的具体数额，要根据受害人精神痛苦的性质、程度、后果，加害人的主观动机、行为、事后的态度、事发地点的经济发展

---

〔1〕 曹险峰、徐恋："侵权财产损害赔偿范围确定之逻辑进路论纲"，载《河南社会科学》2017年第8期。

〔2〕 鲁晓明："论纯粹精神损害赔偿"，载《法学家》2010年第1期。

〔3〕 车辉：《非财产损害赔偿问题研究》，法律出版社2011年版，第16页。

状况，双方的经济条件等多种因素综合确定。

大抵上，确定精神损害赔偿数额可以采取法官分类酌定原则。所谓分类确定，即将精神损害进行分类，以不同方法来确定不同类别精神损害的赔偿数额。现行立法中对于精神损害赔偿数额的确定已有规定的，直接依照该规定执行；在法律没有规定的情况下，按照相近原则参照确定。精神损害的非物质性特征，决定了法官酌定赔偿的必要性。在确定精神损害赔偿的数额时，应将多种评定方法综合运用。案情不同，所用方法也不尽相同。法官酌定精神损害赔偿数额，应从受害人、侵权人和客观情况三个方面进行考虑。

（六）过错对损害赔偿的影响不同

财产损害赔偿适用完全赔偿原则，无论侵权人是故意或过失，均不影响损害赔偿的数额。鉴于精神损害赔偿的预防和制裁性质，其损害赔偿要考量侵害人过错的程度。同样的侵害行为，在行为人故意或重大过失的情况下，赔偿数额相对较大；而在行为人没有过错时，则可能减轻赔偿责任。

第四节　精神损害赔偿与关联概念的比较

一、精神损害与非财产损害

非财产损害是与财产损害相对应的一个概念。前已述及，在比较法中，很少有国家使用精神损害一词，而较多地采用了非财产损害的概念。比如，《德国民法典》第 253 条称"财产损害以外的损害"，《日本民法典》第 710 条称"财产以外的损害"。

非财产损害的内涵大致可表述如下：其一，非财产损害是与财产损害相对应的概念，一定程度上属于学界所谓的无形损害。例如，史尚宽先生认为："财产上的损害或有形的损害，谓对于财产物质所加之损害。对于财产以外之法益，例如因对于生命、身体、自由、名誉等之侵害所生之损害，谓非财产上之损害或无形的损害。"[1]其二，非财产损害是指财产损害以外的、不能直接以金钱计算或衡量的损害形式，[2]是行为人不法侵害他人人格权益、身份权益和特定财产权益所造成的非物质损害，具体体现在受害人死亡、人身伤害、社会评价降低、肉体和精神上的痛苦等方面。作为财产损害之外一个包容性极大的概念，非财产损害是一个外延不断扩大、内容不断增加、损害形态不断丰富的动态的体系性概念。

基于前述原因，本书认为，非财产损害是指所有财产损害之外的无形损害。关于非财产损害与精神损害的关系，历来存在相同说与不同说两种观点。

相同说认为，非财产损害与精神损害的内涵和外延相同，精神损害与非财产损害系同一语，均指财产损害以外的非财产损害，"非财产上损害之用辞，我国民法和法国民法、德国民法大同小异，几乎同以'非财产上之损害'与'精神上之损害'外，就非财产上损害之金钱赔偿，虽亦杂用'慰抚金'之辞句，但认为期间有所差别者几乎难得一见"，[3]"在实务中似倾向认为非财产上损害系等于精神上之痛苦，而其基本特色乃在于没有价额可以计算"。[4]

不同说认为，精神损害和非财产损害是两个不同的概念。非财产损害与财产损害相对应，精神损害与物质损害相对应。非财产损害的范围要广于精神损害，非财产损害是种概念，精神损害是属概念。"所谓非财产损害，是指财产损害以外之所有损害而言，并非单指精神上痛苦和损害"，[5]"非财产损害，虽以精神痛苦为主要，忧虑、绝望、怨愤、失意、悲伤、缺乏生趣，均为其表现形态，但尚应包括肉体上之痛苦在内。名誉遭受侵害者，被害人多仅生精神上之痛苦，但身体被侵害者，依其情形，亦会产

---

[1] 史尚宽：《债法总论》，中国政法大学出版社 2000 年版，第 287~288 页。

[2] 王泽鉴：《民法学说与判例研究》（第 7 册）（修订版），中国政法大学出版社 2005 年版，第 117 页。

[3] 曾世雄：《损害赔偿法原理》，中国政法大学出版社 2001 年版，第 293 页。

[4] 王泽鉴：《民法学说与判例研究》（第 2 册）（修订版），中国政法大学出版社 2005 年版，第 213 页。

[5] 曾隆兴：《现代损害赔偿法论》，泽华彩色印刷工业公司 1984 年版，第 261 页。

生肉体之痛苦。精神与肉体，均系不具有财产上之价值，其所受之痛苦，应同属非财产上损害"。[1]有学者认为，精神损害只是非财产损害的一种。外部名誉之损害，死亡和残疾等损害后果是非财产损害，但不属于精神损害。[2]非财产损害与精神损害的判断标准不一样、主体范围不一样、救济方式也存在差异，将非财产损害等同于精神损害缩小了法律保护的非财产权利范围。[3]

　　在笔者看来，无论是从语义学还是从逻辑学的角度来说，非财产损害与精神损害都存在明显不同。

　　首先，非财产损害是对财产损害之外的一切损害之泛指，精神损害尽管是最重要的一种非财产损害，但并不能涵括所有的非财产损害。精神损害特指人身权益遭受侵害后所产生的精神痛苦及不良情绪。如身体被伤害而导致精神萎靡不振以及其他严重精神痛苦。非财产损害除了包含精神损害外，还包括生命、身体、健康等非财产权利遭受侵害本身的利益减损。如在英国，非财产损害还包含身体损害和因身体侵害产生的生理疾病。事实上，肉体痛苦、死亡、身体的不便和不适、名誉丧失、社会关系的丧失等也属于非财产损害。因此，非财产损害在外延上要大于精神损害，精神损害只是非财产损害的下位概念。

　　其次，在我国这样一个责任形式多元化的国家，非财产损害的救济方式呈现出多样性。精神损害的救济方式单一，只有损害赔偿一种方式。而适用于名誉丧失等其他非财产侵害的责任形式还有消除影响、排除妨碍、赔礼道歉、恢复名誉等。如果将非财产损害等同于精神损害，势必陷入以偏概全的窘境，侵害的范围将被不适当地收窄，给受害人保护带来危机；如果将精神损害的范围扩大，使之大体等同于非财产损害，则要在传统精神损害中加入许多非精神损害的因素，精神损害本身的特性将难以保持。

　　最后，精神损害的判断标准单一，基本只看受害人是否遭受精神痛

---

〔1〕 王泽鉴：《民法学说与判例研究》（第 2 册）（修订版），中国政法大学出版社 2005 年版，第 213 页。

〔2〕 张新宝：《侵权责任法原理》，中国人民大学出版社 2005 年版，第 521 页。

〔3〕 车辉：《非财产损害赔偿问题研究》，法律出版社 2011 年版，第 24~26 页。

苦，该痛苦是否需要法律救济。非财产损害的判断标准则较为多样，除了精神痛苦，还有身体和生理的损害，人格利益的丧失等，都是损害的判断因素。

但是，法学研究的目的，乃在于揭示问题、梳理和简化问题，而非使问题复杂化。就民法概念而言，其无非也就起到归类和简化问题，使问题清晰化、帮助初学者迅速理解以及在法律共同体内形成基本共识的作用。法谚有云"任何民法定义都是危险的"，任何概念都具有相对性。相对性的形成是"理论在日趋落后的侵权法规范与急剧变化的社会现实激烈碰撞与摩擦之际不断协调、润滑、修订的结果，是原有概念不断伸张、扩展、变异，并不断嬗变与新形势相契合的产物"。[1]因此，看待精神损害、非财产损害这样的民法概念，主要应从其运用实践来看。当我们恪守和拘泥于字面含义时，其实就走向了法学概念的反面。

从这一角度出发考察各国精神损害赔偿的实践，可以发现：第一，尽管在精神损害之外，非财产损害还存在较多类型，但无疑精神损害是其中发生频率最多、引发关注最广、最具有影响力的损害。精神损害不仅在非财产损害中占有最为重要的地位，而且具有典型性。精神损害赔偿面临的问题某种程度上也是非财产损害赔偿共同面临的问题。第二，在各国实践中，长期以来精神损害与非财产损害两个概念频繁地在同一意义上互换，并没有产生学界所担心的概念混淆、逻辑混乱的恶果，反而产生了某种约定俗成、随心所欲的便利，除了在某些新型边缘性损害赔偿责任上带来不便和困惑，看不出有多大的危害。第三，作为私法责任的民事责任以填补损害，使之恢复到损害发生之前的状态为目标。当一种损害发生之后，产生损害填补作用之责任无非是恢复原状和赔礼道歉两种。如果说财产损害之填补尚存在德国式回复原状主义和法国式损害赔偿主义之争，[2]则由于同态复仇的禁止，就非财产损害来说，其填补方式只剩下损害赔偿。消除影响、赔礼道歉、恢复名誉这类回复原状的责任仅在极小的范围内存在。

---

〔1〕 鲁晓明："论侵权责任构成要件的相对性——侵权法上'要件不要'的成因及其对侵权法的影响"，载《甘肃政法学院学报》2010年第1期。

〔2〕 参见茅少伟："防御性请求权相关语词使用辨析"，载《法学》2016年第4期。

至于停止侵害、排除妨碍，系针对正在发生的侵害或妨碍，并不是损害层面的责任。因此也可以说，在大多数情况下，精神损害与非财产损害可以在同一语境下使用。此时，精神损害事实上已经跳出传统字面的限制，而在某种程度上成为财产之外的非物质损害的泛指。故而，精神损害即便不能等同于非财产损害，由于其在非财产损害中的突出地位及在赔偿责任中的典型性，而延展及于整个非财产损害，亦具有合理性。我国精神损害赔偿实践中，经常以精神损害指称整个非财产损害，可谓正常。

二、精神损害赔偿与精神抚慰金

精神抚慰金，又称慰抚金，"'慰抚金'者，指系就权益被侵害所生非财产上损害（即精神或肉体痛苦），所支付之相当数额之金钱，旨在填补被害人所受之损害及慰抚其痛苦"。[1]之所以称抚慰金，主要是认为，精神损害根本无法衡量，无所谓补偿，"关于精神损害赔偿，其功能在于抚慰性"。[2]德国称"相当金钱赔偿"或"痛苦金"，瑞士称"慰抚金"，日本称"慰谢料"。

精神损害因具有不可逆性，所以恢复原状几乎不可能，特别是对于严重的精神损害而言，可能具有终身影响，如精神抑郁而导致自杀危及生命。精神抚慰金是对于精神遭受打击后产生损害的一种物质利益填补方式，是对受害人精神和心灵上的一种抚慰。暂且不论抚慰金是否能对精神进行抚慰和抚慰到何种程度，但显然精神抚慰金是对精神损害救济比较具有操作性的做法。正如德国法学家冯·巴尔教授所指出："金钱给付可使受害人满足，被害人知悉从加害人处取得金钱，其内心之怨懑将获平衡，其报复之感情可因此而得到慰藉。对现代人而言，纵其已受基督教及文明之洗礼，报复之感情尚未完全消逝。"[3]

---

〔1〕　王泽鉴：《民法学说与判例研究》（第2册）（修订版），中国政法大学出版社2005年版，第215页。

〔2〕　张新宝：《侵权责任法立法研究》，中国人民大学出版社2009年版，第95页。

〔3〕　参见王泽鉴：《民法学说与判例研究》（第2册），中国政法大学出版社1998年版，第257~258页。

大抵而言，精神损害赔偿与精神抚慰金是一个等同使用的概念，两者并无本质差异。精神损害赔偿注重损害的填补性，精神抚慰金则注重精神损害不同于物质损害的特质。本质上，精神损害与金钱赔偿并非同一层面，精神上的痛苦无法通过财产进行赔偿。抚慰金概念指出了精神损害救济方式的实质，乃在于给予精神遭受伤害的受害人精神上的慰藉，因而更为直接。在我国立法和司法实践中，通常在注重受害者精神慰藉、有意识回避赔偿责任这样字眼的场合使用精神抚慰金，而在其他场合仍沿袭精神损害赔偿的概念。比如，《国家赔偿法》第35条规定，侵权致人精神损害后果严重的，应当支付相应的精神损害抚慰金。司法实践中适用精神抚慰金的案例也基本集中于国家赔偿的案件中。如2013年5月17日浙江省高级人民法院就张某、张某平错误判决的《国家赔偿决定书》，决定分别支付两受害人精神抚慰金45万元；在"呼格吉勒图案"中，法院决定向呼格吉勒图的父母支付精神抚慰金100万元。很明显，精神损害赔偿系从行为人的角度，突出责任人的赔偿责任；精神抚慰金则系从受害人的角度，重在对受害人精神的慰藉。两者各有侧重，如何使用，更多是一个传统与习惯问题，难言孰优孰劣。

三、精神损害赔偿与惩罚性赔偿

惩罚性赔偿（punitive damages）也称惩戒性的赔偿（exemplary damages）或报复性的赔偿（vindictive damages）。一般是指由法庭所作出的赔偿数额超出了实际损害数额的赔偿。该制度源于判例法，多用于产品责任之诉中。多数学者认为，英美法中的惩罚性赔偿最初起源于1763年英国法官卡姆登勋爵在 Huckle v. Money 案中的一个判决结果，[1]在美国则是在1784年的 Genay v. Norris 案中最早确立了这一制度。在该案中，原告与被告在酒吧发生冲突，作为医生的被告在原告酒杯中加入一种药物，致原告遭受侵害。法院认为，被告在明知药品效果的情况下，实施了侵害行为，

---

〔1〕 Wils. K. B. 205. 95 Eng. Rep. 768（c. p. 1763）.

故应承担惩罚性赔偿责任。[1]在 17 世纪至 18 世纪，惩罚性赔偿主要适用于诽谤、诱奸、恶意攻击、诬告、不法侵占住宅、占有私人文件、非法拘禁等使受害人遭受名誉损失及精神痛苦的案件。[2]惩罚性赔偿系为了弥补补偿性赔偿的不足而产生。因同时具有补偿损失和制裁违法行为的功能，故需要以补偿性赔偿为基础，赔偿数额需要与补偿性赔偿形成一种法定的比例关系。在 20 世纪中叶，惩罚性赔偿多用于惩罚大公司不顾产品质量的严重违约行为。由于通常的补偿性赔偿不足以遏制富人实施违约行为，反而可能成为他们作恶时利用的工具，惩罚性赔偿得到迅速发展。赔偿数额不断攀升，1976 年最高额仅为 25 万美元，而在 1981 年的一个案件中陪审员认定的赔偿额竟高达 1.2 亿美元。[3]在我国，精神损害赔偿的惩罚性功能也得到普遍认同。据一份基于 2084 份医疗损害纠纷的有效判决书为样本进行的统计分析，法官对医疗侵权精神损害赔偿金额的认定体现出明显的惩罚性功能。[4]

与精神损害赔偿一样，惩罚性赔偿也具有多重功能：①补偿功能。惩罚性赔偿以造成实际损害为前提，赔偿金实质上由两部分组成，即相当于实际损失的赔偿金和超过实际损失的罚金性质的责任资金。其主要目的是补偿受害人因被告的恶意不法行为所受到的侵害。②制裁功能。惩罚性赔偿通过强制行为人交出一定数额的金钱，使之失去一定的财产利益，施加给侵权与违约行为人更高的经济负担，从而达到制裁不道德或恶意的侵权行为之目的。③遏制功能。惩罚性赔偿通过对行为人实施经济制裁，使之感受经济上的不利益，使其将来尽可能避免再进行类似行为。同时，通过对行为人的惩罚树立一个样板，遏制和警示潜在的不道德或恶意侵权、违约行为。

从以上分析可知，精神损害赔偿与惩罚性赔偿具有许多相似的地方。

---

〔1〕　Genay v. Norris，1 S. C. L. 3，1 Bay6（1784）.

〔2〕　王利明：“惩罚性赔偿研究”，载《中国社会科学》2000 年第 4 期。

〔3〕　Grimshaw v. Fo rd Motor Co.，119 Cal. App. 3d 757，174 Cal. Rptr. 348（1981）.

〔4〕　屈茂辉、王中：“精神损害赔偿惩罚性功能探析——基于医疗侵权精神损害赔偿的实证研究”，载《山东大学学报（哲学社会科学版）》2020 年第 5 期。

第一，在英美法中，精神损害赔偿制度的产生发展与惩罚性赔偿制度具有密切联系。在英美法系，一些学者认为惩罚性赔偿的最初起源便是为了赔偿无形的精神损害，因当时损害赔偿的概念很狭窄，不存在明确的精神损害赔偿。[1]英美法中的精神损害赔偿始于对人格权受侵害或受到间接性精神打击后所要求的赔偿制度。在 17 世纪至 18 世纪，惩罚性赔偿也主要适用于诽谤、诱奸、恶意攻击、私通、诬告、不法侵占住宅、占有私人文件、非法拘禁等受害人受到名誉损失及精神遭受痛苦的案件。[2]在英国早期司法实践中，非财产损害例如精神痛苦和情绪受挫，由于无法用金钱衡量，故通常不认可受害人的赔偿主张。"惩罚性赔偿制度在普通法系的产生一定程度上是为了弥补普通法系原有赔偿制度拒绝对精神损害等无形财产损失提供救济的制度缺憾"，[3]惩罚性赔偿弥补了精神损害赔偿缺位之不足，在很大程度上具有弥补受害人精神痛苦的作用。作为加重赔偿的精神损害赔偿与惩罚性赔偿往往没有有效区分，而是呈现出千丝万缕的联系。直到 1964 年 Rookes v. Barmard 案，戴林法官才首次以加重性赔偿指称精神损害等无形损害的赔偿，以此与惩罚性赔偿进行区分。[4]但这种区分并不彻底。时至今日，美国仍有一些州的司法实践认为，惩罚性赔偿基本等同于精神损害赔偿或主要指精神损害赔偿。[5]"惩罚性赔偿是对产生于被告恶意行为所导致的对感情的冒犯、侮辱或者人格尊严的降低所提供的补偿。"[6]只是随着认识的深入和发展，两者的差异被挖掘出来，精神损害赔偿与惩罚性赔偿才开始走上差异化发展的道路。前者弱化其惩罚功能，主要关注受害人精神痛苦的补偿；后者弱化补偿功能，强化对不法行为的惩罚与遏制。

---

[1] See Note, "Exemplary Damages in the Law of Torts", 70 *Harvard Law Review*, 517, 518~519 (1957).

[2] 王利明："美国惩罚性赔偿制度研究"，载《比较法研究》2003 年第 5 期。

[3] 参见瞿灵敏："精神损害赔偿惩罚性与惩罚性赔偿补偿性之批判——兼论精神损害赔偿与惩罚性赔偿的立法完善"，载《东方法学》2016 年第 2 期。

[4] The Law Commission, Aggravated, Exemplary and Restitutionary Damages.

[5] 金福海：《惩罚性赔偿制度研究》，法律出版社 2008 年版，第 52 页。

[6] American Jurisprudence 2d, Damages, 788, 转引自金福海：《惩罚性赔偿制度研究》，法律出版社 2008 年版，第 52 页。

第二，二者均具有惩罚功能。精神损害赔偿除了对人身权益遭受侵害的受害人具有填补损害和抚慰心灵的作用外，还具有惩罚加害人的功能。精神损害具有无形性，既无法用金钱衡量，亦无法填补。精神损害赔偿需要考虑行为人的主观过错形态与程度进行酌定。"当法官为了确定赔偿数额而去考虑加害过失的重大性和财产状况时，实际上在损害赔偿形式下隐藏的是惩罚。"[1]只是精神损害赔偿的惩罚功能较弱，对行为的惩罚性不是特别明显而已。

"虽然惩罚性赔偿制度与精神损害赔偿制度的侧重点不同，但两者在功能上有一定交集，具有一定的功能替代性。"[2]正是因为精神损害赔偿亦包含了一定的惩罚功能，尽管有人主张在精神损害赔偿中引入惩罚性赔偿，以使受害人得到充分救济，实现法律的调整功能，[3]但遵循一事不再罚的原则，原则上精神损害赔偿与惩罚性赔偿不应兼用。如果同时适用，势必导致对同一侵权行为人进行两次惩罚，而对同一被害人两次补偿的问题。在不能同时适用时，则存在两种责任何者优先及是否允许受害人自主选择的问题。[4]

在笔者看来，惩罚性赔偿与精神损害赔偿既为民事责任，自应尊重受害人自主选择的权利。在受害人没有选择时，鉴于惩罚性赔偿严格限定于法定情况，具有严格的构成要件，且以具有确定的损害为前提，而精神损害赔偿还需要法官根据个案酌定这一原因，从增加可预见性及限制自由裁量权的这一角度考虑，以优先适用惩罚性赔偿为宜。

第三，在精神损害赔偿和惩罚性赔偿的早期，两者都需要在基础权利之上请求赔偿。在早期，出于受害人举证困难、损害无法精确计量等原因，在两大法系中都需要存在一个物质性的财产或权利损害赔偿请求权，

---

〔1〕　参见孙宏涛："精神损害赔偿的惩罚性功能"，载《政法论丛》2002年第6期。

〔2〕　张新宝、李倩："惩罚性赔偿的立法选择"，载《清华法学》2009年第4期。

〔3〕　相关观点参见施龙福："精神损害赔偿中惩罚性赔偿原则及其正当性"，厦门大学2007年硕士学位论文，第11~12页；薛锦："精神损害中引入惩罚性赔偿问题研究"，南京师范大学2012年硕士学位论文，第8~9页。

〔4〕　参见孙效敏："奖励制度与惩罚性赔偿制度之争——评我国《侵权责任法》第47条"，载《政治与法律》2010年第7期。

在此基础上才能请求精神损害赔偿或者惩罚性赔偿。近年来，精神损害赔偿虽然逐渐摆脱了这一限制，受害人可以独立请求精神损害赔偿，但仍然受到很大的限制。而惩罚性赔偿仍要求存在基础的法律关系，要么是合同关系，要么是侵权关系。

精神损害赔偿与惩罚性赔偿的不同，主要有如下几点：

第一，历史发展不同。虽然在英美法中，精神损害赔偿与惩罚性赔偿曾经具有密切联系。但从世界层面来看，惩罚性赔偿是在英美法系判例中被确定下来的，现在仍主要应用在英国、美国以及英联邦国家，大陆法系尽管近年来开始借鉴惩罚性赔偿制度，但通常仅在个别情况下运用。而精神损害赔偿则恰恰相反，它通过《法国民法典》初步确立，到1896年被《德国民法典》予以明确，又于《瑞士民法典》中得到完善，已成为大陆法系普遍适用的责任形式。

第二，角度不同。精神损害赔偿系从所遭受侵害的法益之角度，而惩罚性赔偿主要考虑行为人的主观心理。精神损害赔偿更倾向于非财产损害中的赔偿请求，包括受侮辱、诽谤，或受欺诈、胁迫，或婚约被毁，或间接的精神打击等而产生的精神痛苦，是一种相对独立的赔偿制度，在适用时一般不考虑加害人的主观心态。无论故意侵权还是过失侵权，只要受害人能够证明自己受到精神损害或者可以推定其具有精神损害，便可以主张精神损害赔偿。但惩罚性赔偿制度主要是制裁和遏制不法行为，仅在加害人恶意侵权或违约时可以适用。原因在于，若不考虑加害人的主观恶意，如故意、重大过失等，则无法决定制裁和遏制的强度，惩罚和遏制的合理性因此也就缺乏依据，其合理性殊值怀疑。

第三，功能不同。精神损害赔偿主要是抚慰受害人的精神痛苦，该赔偿目标在于减少或尽量填补精神损失。因侧重于精神抚慰，惩罚性功能已经很弱，甚至让人难以觉察。惩罚性赔偿的主要功能是惩罚加害人的不法行为，以达到制裁、遏制和示范的作用。确定赔偿数额时除了要考虑基础损害的比例关系外，还要考虑加害人的主观恶性程度以及不道德程度，据此制裁恶意侵权人。

第四，适用情况不同。精神损害赔偿以受害人精神利益遭受侵害为前提。任何人致他人精神损害，只要符合法律规定的条件，均应承担侵权责任。惩罚性赔偿尽管早期多产生于人格利益受损之情形，现代则更多地适用于具有强势地位的恶意经营者，多适用于经营者责任如产品责任之中，意在通过适用惩罚性赔偿制裁不法经营行为，保护消费者权益，构建诚信守序的市场秩序，一般的自然人很少适用惩罚性赔偿。

第五，适用领域不同。虽然存在违约责任领域亦可适用精神损害赔偿责任的观点，但精神损害赔偿目前主要适用于侵权责任领域。而惩罚性赔偿既可以适用于侵权责任领域，也可以适用于违约责任领域。

第六，赔偿数额确定方式不同。精神损害赔偿赋予法官酌定赔偿额的较大自由裁量权力。因受害人人身权利被侵害后所造成的精神损害大多难以确定，且无法精确计量，不像财产损害的填补式赔偿，具有确定的赔偿数额。在数额确定上需由法官在个案中具体衡量，难以有一个统一的赔偿标准。惩罚性赔偿以实际损失为基础，受损害数额之确定并不存在特殊困难。因而惩罚性赔偿数额根据补偿性赔偿乘以合理的比例关系即可确定。该比例关系须有法律明确规定，法官虽也有较大的自由裁量空间，但相对可以测算。

四、精神损害赔偿与残疾赔偿金

残疾赔偿金，是指对受害人因人身遭受损害致残而丧失全部或者部分劳动能力所进行的财产赔偿。

我国 1987 年《民法通则》没有直接规定残疾赔偿金，而是使用了"残疾者生活补助费"这样的表述。此后，1992 年《道路交通事故处理办法》、2001 年《最高人民法院关于审理触电人身损害赔偿案件若干问题的解释》等法律文件根据《民法通则》的精神，均规定了残疾者生活补助费。1994 年 1 月 1 日生效的《消费者权益保护法》是第一部规定残疾赔偿金的法律，后于 2009 年、2013 年进行了修改。《消费者权益保护法》第 41 条规定，经营者提供商品或者服务，造成消费者或者其他受害人人身伤害的，应当支付医疗费、治疗期间的护理费、因误工减少的收入等费用，造成残疾的，还应当支付残疾者生活自助具费、生活补助费、残疾赔偿金及由其扶养的人所必需的生活费等费用。《侵权责任法》第 16 条亦规定，侵害他人造成残疾的，应当赔偿残疾生活辅助具费和残疾赔偿金。《民法典》第 1179 条规定，侵害他人造成残疾的，应当赔偿辅助器具费和残疾赔偿金。关于残疾赔偿金的计算，《国家赔偿法》第 34 条和《最高人民法院关于审理人身损害赔偿案件适用法律若干问题的解释》（法释〔2003〕20 号）[1]第 25 条均作了明确规定。《国家赔偿法》第 34 条规定，残疾赔偿金根据丧失劳动能力的程度，按照国家规定的伤残等级确定，最高不超过国家上年度职工年平均工资的 20 倍。法释〔2003〕20 号第 25 条规定："残疾赔偿金根据受害人丧失劳动能力程度或者伤残等级，按照受诉法院所在地上一年度城镇居民人均可支配收入或者农村居民人均纯收入标准，自定残之日起按二十年计算。但六十周岁以上的，年龄每增加一岁减少一年；七十五周岁以上的，按五年计算。受害人因伤致残但实际收入没有减少，或者伤残等级较轻但造成职业妨害严重影响其劳动就业的，可以对残疾赔偿金作相应调整。"

关于残疾赔偿金的性质，历来存在不同观点。一种观点认为，残疾赔偿金属于抚慰金，功能在于安抚受害人。理由是，其一，法释〔2001〕7 号明确了残疾赔偿金的精神损害抚慰金性质。其第 9 条规定："精神损害抚慰金包括以下方式：（一）致人残疾的，为残疾赔偿金……"其二，将残疾赔偿金定位为精神损害赔偿符合实际并能够减少法律的复杂性。[2]其三，从比较法来看，大陆法系中的德国、日本等国家均只规定了精神抚慰金，将残疾赔偿金定位为精神损害赔偿更符合国际通行做法。[3]另一种观点认为，残疾赔偿金是对于财产损失的赔偿。理由是，精神损害赔偿是独立的名目，残疾赔偿金也是独立的名目，两者是并列的关系。《国家赔偿法》和法释〔2003〕20 号关于残疾赔偿金的计算，均是以受害人丧失劳

---

〔1〕 该解释于 2020 年《民法典》通过后进行了修正，为论述方便，行文中采用"法释〔2003〕20 号"。

〔2〕 相关观点参见丁晓婷："论《侵权责任法》中残疾赔偿金的性质"，载《四川职业技术学院学报》2017 年第 4 期。

〔3〕 参见夏从杰："《侵权责任法》第 16 条之我见——对残疾赔偿金与死亡赔偿金的解读"，载《河南科技大学学报（社会科学版）》2011 年第 1 期。

动能力的程度为依据的。受害人的劳动能力丧失，直接影响受害人的劳动收入。故而，残疾赔偿金应是不同于精神损害的财产损害。

从立法与司法的历史脉络来看，我国相关国家机关对于残疾赔偿金与精神损害赔偿的关系的认识经历了从态度模糊，到认为系精神性损害赔偿，再到将其定位为物质性损害的摇摆过程。首先，最高人民法院最初并没有就残疾赔偿金作出明确规定，《民通意见》146 条、《最高人民法院关于审理触电人身损害赔偿案件若干问题的解释》（已失效）第 4 条均只对残疾人生活补助费作了规定。其次，1994 年《消费者权益保护法》第 41 条首次既规定了残疾赔偿金，又规定了残疾者生活补足费，1993 年《产品质量法》也作了同样的规定。尽管理论上认为，立法者是将残疾赔偿金作为精神抚慰金来对待，但很长一段时间最高人民法院并没有通过司法解释阐明其性质，而是对于实践中物质性损害赔偿与精神性损害赔偿的争论采取了观望态度，表明其对于残疾赔偿金性质的认知尚处于模糊状态。再次，法释〔2001〕7 号第 9 条将残疾赔偿金界定为精神损害抚慰金。这说明最高人民法院认同了残疾赔偿金的立法目的系精神抚慰金的学说，而将残疾赔偿金定性为精神损害赔偿金。最后，自法释〔2003〕20 号起，立法和司法态度发生了明显转变，将残疾赔偿金定性为有别于精神损害赔偿的财产损害赔偿。[1]这说明经过一段时间的探索，司法机关认为残疾赔偿金应属不同于精神损害赔偿的财产损害赔偿。

之所以出现前述认识不一的问题，原因在于，残疾赔偿金这类表述，具有与生俱来的模糊性，容易使人误解为是对于致残后果的一揽子赔偿，而将其归于一个类概念。残疾赔偿金纯就概念的科学性而言，或许并不适合成为一个法律概念。从比较法来看，亦很少有国家存在残疾赔偿金之类的表述，相关研究更无从谈起。我国法律上之所以作此规定，系基于受害

---

〔1〕 司法解释前面已有所述。指导性案例如在《最高人民法院公报》2019 年第 3 期刊载的"尹某军诉颜某奎健康权、身体权纠纷案"中，法官指出受害人因犯罪行为造成残疾的，今后的生活和工作必然受到影响，导致劳动能力下降，生活成本增加，进而变相减少物质收入，故残疾赔偿金应属于物质损失的范畴。参见安徽省淮南市中级人民法院〔2015〕淮民一终字第 00929 号民事判决书。

人保护的朴素理念，更多是基于实质公平的考量，而对于概念科学性的考虑较少。

笔者认为，残疾赔偿金概念并不能反映其责任的真正内涵，字面解释只会导致望文生义的理解。故而认清残疾赔偿金的性质，需跳出其字面束缚，从历史解释的视角进行观察。从我国残疾赔偿金立法的历史来看，无论是残疾赔偿金适用的条件，还是其在法律文件中的地位，均清楚地显示，残疾赔偿金与生活补偿费是一脉相承的关系。尽管在一些法律，如《消费者权益保护法》《产品质量法》《医疗事故处理条例》中短暂出现过残疾人生活补偿费与残疾赔偿金并列的情况，但在法释〔2003〕20 号之后，法律中基本不再出现残疾人生活补助费，而只保留了残疾赔偿金。可见，《民法典》中的残疾赔偿金，其实就是《民法通则》中的残疾人生活补助费。故而，其本质应是受害人因残疾而致劳动能力减弱或丧失产生的经济上的损失，属于可得利益的损失。从体系解释的角度来看，《国家赔偿法》第 34 条和法释〔2003〕20 号第 25 条均以劳动收入作为计算的标准，亦体现残疾赔偿金的经济性。故而，残疾赔偿金应属不同于精神损害赔偿的财产性损害赔偿。

将残疾赔偿金定位为财产性损害赔偿，表明残疾赔偿金并非对于受害人残疾的一揽子赔偿，通常不包含精神损害。但不能因此就断言，残疾赔偿金与精神损害赔偿没有关联。从我国实践来看，残疾赔偿金自诞生之日起即与精神损害赔偿呈现难以切割的血肉联系。比如，号称我国精神损害赔偿第一案的"贾某宇诉北京国际气雾剂有限公司、龙口市厨房配套设备用具厂、北京市海淀区春海餐厅人身损害赔偿案"，[1]法院就是通过适用残疾赔偿金的方式肯定了原告的精神损害赔偿请求权。从功能上来说，残疾赔偿金在弥补受害人收入损失的同时，必然也构成对于受害人精神上的抚慰。故而，两者在许多方面存在互相渗透的地方，并非完全包容与被包

---

〔1〕 在该案中，贾某宇在春海餐厅就餐时火锅爆炸，导致其面部和双手严重烧伤。原告主张精神损害赔偿 100 万元。但在 1997 年，我国有关人身损害赔偿的规定中并没有精神损害赔偿的概念。参见牛犇："是谁推动了全国首例精神损害赔偿案"，载《人民司法（天平）》2017 年第 21 期。

容的关系，也非简单的并列关系，而是存在一定的交叉。比如，健康权案件伤残鉴定评定标准中本身就考虑到了受害人心理这一因素。面部轻度异物色素沉淀或脱失不会影响人的工作能力，但定为十级伤残；把40岁以下的女职工发生面部毁容按伤残等级晋升一级，实质上是把精神痛苦物质化。[1]因为40岁以下的女性对于毁容的结果反应更激烈一些。

五、精神损害赔偿与死亡赔偿金

死亡赔偿金，也称死亡补偿费，是指由侵权责任人按照一定标准给予死者家属的赔偿。死亡赔偿金是不法致人死亡时特有的财产损害项目，是对受害者近亲属的赔偿。死亡赔偿金具有以下特点：①死亡赔偿金并非死者的遗产。遗产表现的财产权益系死者生前已经合法所有的，而死亡赔偿金的形成及赔偿金的实际取得均发生在受害人死亡之后。②死亡赔偿金不是夫妻共同财产。夫妻共同财产是指夫妻关系存续期间，夫妻一方或双方所取得的合法财产。夫妻关系终结于离婚或一方死亡（包括宣告死亡），而死亡赔偿金产生于夫妻关系终结之后。③死亡赔偿金是对死者近亲属的赔偿，并非对死者自身的赔偿，是对受害人近亲属因受害人死亡导致的生活资源的减少和丧失的补偿。

我国《民法通则》没有规定死亡赔偿金，而是使用了"死者生前扶养的人必要的生活费"这样的表述。之后，不同法律使用了种类繁多的表述名称，如"死亡补偿费""死亡补助金""抚恤费""收入损失"等，不一而足。由于名称不统一，致使相互之间存在不协调，对其认识也存在不一致。

关于死亡赔偿金的性质究为精神损害赔偿还是物质性损害赔偿，一直存在很大争议。早期理论和司法实践倾向于认为是精神损害赔偿。法释〔2001〕7号第9条明确规定："精神损害抚慰金包括以下方式：（一）致人残疾的，为残疾赔偿金；（二）致人死亡的，为死亡赔偿金；（三）其他损害情形的精神抚慰金。"理论界也认为，"一个人死亡后，给死亡受害人的近亲属一笔钱，目的就是要对死亡受害人的近亲属进行安抚，抚慰他们

---

〔1〕　郭敬波："残疾赔偿与精神损害赔偿的互为渗透性"，载《人民司法》2010年第6期。

因为丧失亲人造成的精神痛苦"。[1]但法释〔2003〕20 号第 31 条明确地将死亡赔偿金认定为对财产损失的实际赔偿，认为其性质上是物质损害赔偿金，不属于精神损害抚慰金。到《侵权责任法》第 16 条，被扶养人生活费项目不再单独存在，而是被死亡赔偿金吸收。至于精神损害赔偿，则由第 22 条专门规范。《民法典》沿用了这一做法，其第 1179 条不再单列被扶养人生活费用，精神损害赔偿则由第 1183 条专门规范。由此可见，《民法典》最终将死亡赔偿金定位为不同于精神损害赔偿的物质性赔偿。法释〔2003〕20 号第 29 条确立以受诉法院所在地上一年度城镇居民人均可支配收入或者农村居民人均纯收入标准计算死亡赔偿金的规则，也是基于这一认识。

关于物质损害赔偿金的性质，亦存在死者"生命价值"赔偿说、近亲属逸失利益赔偿说等诸种学说。死者"生命价值"赔偿说又可以分为命价平等说和命价不平等说两种看法。命价平等说认为，死亡赔偿金是对"命价"的赔偿。人的生命是平等的，因此赔偿金对所有人均一样，应建立全国统一的死亡赔偿金。[2]余命赔偿说认为，死亡赔偿金可以分为三项：死亡精神损害抚慰金、丧葬费、死者生前扶养的人生活补助费。死亡精神损害抚慰金是对于死者没有享受人生的余命的赔偿。死亡赔偿金就是余命赔偿，是人格利益损失的赔偿，而不是对于收入损失的赔偿。[3]命价不平等说认为，死亡赔偿金本质上体现的是个体生命的价值，基于我国地域之间发展不平衡之现实，不宜一刀切。[4]死亡赔偿金是对死者生命丧失的损害进行的赔偿。[5]近亲属逸失利益赔偿说认为，死亡赔偿金是用来维持死者

〔1〕 王成："死亡赔偿金的调整、属性及其改进——季宜珍等诉财保海安支公司、穆广进、徐俊交通事故损害赔偿纠纷案"，载王利明主编：《判解研究》（总第 30 辑），人民法院出版社 2016 年版。

〔2〕 比如，王胜明认为，死亡赔偿金应统一标准，不宜以城乡、地区划界，而应是人不分城乡，地不分东西的统一标准。参见王胜明："我国的侵权责任法律制度"，载 http://www.npc.gov.cn/npc/xinwen/2009-06/27/content_ 1508483. htm，最后访问日期：2019 年 4 月 26 日。

〔3〕 参见杨立新："我国死亡赔偿制度应当进行改革"，载《光明日报》2008 年 5 月 6 日。

〔4〕 参见冉艳辉："确定死亡赔偿金标准应以个体的生命价值为基准"，载《法学》2009 年第 9 期。

〔5〕 参见麻昌华、宋敏："论死亡赔偿的立法选择"，载《暨南学报（哲学社会科学版）》2009 年第 2 期。

近亲属未来的生活水平，是对于侵害生命权所引起的近亲属各种现实利益损失的赔偿。[1]该说又可以分为抚养丧失说和继承丧失说两种观点。扶养丧失说认为，死亡赔偿金是为了维持死者近亲属的生活水平，是对"死者近亲属的扶养丧失的赔偿"，[2]是对因受害人死亡导致其生前依法定扶养义务供给生活费的被扶养人，丧失生活费供给来源所遭受财产损害的赔偿。继承丧失说认为，侵害他人生命致人死亡，不仅使受害人的生命利益遭受侵害，而且造成受害人余命年岁内的收入"逸失"，使得原本可以为其法定继承人所继承的未来可得收入丧失，死亡赔偿金即对于此种损害之赔偿。

通说认为，同残疾赔偿金一样，死亡赔偿金并非对于人的生命价值的补偿，更不是生命的对价。从生命伦理学的角度来说，每个人的生命都是独特而珍贵的，不可能通过货币化的方式进行定价。死亡赔偿金不是对于个人生命价值的赔偿，而是对相关权利人预期继承收入的补偿。[3]故而，我国目前采纳的是继承丧失说。

将死亡赔偿金定位为物质性损害赔偿，意味着死亡赔偿金是与精神损害赔偿平行的独立赔偿责任。这意味着，在侵权致人死亡的案件中，被害人近亲属在获得死亡赔偿金之余，尚可就精神损害提出独立的损害赔偿主张。尽管如此，死亡赔偿金与精神损害赔偿必然不是截然割裂，而是呈现出相互影响、相互渗透的关系。被害人未来可预期收入是一个高度盖然化的东西，并非确定的实际财产。承认近亲属以此为标准的赔偿主张，有对受害人近亲属进行精神抚慰的意思。在近亲属获得死亡赔偿金的情况下，对其另行提出的精神损害赔偿主张虽应支持，但赔偿额应有所限制。

---

[1] 参见张新宝："《侵权责任法》死亡赔偿制度解读"，载《中国法学》2010 年第 3 期。

[2] 王利明："侵权责任法制定中的若干问题"，载《当代法学》2008 年第 5 期。

[3] 参见傅蔚冈："'同命不同价'中的法与理——关于死亡赔偿金制度的反思"，载《法学》2006 年第 9 期。

第二章

精神损害赔偿的缺陷与风险

第一节 精神损害赔偿的作用与功能

一、精神损害赔偿的作用

精神损害赔偿具有多方面的作用，考察的层面不同，作用也有所差异：

1. 当事人层面的作用

精神损害赔偿作为加害人对被害人作出的一种金钱上的赔偿，既是对于加害人的惩罚与制裁，又是对于被害人精神痛苦的抚慰与补偿。故，对不同的当事人，精神损害赔偿的作用也不同。

精神损害赔偿对于侵权人来说，首先是一种否定的价值评判。即通过对侵权人施以一定责任，宣告其行为的非法性，从价值上否定行为之正当性。其次，通过要求侵权人对于受害者承担损害赔偿的不利后果，实现对于损害的填补及受害人精神上的抚慰。最后，在是否遭受精神损害不能确证的情况下，通过法律技术酌定精神损害的存在，要求侵害人承担责任，体现了对于实施违法行为的侵权人的惩罚和制裁。

精神损害赔偿对于受害人来说，首先意味着损害的填补，即通过获得一定的补偿，弥补因侵权行为所遭受的精神痛苦，或精神利益的减损，以达到减轻和消除痛苦的目的；其次意味着精神上的安慰或慰藉，即通过使侵害人遭受财产上的损失，使受害人感觉加害人遭受报复而得到精神上的满足和抚慰。

2. 社会层面的作用

精神损害赔偿作为一种民事责任，虽是一种私法责任，但并不仅仅产生针对当事人的作用，对社会其他人员也能产生明显影响。通过精神损害赔偿责任的适用，可以使他人认清事情的是非曲直，认识到侵害行为的危害性和权利受到保护的重要性，发挥法律的价值引导作用。

概言之，精神损害赔偿的社会作用主要表现在如下层面：其一，价值评判作用，即通过要求加害人给付受害人一定数量的精神损害赔偿金，在法律价值上起到区分是非曲直之作用。同时，也为社会提供可资借鉴的评判行为是非之标准。其二，对他人行为的引导作用。通过对加害人施以一定责任，精神损害赔偿能够实现倡导合法行为、否定违法行为之目的，从而实现引导人们尊重他人民事权益，有效避免产生赔偿责任之效果。其三，社会稳定作用。通过要求侵权人承担一定的赔偿责任，精神损害赔偿能够解除或缓和受害人精神上的痛苦和怨恨，使其得到精神上的满足，从而防止矛盾的进一步激化，起到缓解对立情绪、化解矛盾的稳定阀作用，从而促进社会安定。

3. 价值层面的作用

适用精神损害赔偿，一方面，通过使加害人承担不利的法律后果，并使受害人获得一定的金钱赔偿，可以抚慰受害人精神上的痛苦，以实现公平正义；另一方面，通过使加害人承担法律责任，从价值上否定行为之正当性，有利于倡导正确的行为价值观，具有较强的价值宣示与引领作用。

二、精神损害赔偿的功能

（一）关于精神损害赔偿功能的学说

精神损害赔偿的功能是指其在实行过程中对个人和社会可能起到的积极作用。作为侵权法上重要的责任方式，精神损害赔偿功能的厘清对于损害赔偿的科学定位和合理确定赔偿原则、赔偿范围等具有重要意义。关于精神损害赔偿的功能，学界观点不一。有所谓单一功能说、双重功能说、三重功能说、四重功能说之分。

1. 单一功能说

此学说认为，精神损害赔偿的功能是单一的。基于视角的不同，该说又有惩罚功能说、补充功能说等多种学说。

（1）惩罚功能说。该说认为，精神损害赔偿的功能在于惩罚加害人，其以侵权行为所具有的社会谴责性作为依据，注重加害人的主观过错，认为精神损害赔偿的目的是制裁行为。日本学者戒能通孝最先提出"制裁说"。1923年，戒能通孝在其论文《侵权行为中的无形损害赔偿请求权》中提出，抚慰金是"披上了损害赔偿色彩的刑罚"。抚慰金具有"私罚"的性质，故加害行为必须是具有重大违法性须予以制裁的行为。[1]美国著名学者弗雷明也认为，精神损害赔偿一方面通过作出对于加害人不利益的判决，另一方面也警告他人。[2]德国有学者提出，精神损害赔偿金之功能并非在于填补损害，而是在于行为后果之预防。其本质实远于损害，近于制裁。[3]在瑞士和法国，均曾有学者认为，精神损害赔偿在赔偿的形式下隐藏着的是惩罚。

（2）补偿功能说。该说认为，民事责任作为私法责任，其基本功能是损害填补。"精神损害赔偿的功能是补偿，强调精神损害的物质赔偿以补偿受害人所遭受的精神损失为目的，而对加害人的处罚则应归于刑法及其他法律，这是近现代法律民、刑分离的结果。"[4]在市场经济社会，金钱作为一般等价物，可以视为受害人损失之对价。对于精神损害的赔偿，使受害人许多无法证明、难以估量的损失获得补偿的机会。精神之不利，通过金钱利益来补偿，因而使受害人获得心理上之补偿。[5]

（3）抚慰功能说。该说认为，精神损害赔偿的功能不在于补偿受害人非财产上的损失，而是使受害人心理上产生一种满足感，从而从痛苦中解脱出来。"关于精神损害赔偿，其功能在于抚慰性。"[6]该功能又有学者称为满足功能，代表性人物有德国法学家基尔克、法国法学家罗达等。按照基尔克的说法，金钱赔偿虽无法弥补受侵害的精神利益，但是它可以使受害人在其他方面得到精神上的享受。

---

〔1〕 参见于敏："日本侵权行为法中的抚慰金制度研究"，载《外国法译评》1998年第2期。

〔2〕 John G Fleming, *An introduction to the Law of Torts*, 2nd Edition, 1985, p. 6.

〔3〕 参见胡平：《精神损害赔偿制度研究》，中国政法大学出版社2003年版，第11页。

〔4〕 杨立新、薛东方、穆沁编著：《精神损害赔偿》，人民法院出版社1999年版，第10页。

〔5〕 参见黄立：《民法债编总论》，中国政法大学出版社2002年版，第417页。

〔6〕 张新宝：《侵权责任法立法研究》，中国人民大学出版社2009年版，第95页。

（4）调整功能说。该说认为，精神损害赔偿是一种调整或者补充手段。此说为日本通说。其依据是在损害赔偿数额较少时，法官可以增加精神损害赔偿的数额，以满足受害人的要求。同时，精神损害赔偿又承担着缓和对损害的证明困难功能。[1]

（5）克服功能说。该说由德国民法学者依据现代医学所提出。[2]该说认为，围绕人存在非生物的外环境和生物自身的内环境两个大系统，两个系统相互影响，任何一个系统的改变都会使另一个环境对人体的影响加重或减轻。精神损害赔偿虽然无法直接根除损害，但可以通过改变人所处的外环境，促进生物内环境向好的方向发展，帮助受害人恢复身心健康。[3]

2. 双重功能说

该学说认为，精神损害赔偿的功能具有双重性，具有两方面不同的功能，不同功能互相作用。双重功能说又分为补偿与抚慰功能、抚慰与惩罚功能、补偿与满足功能、调整和抚慰功能等多种学说。笔者认为，补偿和满足本质上并无太大差异，故而从实质意义上来说，双重功能说又可以区分为三种。

（1）补偿与抚慰功能。该说认为，精神损害赔偿既有补偿功能，又有抚慰功能，是对受害人的慰藉。此说为德国通说。1955年6月1日，德国联邦法院大民庭会议就非财产损害作出决议指出："民法第847条规定之痛苦金请求权，不是通常之损害赔偿，而是特殊之请求权，具有双重功能，对被害人所受非财产上损害提供适当补偿，但同时由加害人就其所生之损害对受害人予以慰藉。"[4]"慰抚金系一种特殊损害赔偿，兼具二种功能：一为填补损害，一为慰抚被害人因法益遭受侵害所受之痛苦。"[5]

---

〔1〕　参见于敏：《日本侵权行为法》，法律出版社1998年版，第384页。

〔2〕　参见《精神损害赔偿数额之评算方法》课题组：《精神损害赔偿数额之评算方法》，法律出版社2013年版，第22~23页。

〔3〕　参见胡平：《精神损害赔偿制度研究》，中国政法大学出版社2003年版，第13页。

〔4〕　参见王泽鉴：《民法学说与判例研究》（第2册），中国政法大学出版社1998年版，第256页。

〔5〕　参见王泽鉴：《民法学说与判例研究》（第2册），中国政法大学出版社1998年版，第252页。

（2）补偿与惩罚功能。法国法学家斯达卢克认为，当损害没有及于人的生命、身体（侵害名誉、私生活等）时，赔偿责任具有惩罚性，应以证明侵害人有过错作为赔偿责任成立的条件。如果已经侵害了人的生命或身体，则赔偿只具有补偿性，因为此时的赔偿责任多由保险公司代理承担，不要求受害人一定提出侵害人有过错的证明。[1]

（3）调整和抚慰功能。该说认为，非财产损害具有两个功能，一是对于被害人所受非财产损害予以适当调整，二是抚慰受害人。[2]

3. 三重功能说

该学说认为，精神损害赔偿同时具备三种功能，具体是哪三种功能，学说中也存在差异。具体可以分为：①补偿、抚慰和惩罚三种功能，[3]此说为当前通说。②抚慰、调整和惩罚功能。"精神损害赔偿具有抚慰和惩罚的功能，一方面表明对非法过错侵权行为的谴责，另一方面又对受害人以金钱补偿的方式进行抚慰，使权利义务得到平衡。同时又作为一种调整手段，在其他财产赔偿责任不足以弥补受害人的损害时，使受害人的合法利益得到全面的保护。"[4]③抚慰、教育和惩罚。"通过确认精神损害赔偿责任，抚慰受害人，教育、惩罚侵权行为人，引导社会形成尊重他人人身权利、尊重他人人格尊严的现代法制意识和良好道德风尚，促进社会的文明与进步。"[5]④补偿、抚慰和惩罚。"精神损害赔偿兼具补偿、慰抚和惩罚三种功能，是客观事实。"[6]

4. 四重功能说

该学说认为，精神损害赔偿具有满足功能、调整功能、惩罚功能和抚

---

〔1〕 参见《精神损害赔偿数额之评算方法》课题组：《精神损害赔偿数额之评算方法》，法律出版社 2013 年版，第 22~23 页。

〔2〕 参见《精神损害赔偿数额之评算方法》课题组：《精神损害赔偿数额之评算方法》，法律出版社 2013 年版，第 24 页。

〔3〕 参见杨立新：《人身权法论》（修订版），人民法院出版社 2002 年版，第 276 页；程啸：《侵权行为法总论》，中国人民大学出版社 2008 年版，第 499~500 页。

〔4〕 郭卫华等：《中国精神损害赔偿制度研究》，武汉大学出版社 2003 年版，第 149 页。

〔5〕 陈现杰："《关于确定民事侵权精神损害赔偿责任若干问题的解释》的理解与适用"，载《人民司法》2001 年第 4 期。

〔6〕 杨立新、薛东方、穆沁编著：《精神损害赔偿》，人民法院出版社 1999 年版，第 12 页。

慰功能，主要为法国学者所主张。该说认为，金钱可以使被害人有所满足而冲销痛苦，故精神损害赔偿具有使被害人获得某种满足之功能；因为金钱的支付，使加害人发生失去感，故特殊情况下，抚慰金又具有惩罚功能；人之存在为具有多种属性的单元，损害赔偿应满足各种属性的需要。[1]比如，王利明教授就认为，精神损害赔偿具有克服、抚慰、惩罚和调整功能。[2]

　　笔者认为，精神损害赔偿虽是一种民事责任，但视对象不同而可发挥不同作用，故功能多样。认为精神损害赔偿只具有单一功能，是不符合客观实际的。无论用哪一种单一功能学说来看待精神损害赔偿，都可以发现对精神损害赔偿功能的概括不全面。同样，双重功能说尽管较之单一功能说全面，但仍不可避免地存在缺漏。比如，就主流的精神损害赔偿具有补偿和抚慰双重功能说而言，虽揭示了精神损害赔偿在损害填补和精神慰藉方面的作用，但没能揭示损害赔偿对于责任人之法律意蕴，尤其在损害难以证明的"可推知精神损害"中，在无证据证明受害人存在精神损害的情况下，行为人仅因实施了恣意妄为行为即应承担赔偿责任，此时更多体现的是对于行为违法性的否定评价及对违法行为之制裁。四重功能说形式上更为全面，但实质上并不科学。满足功能以补偿为基础，虽与补偿功能略有不同，但基本可归入补偿功能之中。调整不过是一种手段，是法官依职权对精神损害赔偿作出增减以体现公平、正义，实现更好地保护受害人这一目的，本质上属于法官裁量权之行使问题，与精神损害赔偿之功能没有太多直接联系。相对而言，三重功能说较具合理性，本书采此说。笔者认为，精神损害赔偿对于受害人来说兼具补偿和抚慰功能，对于侵权人来说则具有某种程度上的制裁功能。三种功能并非具有同等地位。基于损害赔偿的民事责任性质，补偿和抚慰应是基本功能，制裁功能仅具有补充功能的地位。

---

〔1〕　相关观点参见曾世雄：《非财产上之损害赔偿》，元照出版公司 2002 年版，第 138 页。
〔2〕　参见王利明：《人格权法研究》（第 3 版），中国人民大学出版社 2018 年版，第 714~718 页。

（二）精神损害赔偿的具体功能

1. 补偿功能

补偿损失是侵权法的基本任务，民事责任的首要功能是填补损害，即通过赔偿责任的适用，使得损害结果犹如损害事故没有发生一样。尽管精神损害不是有形损害，但其毕竟是一种实实在在、可以感知的损害。以财产的方式补偿受害人遭受的精神损害，填补受害人精神利益的损失，减弱和消除受害人的精神痛苦，可以达到受害人精神状况如损害发生之前的目的。"精神损害的补偿，就是指由于加害人的行为导致受害人无法正常地享受生活，并且给其生活带来了前所未有的困难，在此情况下，加害人有义务支付抚慰金，受害人获得了抚慰金之后可以获得替代的心理满足，起到间接的补偿作用。"〔1〕故而本质上，精神损害赔偿具有恢复原状的性质，"在补偿功能中，对于不能以其他方式得到赔偿的诸如痛苦、精神上的折磨、恐惧、毁容及职业或者婚姻前途的减损等非物质的负面影响通过支付痛苦抚慰金进行补偿。尤其在持续性损害或者精神损害中，补偿是考量痛苦抚慰金时的一个非常重要的因素"。〔2〕

但精神损害是受害人的精神痛苦。痛苦没有外在的度量方式，难以确切地衡量，故直接填补并无可能。就赔偿本身来说，精神损害赔偿系以给付金钱作为赔偿方法，使被害人获得某种心理上的满足。精神损害赔偿之机理，系通过给付金钱的方式，使受害人得以通过金钱的购买力另行创造身体之便利或精神愉悦和满足等享受，从而消除或减轻加害行为所致的精神痛苦。通过使受害人获得金钱之方式，消除或者减轻痛苦感受，是一种间接填补方式。正如日本学者四宫和夫教授所说，用抚慰金买入的享乐是平衡的，让他忘记痛苦，给予安慰，所以广义上也能视为填补。〔3〕精神损害赔偿论其实质，也属损害赔偿，与财产性损害的金钱赔偿并无不同，从而也具有损害赔偿的基本机能。

---

〔1〕 张新宝主编：《精神损害赔偿制度研究》，法律出版社 2012 年版，第 416~417 页。

〔2〕 ［德］埃尔温·多伊奇、汉斯-于尔根·阿伦斯：《德国侵权法——侵权行为、损害赔偿及痛苦抚慰金》，叶名怡、温大军译，刘志阳校，中国人民大学出版社 2016 年版，第 234 页。

〔3〕 参见 ［日］四宫和夫：《不法行为》，青林书院 1987 年版，第 268 页。

　　从补偿功能出发，精神损害赔偿金的计算主要应考虑受害人精神损害的事实情况，而无需考虑侵权行为人的过错程度、当事人之间的财产状况以及是否具有保险等因素。对精神损害进行物质赔偿，不会造成人格的贬损。给予受害人精神损害的赔偿或许并不能与其所遭受的精神痛苦对等，但获得赔偿的受害人却可以感受到正义的存在，认为侵权人在价值上遭到了法律的否定，在行为上遭受了法律的制裁，从而获得安慰，平复创伤。同时，给予一定的精神赔偿有利于受害人身体的康复，预防或避免因精神痛苦造成进一步的损失，使受害人避免医疗费用的增加和财产收入的减少。

　　2. 抚慰功能

　　抚慰功能，即通过使加害人付出代价，使受害人感觉加害人因此遭受报复而得到精神上的满足和抚慰。通常而言，对受害人损害之补偿与抚慰，是一个问题的两个侧面。精神损害的补偿功能必然通过抚慰的方式实现，受害人通过获得精神损害赔偿金所获得的愉快或抚慰感论其实质也是一种补偿。但严格来说，两者是有差异的，抚慰功能难以为补偿功能所吸收。〔1〕两者最大之区别一是在于赔偿数额计算之参考因素上，补偿功能作为间接的填补功能，无需考虑行为人的主观过错、侵害的手段和方式、当事人双方的财产状况等因素，被害人所遭受的精神损害程度才是决定性之因素。而就抚慰功能而言，当事人过错程度、财产状况等是主要考虑的因素。其原因，盖在于实施加害行为时，加害人主观恶意或不诚实的态度会导致被害人愤懑或报复的情感，若不予抚慰，被害人的痛苦感就会增加。二是在适用情形上，当受害人之精神损害严重程度有限，可以有效恢复时，精神损害赔偿能够有效达到弥补精神痛苦的作用。但在精神损害特别严重，如造成受害人伤残或使其产生无法愈合的永久性精神损害时，通过赔偿填补损害的目的就无法实现。此时，抚慰功能的重要性就显现出来。"填补功能及克服功能，对于精神损害轻微被害人，固可发生效力。但对

---

〔1〕 参见董惠江、严城："论我国精神损害赔偿金的功能"，载《甘肃政法学院学报》2012年第 1 期。

◆ 精神损害赔偿之风险控制论

于损害重大之被害人，例如断臂、断腿之被害人，因其终生无法恢复健康，以致精神及肉体终身痛苦，于此情形，给予被害人相当金钱，虽不能填补或克服其精神上痛苦或肉体上痛苦及不便，但可使被害人感到金钱上的满足，而获得慰抚。"〔1〕三是在发挥预防功能上，如果侵权行为导致完全毁坏了受害人的人格，此时，精神损害赔偿的补偿功能完全无法实现，但通过要求侵权人承担损害赔偿责任，可以使侵权的成本上升，实现损害赔偿法的预防功能。比如，在德国著名的"摩纳哥卡洛琳公主案"中，一个著名的出版社在其杂志上刊载了杜撰的独家采访。原告卡洛琳公主要求被告在杂志发行的范围内恢复其名誉并赔偿 10 万马克。德国最高法院作出了高达 18 万马克的判决，以此警告那些试图通过虚假新闻获得不当收益的潜在侵权人，防止在损害赔偿过低的情况下造成积极侵权。

正是基于抚慰功能的独特作用，学界普遍认为，金钱赔偿虽无法弥补受害人的精神利益，但可以使受害人得到其他方面的精神享受，是民法上唯一可以满足受害人的方法。精神损害赔偿不同于物质损害赔偿，其虽以金钱的方式，但与赔礼道歉等民事责任一样，作用在于"平缓"和"安抚"受害人心理。"通过令赔偿义务人承担精神损害赔偿责任可以体现法律伸张正义的精神，使得受害人及其他赔偿权利人心理上得到满足，从而化解内心的怨恨与愤懑，消除报复加害人的不良欲望。"〔2〕

3. 制裁功能

在大陆法系国家，关于精神损害赔偿是否存在制裁功能存在激烈争议。

传统民法认为，预防和制裁功能基本归属于公法领域，尤其是通过刑罚来实现。对于不法行为之制裁系刑法之基本任务，民事损害赔偿的基本功能在于损害填补，不应该具有制裁功能。〔3〕德国最高法院曾明确表示："现代德国民法制度仅将损害赔偿作为不法行为的法律后果，却没有规定受害人可以变得更优越……惩罚与威慑是刑罚的目标，而非民法的范畴，

---

〔1〕 曾隆兴：《详解损害赔偿法》，中国政法大学出版社 2004 年版，第 24 页。
〔2〕 王利明主编：《中华人民共和国侵权责任法释义》，中国法制出版社 2010 年版，第 97 页。
〔3〕 参见王泽鉴：《民法学说与判例研究》（第 2 册），北京大学出版社 2009 年版，第 185 页。

罚金只能支付给国家。"〔1〕基于这一认识，有学者认为："在'现行法'上，损害赔偿义务之发生，原则上系以过失为责任要件，虽含有对过失行为加以非难之意思，惟不得据此而认为损害赔偿系对于'不法行为本身之制裁'。"〔2〕"从法理上来说，作为民事责任的一种，精神损害赔偿与财产损害赔偿一样，应只具有补偿与抚慰功能，仅限于填补损害，至于其惩罚功能应让位于专门的惩罚性赔偿制度。"〔3〕

另一种观点认为，责令侵权人承担精神损害赔偿，本身就具有惩罚功能，只不过是一种附带功能。承认精神损害赔偿具有惩罚功能，并非是古代民刑不分的回潮，而是克服传统民法之不足，加强受害人保护的需要。

现代社会公害事件不断发生，传统的损害填补责任不足以抑制侵害行为，特别是在企业为追逐利润而进行的加害行为日渐频繁的情况下，为抑制对人格的侵害行为，各国开始改变态度，转而承认制裁功能的存在。如在著名的"摩纳哥卡洛琳公主案"中，德国最高法院认为："对于侵害人格权的赢利来说，以金钱消除损害的数额恰恰是一个克星，只有这样，才能达到惩戒的目的，从而满足保护受害人的人格权的要求。"〔4〕

时至今日，精神损害赔偿作为法律在受害人所受实际财产损失之外要求侵权人"额外"负担的赔偿，〔5〕蕴含了一定的制裁功能已成各界通说。其理由主要是，精神损害赔偿体现了国家公权力对不法行为的否定性评价，在损失额无法量化的情况下，任何补偿实质上均具有惩罚的倾向。精神损害赔偿具有预防侵权之目的，而制裁是最有效的预防，仅仅具有填补和抚慰功能并不足以扼制侵权。比如，在"徐某雯与宋某德、刘某达侵害

---

〔1〕　参见杨栋："外国法院惩罚性赔偿判决的承认与执行"，载《政治与法律》1998 年第 5 期。

〔2〕　王泽鉴：《民法学说与判例研究》（第 2 册），中国政法大学出版社 1998 年版，第 252～253 页。

〔3〕　项先权："论我国人身伤害中精神损害赔偿的数额确定"，载《广西社会科学》2005 年第 3 期。

〔4〕　参见董惠江、严城："论我国精神损害赔偿金的功能"，载《甘肃政法学院学报》2012 年第 1 期。

〔5〕　参见高凌云："我国民事法律救济制度中的补偿性救济比较——兼论人身伤亡案件中精神损害赔偿的标准与量化"，载《华东政法大学学报》2007 年第 5 期。

名誉权民事纠纷案"中，宋某德、刘某达利用互联网公开发表不实言论，并在报刊等媒体求证过程中继续诋毁谢某名誉，使谢某的名誉在更大范围内遭到不法侵害。侵权人主观过错严重，侵权手段恶劣，使谢某遗孀徐某雯身心遭受重大打击。法院通过判处较高数额的精神抚慰金，体现了制裁侵害行为的目的。[1]

笔者认为，简单的民刑二元区分遮蔽了民事责任和刑事责任的相似性，切割了民事行为和刑事行为的关联。从哲学上来说，事物并非非此即彼的关系，而是既相互区分又彼此关联。民事责任作为私法责任，本质上是当事人之间的关系，故须以弥补损失填补损害为目标。但不能简单地因民事侵权的私法性质而否认侵权行为的违法性与反社会性，法律除了维护当事人之间的正常利益关系，还承担着价值确认、引导人们行为、预防侵害行为发生的作用，单纯的损害填补实现不了这些目的。故而，只要不对民事责任的私法性质构成冲击，一定程度上承认其惩罚性可以使精神损害赔偿焕发更大的生机和活力，并且有利于丰富民事责任理论。从司法实践来说，既然精神损害赔偿的确定主要是依据加害行为的可归责性及其道德上的可非难性，并结合精神损害后果做出评价，而在衡量加害行为可归责性时将侵权人的过错程度，侵害的手段、场合与行为方式等因素放在特别突出的位置，则精神损害赔偿意味着一定的惩罚功能也就理所当然。相关精神损害的实证分析也显示，我国司法实践中，精神损害赔偿体现出鲜明的惩罚性赔偿功能。[2]因此，精神损害赔偿的制裁功能不言而喻。因此，无论承认与否，精神损害赔偿本身即带有弱惩罚性，不承认这一事实，而在侵权人有恶意的情况下以惩罚侵害人为由引入惩罚性赔偿，势必造成双重惩罚，难以排除出现侵权人责任过重问题。至于将惩罚功能纳入惩罚性赔偿的观点，看似有道理，实则站不住脚。精神损害赔偿中的惩罚性功能具有不同于惩罚性赔偿的独特功能，精神损害赔偿中的惩罚功能是一种弱惩罚，是酌定损害赔偿数额时顺带考虑的因素，适合于法官行使裁量权的

---

〔1〕 参见《最高人民法院公布 8 起利用信息网络侵害人身权益典型案例》。
〔2〕 参见屈茂辉、王中："精神损害赔偿惩罚性功能探析——基于医疗侵权精神损害赔偿的实证研究"，载《山东大学学报（哲学社会科学版）》2020 年第 5 期。

方式在确定损害赔偿时一体考虑，而惩罚性赔偿则是一种独立责任，适合于法律已经作出明确规定的情形。惩罚性赔偿有明确的要件要求，而精神损害赔偿中惩罚性功能的适用属于法官酌定时需要考虑的因素，适用时较为灵活。在达不到惩罚性赔偿要件要求，而填补性赔偿又不足以弥补实际损害时，精神性损害赔偿中惩罚性功能的运用能够很好地起到弥补填补性损害赔偿的作用。

值得注意的是，精神损害赔偿尽管具有补偿、抚慰、制裁等多种功能，但这些功能并非截然分野，而是包容于一起，具有不可区分性。从司法实践来说，不同功能的发挥尽管可能成为酌定精神损害赔偿时的重要因素，但具体案件中区分精神损害赔偿的具体功能实无必要，多数情况下亦无可能。因此，司法通常拒绝对精神损害赔偿的功能进行分门别类，"尤其是不会在赔偿总额中单列出补偿功能和安抚功能各是多少"。[1]

第二节 精神损害赔偿的缺陷

精神损害与人格紧密相连，具有无形性特征，用传统损害赔偿的方法进行评价存在诸多缺陷。大致而言，精神损害赔偿之缺陷，可以概括为以下几个方面。

一、损害赔偿名实不符

损害赔偿责任是通过赔偿一定数额的金钱，填补所造成之损害。赔偿以存在损害为前提，若无损害，自无赔偿之必要。然而，精神作为人之内在情感，是否存在损害难以判定。金钱赔偿与精神损害不是一个层面的东西，金钱赔偿与精神损害也不是一个对应的关系。金钱作为一般等价物，是有形的，可度量的；精神作为不可让渡的人格要素，则是无形的，不可计量的。基于人之精神状况的复杂性，在行为人实施不法行为的情况下，

---

〔1〕 参见［德］埃尔温·多伊奇，汉斯–于尔根·阿伦斯：《德国侵权法——侵权行为、损害赔偿及痛苦抚慰金》（第 5 版），叶名怡、温大军译，刘志阳校，中国人民大学出版社 2016 年版，第 235 页。

受害人有无损害实难判断。即便行为人实施了不法侵害行为，也不一定造成损害。被侵害人是否遭遇精神损害与其价值观、抗打压能力、对生活的态度等息息相关，在彼认为不可接受之事情，在此则认为正常的情况比比皆是。何况，由于人格多元化的原因，还存在多种形式不可以常理衡量之情感上的少数群体，如自虐症、同性恋等。对于这部分人群来说，构成精神损害的通常因素恰恰可能是刺激与异样体验的来源。

精神利益没有对价，不能成为金钱购买之标的，故金钱赔偿也不可能直接填补精神上的损害。身体上的痛苦、失去亲人的悲伤等不能用金钱恢复或消除，当减轻"疼痛和痛苦"的医疗手段已经穷尽之后，任何残余的"疼痛和痛苦"都不能被消除，不论他人对受害人支付了什么赔偿金，它仍然如影随形般存在于受害人身体。而且，金钱不可能把受害人再置于其没有受到侵害之前的位置。[1]最多只能通过抚慰被害人情感的方式减轻或者消除受害人的精神痛苦。从可赔性的角度来说，人之精神活动具有高度自主性。这也决定了，即便遭受精神痛苦，是否构成难以自愈的损害殊值怀疑。事实上，除非造成不能自愈、需要予以治疗之精神疾病，一般意义上的精神痛苦均可因时间流逝而自动痊愈。在某一事件中痛不欲生的受害人，经过一段时间的自然修整及自我调整，往往可以重新焕发精神。某种程度上，时间才是最好的疗伤剂。既然损害可以自愈，那么动用司法资源，责令行为人就所谓精神损害进行赔偿的必要性也就值得怀疑。相反，对于持"廉者不受嗟来之食"等将个人人格高洁看得远高于具体物质利益的个体来说，金钱赔偿将精神利益物质化，反而会增加受害人的屈辱感，无异于以金钱进行第二次伤害。

二、有人格商品化之嫌

人格商品化，又称人格权的商业化利用，是指按照市场-社会的交易规则，将人格权的某些权能依法转让或授权他人使用。传统民法理论认为，人是法律关系之主体而非客体。人格权作为固有权利，与特定的主体

---

[1] 参见刘春梅：《人身伤害中的非财产损害赔偿研究》，法律出版社 2011 年版，第 43 页。

相伴随，只能为权利人自身所享有，既不可转让亦不得抛弃，人格权不得作为财产进行利用和交易。兼之，在古代也缺乏对人格利益进行财产评价的有效机制。故，从理论上来说，人格权商品化不可接受；从实践上来说，也缺乏人格权商业化利用的操作手段。

现代社会随着市场经济的发展，人格权商业化利用的禁区逐渐被打破，人格权观念也随之发生变化。人格权的专属性与非专属性的界限被日渐打破，两大法系都开始在一定程度上承认人格权的商业化利用。19 世纪，德国著名学者基尔克提出了人格权商业化利用理论，他认为某些具体人格权同时也是财产权。19 世纪以来，人格权商业化利用的实践日渐广泛，形成了人格权商业化利用的两种模式：即大陆法系的保护模式，不承认人格权商业化利用产生的独立人格权，认为其是人格权中财产利益的实现；以美国法为代表的公开权保护模式，将个人人格标志中的经济价值独立为财产权性质的公开权。[1]

尽管如此，并非所有人格权均可进行商业化利用，而是存在严格限制。人格权商业化利用，主要适用于姓名、名称、肖像、隐私等精神性人格权及声音等其他人格利益。就物质性人格权如生命、身体、健康等权利来说，理论界仍持反对和禁止的立场。[2]《法国民法典》第 16-5 条更是明确规定："任何赋予人体、人体之各部分以及人体所生之物以财产价值的协议，均无效。"

精神损害赔偿把精神层面的感受和精神利益减损与一定数量的物质利益相等同，以金钱这种一般等价物作为衡量精神损害的标尺。客观上存在将人身权物化的问题，从而引发人格沦为商品，独立的精神人格沦为物质利益的附庸之担心。从价值判断来看，对精神活动进行金钱衡量，也可能减损人格价值，不利于对精神权利的尊重，产生社会道德风险以及其他负面的社会后果。正因如此，我国传统上一直不承认精神损害赔偿，认为"只有资产阶级才认为感情上的痛苦是可以用金钱医治的，可以像商品那

---

〔1〕 参见王利明：《人格权法研究》（第 3 版），中国人民大学出版社 2018 年版，第 220 页。

〔2〕 参见［美］古奥乔·瑞斯塔："人格利益的商品化——比较法的考察"，载 2010 年国际民法论坛论文集《人格权法律保护——历史基础、现代发展和挑战》，第 135 页。

样换取货币。在社会主义国家里，人是社会最宝贵的财富，人的生命健康不能用金钱估价，所以对人身的侵害只能在引起财产上的损失时，行为人才负责任。如果对人身的损害没有引起财产上的损失，只能以其他法律责任加以制裁，不负民事责任"。[1]有学者也言辞激烈地反对精神损害赔偿，认为如果将人同商品等同起来，就是将人类的情感商品化，并认为用金钱赔偿衡量损害本身就是对人格的侮辱，玷污了社会的道德情感。[2]

三、损害难以量化

人类社会的发展日益进步，在物质利益得以保障的基础上，精神利益的追求也越来越引起重视。但法律对于人们精神利益的确认及其保护制度的完善却经历了一个漫长而曲折的过程。所谓精神利益，是由人的精神需求所构成的，对精神利益的肯定不仅是完善现代司法制度的需要，也是保护受害人合法权益的合理需求。在法律技术的作用下，以金钱作为中介物，使得精神利益进行了商品化的转变，让其成为可以计量并可以量化的某种物质利益，这也是现代侵权法发展的方向。以金钱赔偿作为手段，在惩罚加害人的同时，能够恢复受害人的身心健康，使其所遭受的精神损害尽量得以复原。金钱赔偿的目的是为了抚慰受害人，填补其精神利益的损害，教育和惩罚侵害人，以求在达到引导公民尊重他人的精神利益，维护他人基本人权的基础上，促进整个人类社会的物质文明和精神文明的发展进步。[3]但由于精神痛苦的无形性、抽象性和主观性，使得精神损害的认定和量化产生困难。精神损害往往隐藏于受害人自身，不具有统一的外在表现形式，因此法律制度一直纠结于是否认可精神损害赔偿的法律地位以及如何量化的问题。甚至有学者悲观地认为，"基于精神上法益并无价格可言，自然无法作十分精确的损害均衡"。[4]

---

[1] 中央政法干部学校民法教研室编著：《中华人民共和国民法基本问题》，法律出版社1958年版，第339页。

[2] 参见邓瑞平："人身伤亡精神损害赔偿研究"，载《现代法学》1999年第3期。

[3] 参见姚辉主编：《中国侵权行为法理论与实务》，人民法院出版社2009年版，第309页。

[4] 黄立：《民法债编总论》，中国政法大学出版社2002年版，第417页。

1. 当事人遭受损害的主观感受性

精神损害赔偿所赔偿的是精神痛苦以及精神利益的丧失和减损。受害人是具有生理能力和精神活动的自然人，精神损害作为受害人对痛苦的主观感受，存在于个人主观层面，他人无法感知。但是，不同的人因阅历、素质、地位以及所处环境等情况不同，心理状态和承受能力也会不同。受害人是否产生精神痛苦，痛苦的大小、长短都因人而异。遭受精神痛苦程度可能不同，因而产生了一般精神痛苦、较严重精神痛苦和严重精神痛苦的等级区分，但精神痛苦既不具有金钱价值，也没有人们易于辨识的物理特征，这让量化评定存在很大的不确定性。通常只能根据主要情节和其他情况，适当地确定一个赔偿数额。[1]

正因为人身伤害所造成的"疼痛""痛苦""生活乐趣丧失"等精神损害不具有经济内容，因此也不可能用物质去精确衡量。诚如美国学者弗莱明所说，"给肉体疼痛和精神痛苦确定一个金钱价值，似乎是一种超越法律创造力的艰难挑战"。[2]精神痛苦和精神利益减损藏于内心，赔偿则是物质上的填补。精神层面的损害无形无质，不存在精神与物质等量计算的可能性，在评定损害的大小和估算赔偿金方面都存在很大的主观臆断性，很难进行客观的评价。精神损害"不能用价值、货币来衡量，此种赔偿永远只能是大概的，或者象征性的"。[3]精神损害赔偿中的"赔偿"并非单纯的财产补偿，不是简单地以等量价值填补等量损失，而是对受害人所遭受精神痛苦给予物质抚慰并对其精神利益减损进行填补。[4]由于精神痛苦的无形性和精神损害后果的主观感受性，精神损害赔偿额度难以精确计算。

---

〔1〕　参见关今华："精神损害赔偿的类型化评定与法官自由裁量"，载《东南学术》2000 年第 3 期。

〔2〕　参见刘春梅：《人身伤害中的非财产损害赔偿研究》，法律出版社 2011 年版，第 40 页。

〔3〕　［苏］Б. II. 格里巴诺夫、C. M. 科尔涅耶夫主编：《苏联民法》（上册），中国社会科学院法学研究所民法经济法研究室译，法律出版社 1984 年版，第 501 页。

〔4〕　参见胡卫萍、肖海："精神损害赔偿制度的适用范围及损害赔偿数额的确定"，载《求索》2007 年第 12 期。

2. 裁量时量化赔偿的主观性

精神损害赔偿的案件千差万别，各地经济发展水平和生活水平也具有一定差距，实际案件的精神损害量化基本由主办法官独立判断或由合议庭、审判委员会成员自由心证裁量。这种自由裁量使得精神损害赔偿在量化时很大程度上受制于法官的主观判断。

不同于一般的民事侵权，受害人精神上受到的损害不能完全用金钱来衡量。因为侵权的具体情况不同（不同地域经济状况、受害人精神损害承受力、加害人的经济负担能力均存在差异），使得精神损害赔偿不可能有一个固定统一的具体数额，损害赔偿数额难以在法条中予以明确规定。这也导致在精神损害赔偿案件的审理中缺少可操作的客观评定标准，而是更多地依赖于法官的自由裁量权。案件如何评判、是否存在精神损害、受害人精神损害的程度如何、是一般还是严重、精神损害赔偿的数额如何量化等问题，都需要法官依靠自由心证去考量。如果法官确定的标准过严、赔偿金额过低，赔偿远低于受害人的实际精神损害，则无法起到惩戒加害人和抚慰受害者的作用，更甚者连受害人的诉讼成本和医疗费用的损失都无法填补；如果法官的裁量标准过于宽松，又会给人们带来"提出的精神损害赔偿金额越高越受重视、越易胜诉、获偿越多"的假象。事实上，精神损害赔偿数额的确定，不仅仅取决于各国经济水平、法治程度、司法成本，还受到历史文化传统、心理医学发展状况等因素的制约。一个好的、恰当的精神损害赔偿数额，不仅能对受害人起到抚慰作用，还能制裁侵害人、警示社会。由此，精神损害赔偿数额只能在具体问题具体分析的前提下，坚持一定基本原则，综合考虑测算依据。只有秉承一切从实际出发、实事求是、公平合理的基本原则，对造成精神损害的不同因素区别对待，综合考虑，才能形成比较合理的量化结果。[1]

裁定精神损害时没有合理的标准，必然削弱侵权法的合理性和可预见性。尽管医疗卫生事业的进步，能对越来越多的精神状况予以检查评价，

---

[1] 参见胡卫萍、肖海："精神损害赔偿制度的适用范围及损害赔偿数额的确定"，载《求索》2007 年第 12 期。

但可以证明的仅仅是受害人外在的、客观的特殊情况，对于具体精神损害的证明仍然十分困难。精神损害只能参考损害的类型和持续时间、受害人的个人状况、受害人与行为人的关系、事故发生的原因和状况、当事人双方的年龄和社会地位以及与财产请求权的关系等其他因素酌定。[1]其赔偿，亦建立在酌定的基础上。如果说，对可以进行商业化利用的人格权损害进行赔偿，尚可以参考因此造成的财产损害酌定精神损害赔偿数额；而就不能进行商业化利用的人格权而言，则完全是酌定的结果。按照一定的标准进行酌定，很难保证事实判断的客观性。法官酌定时，也难以谈得上精确。不仅精神与物质之间的逻辑对应不可能清晰，在酌定细节上也容易犯错。[2]为了减少量化问题中主观性带来的不确定性，就必须将精神损害的考量因素不断完善，通过不断细化量化赔偿标准，丰富参考因素、完善评算标准，减少精神损害量化上的主观性，尽量减少精神损害主观性的影响。比如，法院适时公布其判决结果和判决理由，并评述算定抚慰金的各种因素，使精神损害赔偿数额的确定朝类型化和客观化的方向推进。[3]尽管如此，也只能得出大致相当的结论，并不能确保损害赔偿的一致性与客观性。

第三节　精神损害赔偿的责任风险

正因存在名实不符、难以量化等缺陷，精神损害赔偿责任天然地存在难以防止虚伪诉讼、利益失衡和司法专横等责任风险。

一、虚伪诉讼风险

精神深藏于内心，无色无味且不具有任何形式。人既是主观性的动物，也是多样性的动物。人的情感和精神状态多种多样，同样的事情，个

---

〔1〕　参见罗丽："日本的抚慰金赔偿制度"，载《外国法译评》2000年第1期。

〔2〕　参见叶金强："精神损害赔偿制度的解释论框架"，载《法学家》2011年第5期。

〔3〕　参见王泽鉴：《民法学说与判例研究》（第2册），中国政法大学出版社1998年版，第268页。

体不同，主观感受也不同。在此为精神愉悦的事情，在彼可能是重大的损害。

影响主观感受的因素至少有：①文化。作为在物质基础上形成的社会精神生活方式，文化与一个地方的历史传统、人文氛围有着密切的联系。文化背景不同，对于事物的认知和感受也会存在差异。比如，将狗肉偷偷放在菜肴中在多数地区会导致食用者感觉恶心，但对于来自韩国等具有吃狗肉传统的地区食客来说则截然相反。②信仰。作为心灵的主观产物，信仰跟人的主观感受息息相关。信仰作为一种强烈的信念，通常表现为对缺乏足够证据的、不能说服每一个理性人的事物的固执信任。同样的行为，在不同信仰者眼中，可能代表着完全不同的意味。比如，请人吃肉对于一般人而言可能意味着尊重，但对于素食主义者来说则是莫大的侮辱。同样，对于印度教徒而言，故意在其食品中混入牛肉无异于对其进行公开羞辱。③价值观。作为认定事物、辨定是非的一种思维或取向，价值观直接影响人的主观感受。所谓道不同不相为谋，价值观相同的人很容易因为观点的相同而愉悦。相反，价值观迥异的人，很容易产生摩擦而陷入精神痛苦。④个体对待问题的不同态度。有的人天生开朗，善于用积极的态度处理问题，能够采取种种措施将对个人的侵害后果减少到极低程度；有些人则正好相反，遇事较真，容易陷入负面情绪，在遭受侵害时损害往往很大。

此外，人类社会的认知和价值规则，建立在一般认识的基础上。这些认知和价值规则并不能实现对于少数群体的兼顾。比如，当众称呼某人为同性恋者，对于异性恋者来说可能意味着奇耻大辱，进而可能引发精神损害；但对于同性恋者来说，则只不过是对于其性取向的客观描述，甚至可能意味着对其性取向的肯定，反而可能带来被认同的愉悦感觉。因此，在一般可能产生重大损害的事情，具体到个体则并不当然导致损害。比如，就被殴打而言，对于一般人显然构成损害，但就具有受虐症者而言，则可能求之不得。即便构成损害，损害之程度也因个体不同而差异明显。例如，同样因交通事故致小孩死亡的事件，往往会因为受害人有无其他子女、受害子女精神是否正常等因素而有所不同。

正是因为人的主观感受的复杂性，在精神损害可以用金钱赔偿而是否真实遭受损害难以判别的情况下，很容易使人产生逐利的冲动：为了获得利益而假装遭受损害或把轻微伤害装扮成严重损害，通过博取同情获得赔偿，且往往能实现多获赔偿的目的。"会哭的孩子有奶吃"的损害赔偿日复一日地上演并传递开来，必然产生跟风的后果，势必败坏社会风气，颠覆社会道德基础。在采用一个统一的外在标准，而不问被侵害人个体实际的情况下，不仅可能使行为人承担本不存在的损失，加大民事行为的风险；而且，在利益驱使之下很容易引发人性之恶，产生严重的道德风险。

如果精神损害赔偿不能限制于一定程度和范围，很容易打开诉讼闸门，导致各种没有损失而乔装遭受损害的虚伪诉讼接踵而至。不仅行为人可能面临无法确定的受害人和损害赔偿数额，从而面对洪水般巨量诉讼的威胁，对行为自由构成危害；滥诉和欺诈频生，"法院也会面临应接不暇的诉讼案件，导致诉讼泛滥，效率低下"。[1]丹宁勋爵曾以极简短的语言描述诉讼闸门打开的后果："将导致没完没了的诉讼。"[2]

二、利益失衡风险

法律以社会关系为调整对象，在社会关系中，不同主体之利益平衡是其基本内容。法律作为平衡之器，在多种利益之中必须不偏不倚，"合理分配利益、依法保障利益和民主协调利益"。[3]唯有在行为自由和受害人保护之间寻得必要平衡，才能既保护受害人，又给行为人营造一个风险可控的客观环境，起到为行为人保驾护航的作用。"表现在司法决定和判决中的国家意志就是以法官固有的主观正义感为手段来获得一个公正的决定，作为指南的是对各方当事人利益的有效掂量。"[4]"侵权责任法的调整涉及两种基本利益：一是受害人民事权益的救济，二是他人行为自由的维护。"[5]一般情况下，两者之间的关系是动态而和谐的。但如果法律对某

---

〔1〕 李昊：《纯经济上损失赔偿制度研究》，北京大学出版社 2004 年版，第 53 页。

〔2〕 See per Spartan Steel & Alloys Ltd v. Marrtin & Co. (Contractor) Ltd (1973) QB 27.

〔3〕 陆平辉："利益冲突的法律控制"，载《法制与社会发展》2003 年第 2 期。

〔4〕 ［美］本杰明·卡多佐：《司法过程的性质》，苏力译，商务印书馆 1998 年版，第 45 页。

〔5〕 张新宝："侵权责任法立法的利益衡量"，载《中国法学》2009 年第 4 期。

一方的倾向性过于明显，就可能造成利益的失衡。

无可否认，鉴于受害人救济的困难，在具有可归责事由的情况下，损害赔偿法应当体现权利的可救济原则，适当地向受害人作一定倾斜。这也是不断有学者提出侵权法必须以受害人救济为中心的根本原因。[1]但很显然，此种倾斜是有限度的，有条件的，如果只要利益遭受侵害，行为人就要承担赔偿责任，就会不可避免地出现利益失衡问题。这样不仅危及法律的公正性，而且带来一系列难以预料的负面影响。

在精神损害赔偿中，由于精神损害的隐形性、难以判断性和酌定性，这一风险尤其明显。精神损害的隐形性意味着，在许多情况下，行为人可能难以注意到精神利益的存在，此时，行为人对于受害人的精神利益本不负有注意义务，即便造成损害，其也不具有过错。若一概要求行为人承担损害赔偿责任，则对于行为人来说有失公平，也不符合过错侵权的基本原则。精神损害的难以判断性意味着，在精神损害之类的不确定性损害中，"极易诱发受害人的投机心理——'既然赔多少钱大家心里都没谱，那么何不趁机多要点'"。[2]此时，诉讼请求可能只是受害人的一种报价策略，未必反映真实损害情况，其目的可能只是为了获得更高的支付。人区别于动物之处在于人经常具有明确的目的，并且具有为实现目的而采取种种手段的能力。当这种能力被用之于谋求获得高额的赔偿时，所谓的严重精神损害可能就异化为一种"表现出来的精神损害"，而与真实损害相去甚远。一项实证分析的成果表明，在相当多的场合，精神损害可能是臆断和夸大的，受害人声称的精神损害远远超过了真实的内心痛苦。"造成这一结果的原因有二：一是被害人有意识地提高赔偿要价，企图在诉讼讨价还价中获得更高的支付；二是受害人在估算损害时受到对方行为的干扰，无法准确公允地评价痛苦程度，无意识间提高了赔偿要件。"[3]如果不对损害赔

〔1〕 王利明："我国侵权责任法的体系构建——以救济法为中心的思考"，载《中国法学》2008年第4期。

〔2〕 杨彪："禀赋效应、诉讼要价与精神损害赔偿——基于地方司法统计数据的认知心理学分析"，载《法学家》2018年第3期。

〔3〕 杨彪："禀赋效应、诉讼要价与精神损害赔偿——基于地方司法统计数据的认知心理学分析"，载《法学家》2018年第3期。

偿进行必要的限制，很可能使行为人承担过于沉重的负担，妨碍行为自由。精神毕竟是因人而异的内在活动，行为人无论如何谨慎，都难以避免对他人造成某种损害。过多的责任将使行为人动则得咎，使本来能给社会带来效用的活动之社会价值无从发生，[1]打击人们进行民事行为的积极性，阻碍社会进步。

三、司法专横风险

正是由于精神损害千差万别的个体差异性与高度的主观性，导致很难有一个统一的模式和方式确定精神损害。因而也不可能统一制定详细的精神损害赔偿规则，而只能更多地交由法官依据个案进行自由裁量。无论中外，在精神损害赔偿的历史上，法官对于精神损害赔偿的判例都发挥了至关重要的作用。

法院是法律帝国的首都，法官是帝国的王侯。[2]在民事主体的精神是否构成损害，构成多大程度上的损害等全由法官酌定的情况下，案件的处理结果几乎全系于法官自由裁量，案件处理结果不可避免地与法官的个人意志产生很大关联。何况，法官都是活生生的、有血有肉的人，法官的个人情感、价值观各不相同，"即使在法律条文的拘束较强的场合，法律家也不可能像一架绞肉机：上面投入条文和事实的原料，下面输出判决的馅儿，保持原汁原味……判决会沾染主观色彩"。[3]"法院判决就会常常取决于法官在政治上的保守倾向，抑或自由倾向，抑或激进倾向，取决于他在立法方面是信仰传统还是信仰改革，取决于他是资方的朋友还是劳方的朋友，取决于他是倾向于强政府还是倾向于弱政府，亦取决于他所具有的主观信念。"[4]这一方面加重了案件判决结果的难以预测性，不利于发挥对于行为的指引作用，同时，亦为法官滥用权力打开了方便之门。有权力

---

〔1〕 范晓玲、王元勋："过失所致之纯粹经济上损失（下）——从律师、会计师责任谈起"，载《法学新论》1997年第8期。

〔2〕 〔美〕德沃金：《法律帝国》，李常青译，中国大百科全书出版社1996年版，第361页。

〔3〕 〔德〕黑格尔：《法哲学原理》，范扬、张企泰译，商务印书馆1961年版，第223页。

〔4〕 〔美〕E. 博登海默：《法理学：法律哲学与法律方法》，邓正来译，中国政法大学出版社2004年版，第461~462页。

便存在权力滥用之可能，精神损害赔偿案件中法官权力过大似乎是一个无解的难题。如果法官能够秉持法律信仰秉公处理，自然能够很好地发挥法官通过个案引导民事活动、宣传法律价值的作用，但当法官放纵自己的观点甚至被私利支配处理案件时，则可能产生完全相反的效果。权力很容易成为腐蚀的对象，过大的自由裁量权客观上提供了权力寻租的空间，如果不能采取相应的防范举措，则法官滥用权力可以预见，在巨大的利益对立之中法官存在被拉拢腐蚀而利用自由裁量权追逐利益的风险。基于系争各方利益的对立性，防止诱发司法腐败可以说是诉讼领域共同面对的难题，在精神损害赔偿领域尤其明显。

第三章

精神损害赔偿风险之法规范控制

第一节　控制风险的通常法定手段

尽管存在前述缺陷，但从各国立法和司法实践来看，作为一种独立的责任类型，精神损害赔偿在填补损害、抚慰受害人、预防侵害、制裁不法行为方面均具有传统财产损害赔偿所不具有的独特优势。随着人们对人格尊严和人格自由的认识不断加强，精神损害赔偿呈现出日渐扩展的趋势。

随着精神损害赔偿理论的发展，各国立法和司法实践针对精神损害赔偿的缺陷进行了不少针对性设计，并取得了良好的效果。

一、以非财产损害概念取代精神损害概念

既然精神损害面临如此多的问题，那么回避精神损害概念，而以其上位概念非财产损害来统括财产损害之外的一切损害也就具有合适性。在比较法中，多数国家并没有明确精神损害赔偿的概念，而是笼统地使用非财产损害指称涵盖精神损害的一切非财产损害。

非财产损害赔偿制度发源于大陆法系国家，有学者认为其在 1804 年的《法国民法典》中得到了初步确认，[1] 理由是：《法国民法典》规定受害人受到损害可以要求侵权人进行赔偿。既然损害包括财产损害和非财产损害，那么这里的损害赔偿自然包括财产损害赔偿和非财产损害赔偿。但事实上，在《法国民法典》制定时期，关于"损害"这一概念的理论研究并不深入，时代的局限使得立法者在制定相关法律时并未涉及对非财产损害

---

〔1〕　王雪琴："惩罚性赔偿制度研究"，载梁慧星主编：《民商法论丛》（总第 20 卷），金桥文化出版（香港）有限公司 2001 年版，第 167 页。

赔偿的讨论，其"损害"一词，并不区分财产损害和非财产损害。非财产损害赔偿制度真正得到确认是在《德国民法典》中，在德国民族传统影响下，[1]该法典对非财产损害赔偿进行了非常严格的限制。之后的《瑞士民法典》对非财产损害赔偿作了较为明确的规定。时至今日，非财产损害赔偿制度已经在全世界大多数国家得到良好的发展，尤其是英美国家的非财产损害赔偿制度，其赔偿范围的广泛性超越了绝大多数大陆法系国家，呈现出"后来者居上"的发展态势。

各国对非财产损害的表述并不相同，其特定的内涵与外延也有所差异。日本称之为"财产损害之外的损害"，认为其是"因侵权行为使主体者感到的痛苦、不快感那样的，作为人的精神的安定状态受到的破坏"。[2]英国有时则称其为"无形损害"，主要指疼痛、痛苦、丧失快乐或舒适等不具有直接金钱价值的损害。[3]而法国亦认为非财产损害就是无形损害，包括受害者遭受的精神损害、美感损害和爱情损害。[4]德国学者布吕格迈耶尔认为，非财产损害主要是指因侵害人的身体、健康与人身自由所导致的精神痛苦以及生活愉悦的丧失；对他人心理和生理的完整性所造成的持续损害；侵害人格权时，以其他方式无法或者不足以恢复原状的损害；造成动物或者植物品种灭绝的损害。[5]

大陆法系国家对非财产损害赔偿采取了不同的立法态度，以法国法为例，其并未对非财产损害赔偿进行专门规定。因为在法国人看来，对非财产损害进行赔偿就如对财产损害进行赔偿一样，是天经地义的，并没有必要将非财产损害的赔偿放在一个很特殊的引人注目位置上。因此，在法国，非财产损害如财产损害一样易于得到赔偿。相反的，一些国家（如瑞

---

[1] 传统上，德国民间的习惯是，如果自身的人格受到侵害，那么应当拔剑而斗。在这种民族传统下，人格受到侵害请求金钱赔偿被认为是自取其辱。详细内容可参见李仁玉：《比较侵权法》，北京大学出版社1996年版，第341~342页。

[2] 于敏：《日本侵权行为法》（第2版），法律出版社2006年版，第401页。

[3] 参见胡雪梅：《英国侵权法》，中国政法大学出版社2008年版，第3页。

[4] 参见张民安：《现代法国侵权责任制度研究》（第2版），法律出版社2007年版，第61页。

[5] ［德］布吕格迈耶尔、朱岩：《中国侵权责任法学者建议稿及其立法理由》，北京大学出版社2009年版，第152页。

士），则对非财产损害赔偿进行了有限的列举，受害人仅可在列举范围之内请求赔偿。

在英美法系国家，作为损害赔偿重要组成部分的非财产损害随着判例的增多而日趋多样化。主要分为三种：第一种是与其他可诉损害并发的非财产损害；第二种是精神或神经的损害（nervous shock，通常被描述为"精神打击"）；第三种是与身体伤害或神经损害无关的纯粹的精神上或情绪上的痛苦（mental or emotional distress unaccompanied by any physical injury or nervous shock）。[1]

与精神损害概念相比，非财产损害概念至少具有如下优越性：

（1）概念体系更趋完整。相对于单一的精神损害，非财产损害与财产损害无缝对接，覆盖财产损害以外的一切损害，范围比精神损害要广泛很多。精神损害使因调整范围过于狭窄而导致的保护不周延问题能够有效避免，不会产生法律漏洞。

（2）内涵更丰富。现实中的非财产损害类型多样，以精神损害指称财产以外的损害可谓挂一漏万。非财产损害正视损害的多样性，把身体和生理的损害、人格利益的丧失等纳入进来一体考虑，相对于单一的精神损害更能反映实际。

（3）基于非财产损害的侵权责任更加多元。除了精神损害赔偿，对侵权人还可以适用消除影响、赔礼道歉、恢复名誉等责任。相对于精神损害赔偿，其他侵权责任内容更加明确具体，亦不存在令人头疼的数额酌定问题，因此责任风险较小。适用责任时法官可以采取的手段更多，实践中回旋的余地更大。当精神损害赔偿面临责任风险时，可以通过有意识地适用其他责任降低精神损害赔偿的比重，或者有效规避精神损害赔偿，达到防止精神损害赔偿滥觞的目的。

或许正因如此，就比较法上来看，以非财产损害统摄精神损害在内的财产外损害之做法远多于采用精神损害赔偿的单一做法。总体而言，采用

---

〔1〕　See F. A. Trindade, "The Intentional Infliction of Purely Mental Distress", *Oxford Journal of Legal Studies*, 6（2）：219~231.

非财产损害者为常态，采用精神损害者系少数。

二、将损害赔偿限定于法定情形

为防止精神损害赔偿的滥疡，而将精神损害赔偿限定在立法者认可的法定情形内，是一种通常且较为稳妥的做法。此种做法的机理是，立法者基于对可能引发精神损害情形的通常判断，将高概率导致精神损害的情形以列举方式作出明确规定。属于法定情形的，只要发生侵害行为，符合损害赔偿责任的要件，即认为受害人遭受精神损害，对于其精神损害赔偿的主张予以支持；反之，未列入法定情形的，即便受害人遭遇精神利益贬损，感觉精神痛苦，亦不认定其遭受精神损害，对其精神损害赔偿的主张不予支持。此种做法的典型代表是德国。《德国民法典》第 253 条规定，损害为非物质上的损害时，仅在法律有规定的情形下，始得要求以金钱赔偿损害。按照该条第 2 款的规定，仅在属于身体、健康、性的自我决定以及剥夺自由的情况下，才给予精神抚慰金。《意大利民法典》第 2059 条也规定，非财产损失仅在法律有规定时才给予赔偿。不属法律规定情形者，其损害赔偿请求不能得到支持。在英国、美国等普通法系国家，则是通过判例划定精神损害赔偿的适用范围。此时，判例实质上起到了类似于大陆法系之"法定"性效应。[1]

此种做法的好处在于：第一，从重要性上来说，列入法定保护范围者，属于受害人最重要的法益。从各国做法来看，列入精神损害法定情形的，主要是人格权领域的严重损害。通过法定的形式进行保护，可以为民事主体的核心法益提供明确的保护，使之区分于一般法益。第二，从保护形式上来说，法定情形内涵明确，外观清晰，引导功能明显，能够起到指引和引导行为人趋利避害的作用。第三，对于行为人来说，列入赔偿范围的法定情形清晰明朗，容易形成稳定预期。因而行为的风险具有高度的可

---

[1] 在英国，适用非金钱精神损害赔偿的损害主要是两大类：一是疼痛和痛苦；二是丧失快乐或舒适。在美国，与实体损害相比，精神损害赔偿存在很多限制，在"过失导致精神损害赔偿"的情况下，此种限制更为严格。参见 [美] 爱伦·M. 芭波里克选编：《侵权法重述纲要》（第 3 版），许传玺等译，许传玺审校，法律出版社 2016 年版，第 283~303 页。

控性，只要不造成法定情形的损害就无需承担任何赔偿责任，通过对行为的合法性评价即能掌控自己的命运，不会产生后果不可预测之担惊受怕结果，有利于鼓励民事主体进行民事行为。第四，从被列入保护范围的法益来说，列入法定情形之法益，系依常理或已被实践证明极可能产生精神损害的法益，即便行为人承担精神损害赔偿责任，亦基本不存在被枉责的可能性。

三、将赔偿范围限定于履行利益之外的损害

将精神损害赔偿收窄至履行利益之外的损害，是另一种克服精神损害赔偿缺陷的路径。依学界通说，在基于合同发生的交易关系中，所有类型的价值都通过价金等因素被转化成经济价值体现出来，所以即便合同履行的结果对于债权人具有精神意义，也已在合同的对价中体现出来。所以，履行利益的通常表现是财产价值。对履行利益的损害，也通常是财产利益损害，而不包括精神利益损害。[1]在精神损害难以预见和判断，精神损害赔偿兼具预防和制裁功能的情况下，将履行利益损害排除在精神损害赔偿之外，有利于谨守合同的相对性原则，体现合同相对人自主的责任安排，防止相对人承担过重的法律责任，遭受不必要的损失。

学界通常认为，之所以将精神损害赔偿排除在履行利益之外，主要是基于如下几方面的理由：①合同责任体现当事人意思自治，系当事人自主之安排，无约定而适用精神损害赔偿超出了当事人意思自治的范畴。②精神损害赔偿不符合合同性质和特点。合同本质上属于交易，需要遵循等价交换原则，精神损害赔偿使非违约方获得交易之外的利益，不符合交易的基本原则。[2]③精神损害赔偿违反了合同法规定的可预见性规则，因为精神损害在违约方缔约时是难以预见的，违约本质上仍是一种经济行为，若让违约方承担非违约方精神损害的赔偿责任，则超出了违约方可以预见的范围。④精神损害适用违约责任，会使缔约当事人面临极大的风险，不利

---

〔1〕　王利明："侵权责任法与合同法的界分——以侵权责任法的扩张为视野"，载《中国法学》2011年第3期。

〔2〕　参见崔建远："精神损害赔偿绝非侵权法所独有"，载《法学杂志》2012年第8期。

于鼓励交易。⑤精神损害具有不确定性，赔偿数额的确定缺乏标准，很大程度上依靠和考验法官的素质，违约责任中存在精神损害赔偿会使法官权力过大。

正因如此，各国精神损害赔偿均秉承了违约精神损害不予赔偿的原则。在大陆法系各国，往往通过立法的方式加以明确。如《德国民法典》第847条规定，"在侵害身体或者健康，以及剥夺人身自由的情况下，受害人所受损害即使不是财产上的损失，亦可以因受损害而要求合理的金钱赔偿"，该条将精神损害赔偿限于侵权责任。在法国，尽管《法国民法典》第1382条没有将精神损害限制在侵权法领域，但在司法实践中，法官对于合同法领域内认可非财产损害颇为消极，基本不承认合同领域存在非财产损害问题。在英美普通法中，精神损害仅限于履行利益以外的损害已成共识，一直在判例上得以遵循。《美国第二次合同法重述》第353条规定："对违约造成的精神损害赔偿将不予支持，除非违约的同时还造成当事人身体受到伤害，或者违约行为极易对于当事人造成严重的精神损害。"

受此影响，我国《民法通则》《合同法》及法释［2001］7号均不承认违约精神损害赔偿。法释［2001］7号第4条规定："具有人格象征意义的特定纪念物品，因侵权行为而永久性灭失或者毁损，物品所有人以侵权为由，向人民法院起诉请求赔偿精神损害的，人民法院应当依法予以受理。"换言之，若物品所有人以违约为由向人民法院起诉请求精神损害赔偿，则人民法院不予支持。2010年《最高人民法院关于审理旅游纠纷案件适用法律若干问题的规定》第21条更是明确规定："旅游者提起违约之诉，主张精神损害赔偿的，人民法院应告知其变更为侵权之诉；旅游者仍坚持提起违约之诉的，对于其精神损害赔偿的主张，人民法院不予支持。"

四、将赔偿范围限定于侵害人身权益

一般而言，损害的发生或指物质财产价值的降低、预期利益的丧失，或基于身体、健康、自由等具有人身价值内容的损害。前者导致财产或收入减少，或者费用支出；后者则是对生命价值内容的损害，例如损害名誉、人格攻击等。几乎所有的损失，合同不履行、财产的丧失、人身的侵害等都能或多或少地导致当事人精神痛苦或者精神价值的减损。人的内在精神活动总是处于变动不居的状态，任何活动均存在实质影响他人精神状态的可能。

　　为避免虚伪损害，在损害类型上进行限缩亦是常见的方式。在立法实践中，以《德国民法典》第 253 条为开端，精神损害赔偿最先限缩至侵害人身权益。其法理在于，人身权益与精神利益的关联度要超过财产权益，造成精神损害的可能性也较大。且按相当多学者的观点，为体现对人的尊重，人身权益的位阶应高于财产权益。按照德国法院的判例和学界的理解，这里涉及的非财产损害是指所有对受害人身体和精神状态不利的结果，如疼痛、不舒服、因外形损坏造成的压抑、性格的改变、生活乐趣的减少，因谋杀威胁导致对死亡的持久恐惧并产生精神上的负担，甚至心理损害也可包括在内，只要它是身体损害、剥夺自由以及医学上可诊断的健康损害的结果。[1]此后，"丹麦、芬兰、瑞典和德国一样，仅规定了身体受到伤害或非物质性人格权遭受侵害时的精神损害赔偿"。[2]

　　法释〔2001〕7 号第 1 条将精神损害赔偿限制在人格权益，而把身份权益排除在外。该条规定："自然人因下列人格权利遭受非法侵害，向人民法院起诉请求赔偿精神损害的，人民法院应当依法予以受理：（一）生命权、健康权、身体权；（二）姓名权、肖像权、名誉权、荣誉权；（三）人格尊严权、人身自由权。违反社会公共利益、社会公德侵害他人隐私或者其他人格利益，受害人以侵权为由向人民法院起诉请求赔偿精神损害的，人民法院应当依法予以受理。"《侵权责任法》第 22 条虽将损害赔偿扩大至身份权益遭受侵害的情况，但仍秉承了人身权益损害这一思路。该条规定："侵害他人人身权益，造成他人严重精神损害的，被侵权人可以请求精神损害赔偿。"这一思路在《民法典》中得以延续。《民法典》第 1183 条第 1 款规定"侵害自然人人身权益造成严重精神损害的，被侵权人有权请求

　　〔1〕　参见韩赤风："论精神损害赔偿的适用及其排除——以中德法律及司法实践为视角"，载《法学》2006 年第 10 期。
　　〔2〕　[德] 克雷斯蒂安·冯·巴尔：《欧洲比较侵权行为法》（第 2 版）（下卷），焦美华译，张新宝审校，法律出版社 2004 年版，第 203 页。

精神损害赔偿"，从而将精神损害限制在侵害自然人人格权益的范围。

五、将赔偿范围限定于侵害绝对权

法律保护的权益，既有绝对权，又有绝对权之外的利益。[1]多数利益并不稳定地受法律保护，通常也不具有明显外观，若以此类利益受损要求侵害人承担精神损害赔偿责任，将诱发多重风险。

为避免损害赔偿过度泛化，传统理论将侵权责任限于侵害绝对权。绝对权的特点，一是权利人无需通过义务人的行为即可实现，二是义务主体是不特定的，具有对世性。绝对权具有明确的权利外观，权利人之外的所有人均负有不得侵害权利之不作为义务。对于行为人来说，注意到绝对权的存在并不困难，侵害绝对权违反了法定注意义务，行为具有可归责性，要求行为人承担损害赔偿责任也就理所应当。各国精神损害赔偿制度总是充斥着诸如"侵犯某某权的，受害人可以主张精神损害赔偿"之类的表述。对于相对权以及权利未受侵害情况下的单纯精神利益损害，一般不予赔偿。精神损害赔偿依附于侵权损害赔偿，笔者将此称为精神损害赔偿的附从性规则。[2]

相对权作为必须通过义务人实施一定的行为才能实现的权利，只能对抗特定人。相对权的实现依赖于义务人之配合，其责任通常应体现当事人自主之安排，因而适于违约责任之类的约定责任。由于仅能对抗义务人，而第三人并不负有义务，在第三人侵害相对权的情况下，实质上是对于相对权人法益的侵害，应归入后文利益损害的范畴。

在大陆法系，德国民法率先创立了绝对权和利益区分保护的规则。《德国民法典》第823条第1款规定："因故意或者过失不法侵害他人生命、身体、健康、自由、所有权或者其他权利者，对他人因此而产生的损

---

〔1〕 权利之外受法律保护的利益，我国多数学者称之为法益。然而这种观点颇值怀疑。利益指向法益的本质层面，法益则指向利益的法律属性层面，两者在范围上也因此差异明显。多数利益并不稳定地受法律保护，因而也难以笼统地用法益指称。具体论证参见鲁晓明："论利益损害赔偿责任中的风险控制"，载《法商研究》2012年第4期。

〔2〕 参见鲁晓明："论精神损害赔偿中的附从性规则——僭越事实的形成、演进与破解"，载《现代法学》2009年第5期。

害负赔偿义务。"此处的损害，学理上一直限定在侵害绝对权。受此影响，意大利民法、日本民法均采取了绝对权和利益区分保护的规则。一般人格权因其内涵高度不确定，且其位阶上劣后于具体人格权，故其虽名为权利，实为人格利益。"在面临因侵害一般人格权而导致的非财产损失时，意大利法院始终存在很大的困难，因为根据民法典第 2059 条和刑法典第 185 条第 2 款的规定也只有当加害行为触犯刑法时（如侮辱和破坏他人住宅安宁）才导致精神损害赔偿责任。"[1]仅在行为人以故意违背善良风俗的方式，或以违反保护他人的法律之方式侵害利益时始承担侵权责任。其他大陆法系国家如丹麦、荷兰、瑞士等均有类似的规定。

虽然《法国民法典》第 1382 条采取了权益一体保护的方式，单纯就法律而言，无论是绝对权侵害还是利益侵害，"所有的损害，只要是确定的、本人遭受的、直接的和合法的，都可以赔偿"，[2]但通过优先适用合同责任，以及对过错、因果关系等构成要件的从严把控，事实上收窄了侵权责任的范围。

在英美法中，"传统上认为精神上之损害，仅为主要损害的附随损害，若无主要损害，无论该主要损害为人身或财产上之损害，即无法请求精神上之损害赔偿"。[3]"当没有对人身、财产、健康或者名誉造成损害时，仅仅因为导致了精神痛苦和悲伤而请求法律救济显得理由不足。"[4]

我国《侵权责任法》借鉴了法国民法权益一体保护的思路，没有区分绝对权与民事利益。这一思路在《民法典》中仍然得以延续。《民法典》第 1165 条规定，行为人因过错侵害他人民事权益造成损害的，应当承担侵权责任。故理论上，只要侵害他人权益造成损害，无论是绝对权还是民事利益，被侵权人均可以主张损害赔偿。但事实上，我国将精神损害限定于人身权益遭受侵害的情况，且以损害的严重性为必要条件。而在人身权益

──────────

〔1〕　［德］克雷斯蒂安·冯·巴尔：《欧洲比较侵权行为法》（第 2 版）（下卷），焦美华译，张新宝审校，法律出版社 2004 年版，第 201 页。

〔2〕　［法］苏珊·加兰·卡法尔："法国法中的损害赔偿"，载［德］U. 马格努斯主编：《侵权法的统一：损害与损害赔偿》，谢鸿飞译，法律出版社 2009 年版，第 118~119 页。

〔3〕　Catzow v. Buening, 106 Wis. 1, 20, 81 N. W. 1003, 1009.

〔4〕　Southern Express Co. v. Byers, 240 U. S. 612, 615（1916）.

位阶中，重要人格法益多已上升为人格权利。一般精神利益遭受侵害，往往由于位阶较低、对于受害人影响较小而难以满足"严重性"要件。且学界普遍认为，"权益"虽一体保护，但侵害绝对权利和侵害民事利益的构成要件并非完全相同。侵害民事利益造成损害时承担责任还要满足行为违反保护他人的法律、行为人以故意违背善良风俗的方式侵害他人利益等条件。此种形式上一体、实质上区分保护的思想广受认同，已经深深地影响了司法。在有关一般人格权的案件中，法院频频按照这一思路平衡行为人与受害人的利益，控制责任风险。

六、将赔偿范围限定于严重损害

法谚有云："法官不理琐事。"故而，各国司法实践中形成了对轻微损害赔偿进行限制的传统。这一点，在精神损害赔偿领域尤其明显。正常的情感波动，即便可能产生精神痛苦，亦如过眼烟云，自会随时间的流逝而自动恢复，动辄赔偿反而会导致对行为的抑制等问题接踵而至。一方面，当精神损害过小，受损害方通过加害人承担赔偿责任所获得的赔偿金微不足道时，损害赔偿并不经济；另一方面，对于轻微精神损害进行限制，亦有利于更加充分地保护受到严重侵害的被侵权人。

在精神损害赔偿的早期，"在将精神损害赔偿作为独立诉因的国家，大多主张对精神损害无论大小或者严重程度，均可进行赔偿，即使是象征性赔偿少数金钱（如一便士至十几便士），也视为合法"。[1]但随着实践中精神损害赔偿缺陷的暴露，主张严重精神损害方可赔偿的观点开始出现并逐渐成为主流观点。

时至今日，各国立法和实践中通常会对精神损害有程度上的要求，即精神损害只有达到严重程度始可以要求赔偿。在法国，作出精神损害判决时通常要能通过医学证明。法院会传唤医学专家，要求其不仅对受害人之损害进行描述，而且还要以百分比的方式对损害程度进行量化。身体和精神上的痛苦必须具有相当的严重性，持续时间长，且获得医学上的证明。

---

[1] 关今华主编：《精神损害赔偿数额的确定与评算》，人民法院出版社 2002 年版，第 39 页。

在意大利，通常只有对健康造成损害时才可能赔偿精神损害。[1]在瑞士，按照《瑞士债务法》第49条之规定，人格关系受到侵害时，以其侵害情节及加害人过失重大者为限，得请求抚慰金。在美国，大多数法院认为，被告的行为要具备极端的和伤害性的性质，是"超出了正常生活所能容忍的界限的""糟透了的""文明社会完全不能容忍的"行为。[2]在澳大利亚，皮尔逊委员会认为："很难认为赔偿次要的、片刻的非物质性损失是正当的，而赔偿非物质性损失应是严重的持续性损失，尤其是能力损失。"[3]

我国学者也认为，精神损害赔偿"属于较严重的责任承担方式，只有造成较为严重的损害后果，主张金钱赔偿才属损害与责任相当"。[4]侵害行为"致不方便、不愉快、不适宜不能获得救济，原因无他，盖不方便、不愉快、不适宜，发生频繁，情节轻微，本诸繁微不规范之原则，其不能获得救济自属当然"。[5]我国《民法典》第1183条也规定，唯有造成受害人严重精神损害时，被侵权人始有权主张精神损害赔偿。法释〔2001〕7号第8条第1款规定"因侵权致人精神损害，但未造成严重后果，受害人请求赔偿精神损害的，一般不予支持，人民法院可以根据情形判令侵权人停止侵害、恢复名誉、消除影响、赔礼道歉"，从而将一般程度的精神损害纳入受害人容忍的范围。

对于"严重"的认定，因侵害类型不同而有差异，难以有一个统一的界定。最高人民法院侵权责任法研究小组认为应采取推定与法官具体裁量结合的方式，对严重后果的判断一般应从以下几个方面把握：一是，凡造成受害人死亡的，受害人近亲属遭受的精神损害就是严重的精神损害，就属于造成严重后果的情形。二是，凡造成受害人残疾的，无论伤残等级如

---

〔1〕　参见王利明：《人格权法研究》（第3版），中国人民大学出版社2018年版，第737页。

〔2〕　[美]文森特·R.约翰逊：《美国侵权法》，赵秀文等译，中国人民大学出版社2004年版，第27页。

〔3〕　See person Report, Vol. 1. paras. 384.

〔4〕　陈现杰："《关于确定民事侵权精神损害赔偿责任若干问题的解释》的理解与适用"，载《人民司法》2001年第4期。

〔5〕　曾世雄：《损害赔偿法原理》，中国政法大学出版社2001年版，第49页。

何，受害人所受到的精神损害就是严重的精神损害，伤残等级越高，精神损害越严重。三是，对于受害人没有上述情形的，所造成的精神损害是否属于严重后果则要依个案而定。"对于何种情形属于未造成严重后果，何种情形才构成严重后果，属于具体个案中的事实判断，应由合议庭或者审理案件的法院结合案件具体情节认定。"[1]除此之外，我国一些地方也推出了一些损害"严重性"的指导标准。如《山东高级人民法院关于审理人身损害赔偿案件若干问题的意见》第86条规定："受害人因侵害行为影响正常工作、生活、学习的，为一般性精神损害；受害人因侵害行为导致工作失误、学习成绩下降、生活无况或者自杀等严重后果的，为严重损害。"第87条规定："侵害自然人的生命权、健康权、身体权，受害人要求精神损害抚慰金赔偿的，应当符合以下条件：（1）侵害人必须具有故意或重大过失；（2）侵害行为的方式、手段比较恶劣；（3）损害后果比较严重，不仅影响受害人自身的正常工作、生活和学习，而且造成社会和他人对其人格评价的降低。"

通常认为，精神损害赔偿的严重性大抵可从以下几个方面进行考虑：①精神痛苦的严重性。即该精神痛苦是否达到或超过社会一般人的容忍限度。②造成后果的严重性。除了精神痛苦，是否还导致受害人无法正常工作，产生抑郁等附带后果。③精神痛苦的持续性。只有持续较长时间、难以自愈的精神损害，始具有严重性。若从侵权责任法所表述的民事权益的角度而言，还要考虑根据被侵害的民事权益之不同而有所区别。对于物质性人格权而言，达到伤残等级标准即构成严重精神损害的直接依据；对于没有伤残标准的，则应区分过错程度从严把握。对于精神性人格权而言，鉴于个体差异巨大，应综合考虑侵害人的主观状态、侵害手段、行为方式、侵害场合和被害人的精神状况等综合认定。就身份权而言，应视权利被侵害之后的具体表现，如果亲子关系或者亲属关系被侵害后，受害人只是表现为精神不安、愤懑不平等后果，可以通过适用赔礼道歉、消除影

---

〔1〕 陈现杰："《关于确定民事侵权精神损害赔偿责任若干问题的解释》的理解与适用"，载《人民司法》2001年第4期。

响、恢复名誉等侵权责任方式解决，无需适用精神损害赔偿；"如果表现为精神因此遭受极大痛苦、名誉受损、人格贬低甚至出现精神错乱、精神分裂等严重影响其个人的工作、学习、劳动和生活秩序情形，则属于严重后果"。[1]

七、将赔偿范围限定于直接损害

关于精神损害之中是否存在间接损害，学界存在争议。有一种观点认为，精神损害本质上是受害人对痛苦的主观感受，其不同于财产损害，只能以单一直接损害的形态存在于受害人。[2]因而，精神损害并无直接损害与间接损害之分。此处的所谓直接损害，其实是指损害与侵害人的不法行为之关系。若损害系由侵害行为引起，则其属直接损害；若损害只是侵害行为所致损害的次级损害，则该损害为间接损害。换言之，所谓间接损害，是指由侵害行为直接所致损害产生的损害。此类损害主要有两种，一种是第三人反射损害，或称之为"休克损害""震惊损害"，即因亲历、目睹他人之损害而遭遇严重精神打击。包括侵权致人死亡时，与死者关系密切的亲朋好友因其死亡所遭受的精神痛苦。另一种则是企业损害，即在对法人的损害波及其成员时，其成员能否就自身的损害请求赔偿。[3]

在英美法上，最早的第三人损害的案例发生在英国。1886 年 5 月的一个晚上，原告与其妻子驾驶四轮马车回家经过一个铁路道口时，遭遇迎面而来的火车。原告虽拼命将马车赶出道口，但其妻子却因惊吓过度而遭受严重的精神打击。法院最终以受害人身体未受撞击，损失过于遥远为由驳回了原告关于精神损害赔偿的主张。[4]严格来说，这个案件虽属第三人精

---

〔1〕《精神损害赔偿数额之评算方法》课题组：《精神损害赔偿数额之评算方法》，法律出版社 2013 年版，第 153 页。

〔2〕 相关观点参见朱晓喆："第三人惊吓损害的法教义学分析——基于德国民法理论与实务的比较法考察"，载《华东政法大学学报》2012 年第 3 期；邵世星："试论惊吓损害的民事责任"，载《国家检察官学院学报》2004 年第 5 期。

〔3〕 参见周江洪："试论第三人间接损害赔偿问题——以日本的学说及实践为中心"，载《华东政法大学学报》2012 年第 3 期。

〔4〕 See Victorian Railways Commissioner v. Coultas（1888）13AppCas222.

神损害的案件，但还不属于间接损害的案件。因为原告妻子系目睹侵害行为遭受精神损害，其损害仍属侵害行为的直接后果，应归入直接损害。而在日本东京地判于 2010 年 1 月 27 日审理的一个案件中，被殴打受伤住院的直接受害人之妻因目睹直接受害人昏迷的状态而遭受精神痛苦，即属于间接损害。[1] 在我国厦门市思明区人民法院于 2006 年审理的"林某暖诉张某保等人身损害赔偿纠纷案"中，原告目睹其子遭受侵害之惨状后所产生的精神损害，亦属于间接损害。[2]

在侵害行为并不针对受害人，受害人人格权利没有遭受直接侵害的情况下，精神损害的真实性就成为一个问题。"在附带精神损害赔偿之诉中，原告所遭受的身体上的损害至少可以说明原告的精神损害不是虚假的，因而身体上的损害可能伴有精神上的痛苦也在常理之中。"[3] 而在反射损害中，第三人是否真的遭受精神损害是一个难以证明的问题，稍不小心就陷入虚伪诉讼的泥潭。就因果关系而言，由于侵害行为并非针对被害人，被害人所遭受的精神损害与侵害行为之间的因果关系过于遥远。若要求行为人承担责任，则关联当事人可能面临利益失衡危险。故对于间接损害，即反射损害原则上不予赔偿是各方共识。"第三人损害之赔偿，应持否定态度为妥，仅在例外之情形，始予肯定。"[4]

八、对损害赔偿数额进行限制

给精神损害赔偿设定最高限额的代表是美国。其主要原因是，在美国传统上，对于被告的精神损害赔偿责任由陪审团来裁定。而美国陪审团在裁定"疼痛与痛苦"损害赔偿时的大方慷慨，远远超过其他任何国家。就同样的伤害而言，美国法院所认可的赔偿金往往十倍于其他国家。[5] 这种

---

〔1〕 参见周江洪："试论第三人间接损害赔偿问题——以日本的学说及实践为中心"，载《华东政法大学学报》2012 年第 3 期。

〔2〕 参见福建省厦门市思明区人民法院〔2006〕思民初字第 5968 号民事判决书。

〔3〕 〔美〕文森特·R. 约翰逊：《美国侵权法》，赵秀文等译，中国人民大学出版社 2004 年版，第 173 页。

〔4〕 曾世雄：《损害赔偿法原理》，中国政法大学出版社 2001 年版，第 347 页。

〔5〕 参见刘春梅：《人身伤害中的非财产损害赔偿研究》，法律出版社 2011 年版，第 171 页。

巨额的赔偿金遭到许多批评，一些州通过侵权责任法改革，在其成文法中增加了精神损害赔偿最高限额的内容。比如，阿拉斯加州、科罗拉多州和堪萨斯州的法律规定，精神损害赔偿的最高限额为 50 万美元；加利福尼亚州法律规定，在医疗过失案件中，精神损害赔偿的最高限额为 25 万美元；马里兰州法律规定，精神损害赔偿的最高限额为 35 万美元；[1]明尼苏达州法律规定，非经济损失赔偿的数额不得高于 40 万美元。[2]在规定了最高赔偿额的司法辖区，如果陪审团裁定的赔偿金额过高的话，法官有权将精神损害赔偿额降低到最高限额之内。在司法实践中，也存在与最高限额相关的案件。比如，在 1985 年的 Fein v. Permanente Med. Group 案中，原告认为，加利福尼亚州关于非经济损害赔偿的最高限额为 25 万美元的法律是无效的，违反了宪法的公平原则和正当程序原则。但加州法院支持了初审法院缩减非经济损害赔偿金的裁决。[3]

在美国之外，也有一些国家对精神损害赔偿的数额进行限制。例如，瑞士于 1980 年通过一项法律规定，精神损害赔偿的最高数额为 19 000 美元。[4]《埃塞俄比亚民法典》第 2116 条规定，精神损害赔偿数额不能超过 1000 埃塞俄比亚元；《哥伦比亚刑法典》第 95 条规定，抚慰金不得超过 2000 比索；《墨西哥民法典》第 2116 条规定，人格损害抚慰金赔偿的数额最高不得超过受害人财产损失的 1/3。

除此之外，还有给精神损害赔偿规定一个固定赔偿数额，据以排除法官自由裁量的限定方式。比如，1976 年《英国致人死亡事故法》规定，在不法致人死亡时，死者的配偶有权获得 7500 英镑的丧亲之痛赔偿金。[5]

在我国，主张对精神损害赔偿进行数额限制的观点为数众多。多数学

---

〔1〕　参见刘春梅：《人身伤害中的非财产损害赔偿研究》，法律出版社 2011 年版，第 205～209 页。

〔2〕　James A. Henderson, Jr., Richard N, *Person*: *The Torts Process*（*Third Edition*）*Little*, Brown & Company（Canada）Limited, 1988, p. 244.

〔3〕　695. P. 2d 665（Cal. 1985），转引自刘春梅：《人身伤害中的非财产损害赔偿研究》，法律出版社 2011 年版，第 206 页。

〔4〕　参见关今华：《精神损害的认定与赔偿》，人民法院出版社 1996 年版，第 529 页。

〔5〕　参见［德］U. 马格努斯主编：《侵权法的统一：损害与损害赔偿》，谢鸿飞译，法律出版社 2009 年版，第 97 页。

者认为，"立法上规定一个数额幅度或确定一个最高赔偿额，是解决精神损害赔偿的赔偿数额的最可行方法"。[1]为便于司法操作、为当事人提供合理预期、防止被侵权人滥用权利，对精神损害赔偿应规定一个起赔点和最高赔偿额，起赔点不能过低，赔偿数额也不能太高。在实践中，亦有不少地方明确限制了精神损害赔偿的数额。比如，《安徽省高级人民法院审理人身损害赔偿案件若干问题的指导意见》第 25 条规定，公民身体权、健康权遭受一般伤害没有构成伤残等级的，精神抚慰金的数额一般为 1000 元至 5000 元；公民身体权、健康权遭受的伤害已经构成伤残等级，精神抚慰金的数额可以结合受害人的伤残等级确定，一般不低于 5000 元，但不能高于 80 000 元；造成公民死亡的，精神抚慰金的数额一般不低于 50 000 元，但不得高于 80 000 元；《山东高级人民法院关于审理人身损害赔偿案件若干问题的意见》规定，侵害人是自然人的，一般性精神损害赔偿标准为 1000 元至 3000 元；严重精神损害赔偿标准为 3000 元至 5000 元。

第二节　通常法定风险控制手段的缺陷

一、以非财产损害取代精神损害之不足

以非财产损害取代精神损害，本身也存在难以克服的缺陷。

1. 概念不清

非财产损害只是财产损害之外损害的概称，是一个集合概念。集合概念由于其构成的多元性，很难明确揭示概念的准确内涵，因而不符合概念的确定性传统。非财产损害作为财产损害之外各种损害的概称，其内涵和外延的确定均依赖于财产损害之界定。正因如此，虽从逻辑上来说，一切财产损害以外不能以金钱计算和衡量的损害，都可谓之非财产损害。但理论上，关于什么是非财产损害却存在巨大争议。一种观点认为，非财产损害又称无形损害，是指对于财产之外的法益，例如生命、身体、自由、名

---

〔1〕 刘保玉："精神损害的赔偿问题探讨"，载《法学》1987 年第 6 期。

誉等之侵害所生之损害；〔1〕一种观点认为，非财产损害是指与财产权变动无关的，生理和心理上的痛苦；〔2〕一种观点认为，非财产损害就是精神损害；另有观点认为，非财产损害是指财产损害之外的，不能以金钱计算和衡量的损害形式，在性质上不表现为一定的财产和经济利益，是不法侵害权利人享有的受法律保护的人格利益、身份利益和特定财产权所造成的非物质利益上的损害。〔3〕前述观点，有的指向极为广泛，将一切财产损害之外的损害全涵括在列；有的极为狭窄，甚至将非财产损害与精神损害等同。可以预见，只要沿用非财产损害之概念，就其概念和范围的论争便将一直存在。

2. 外在表现不确定

非财产损害的范围十分广泛，一切财产之外的损害均可归入其中。肉体的疼痛和痛苦，社会的不信任和名誉的贬损、身体的不便与不适、社会关系的丧失以及精神损害、性的损害、美感的丧失等均属于非财产的损害。学界所谓的中间损害，如丧失晋升机会、阻碍选择职业等，〔4〕本质上也是非财产损害。不同损害的表现形式不一，责任形式亦应有所差异。笼统地以非财产损害概指一切财产损害之外的损害，无法揭示损害的特质，因而也难以承担起指导损害赔偿实践的作用。从精神损害赔偿的角度来说，非财产损害概念由于不具有针对性，没有突出精神损害的特殊性，难免会产生将人格权受侵害的事实本身作为非财产损害的问题。〔5〕

作为非财产损害中最常见的损害，精神损害具有举足轻重的地位，也具有不同于其他损害的独特气质。笼统地以非财产损害概称，无论对于学理研究还是立法、司法来说均具有消极影响。首先，从学理上来说，以非

<hr/>

〔1〕　参见史尚宽：《债法总论》，中国政法大学出版社 2000 年版，第 287~288 页。

〔2〕　参见曾世雄：《损害赔偿法原理》，中国政法大学出版社 2001 年版，第 293 页。

〔3〕　参见车辉：《非财产损害赔偿问题研究》，法律出版社 2011 年版，第 12 页。

〔4〕　按照罗马尼亚学者勒内·萨涅列维奇的观点，这类损害既有金钱方面的，也有非金钱方面的。它们同精神损害一样，是不能加以精确估价的，但它们又同财产损害一样，也要产生金钱后果。参见车辉：《非财产损害赔偿问题研究》，法律出版社 2011 年版，第 14 页。

〔5〕　参见王利明：《侵权责任法研究》，中国人民大学出版社 2011 年版，第 705 页。

财产损害为对象，必然丧失研究的针对性，概念不清、内涵模糊、外延不明晰的问题必将长期困扰理论界；其次，从立法层面来说，过于笼统的概念影响立法的科学性，对司法裁判的指引过于原则，可操作性必然受到影响；最后，从实践层面来说，在形式多样且判断要素不同、法律后果有异而立法过于粗疏的情况下，个案更多地依赖于法官的自由裁量，不仅前述精神损害赔偿中的问题没能有效弥补，又衍生出难以区分、标准模糊等其他问题，可谓得不偿失。

二、将损害赔偿限定于法定情形的缺陷

将损害赔偿限制于法定情形，固然可以起到控制责任范围、控制行为风险的作用，并可以对行为人形成明确的指引，但这一做法亦非没有缺陷。

1. 对未列入法定情形的受害人难言公平

法定之本质在于以立法者之认识取代当事人自己的感知，将基于社会一般情形可能导致精神损害的事项涵括在内，而将不具有通常情形的特别、特殊、例外情况排除在外。但问题在于，人类认知的有限性和社会关系的无限复杂性，以及社会的不断进步与人之自我发展需要的不断提高，使得立法者难以兼顾现实生活中多种多样的侵害形态。故而，法定性同时也意味着，法律所确认的损害不可避免地会出现与现实损害不一致的情况。

法律作为现实经验的规范总结，天生具有保守性。未来是难以预测的，无论如何天才的预言家均只可能预测某种或然性。将过往经验总结成法定条件，而适用于未来情形，在方法论上本身就是有问题的。其一，立法之时一些重要的民事利益可能正在形成的过程中，尚没有形成稳定的形态，对其认识还没能上升到理论层面。比如，过去的隐私权，现在与信息网络和人工智能有关的某些权利，基于其尚未形成、对其认识尚不成熟等原因，法律可能没办法纳入统一的法定层面进行保护。其二，基于立法者主观认识，或受制于某些社会因素，一些重要的、本应纳入法定范围的情

形未能纳入，而形成立法漏洞。[1]比如，性权利对于成年人个体而言，是一个至为重要的权利。所谓食色，性也。但因某些原因，我国立法上长期谈性色变，一直没有将其规定为具体人格权。理论界即使有所涉及，也经常羞羞答答地使用所谓贞操权进行指称。而有关性权利的案件却已一而再地真实发生。[2]其三，立法是多方利益妥协的结果，并非确定科学的产物。有时某种权益虽十分重要，但可能遭遇反对的声音过大，为换取反对方的同意，可能不得不放弃将其列入法定权利的努力。在不能满足法定性的情况下，法官要么只能通过驳回原告的主张，要么只能借助于某种法定权利如健康权对受害人进行保护，有时甚至要通过一个子虚乌有的所谓一般人格权来对受害人进行保护。

将损害限制于法定情形，是立法者基于法律价值、法律政策等多方面因素进行权衡的结果。法定情形只是立法者所认可的情形，并非真实发生损害的情形。损害是一个客观事实，精神损害作为自然人权益受到侵害而产生的心理上、情感上遭受的创伤和痛苦，可基于广泛事由发生，表现形

---

〔1〕 利益能否被规定为权利，是一个十分复杂的问题。笔者曾以人格利益的权利化为例进行过专门探讨。利益不能成为权利的原因大致有：①这类利益尽管具有保护的必要性，但可能还不是民事主体的核心利益，尚没有作为权利保护的必要。②这种利益尽管十分重要，但如果作为权利规定，则存在技术上的困难，如果将其规定为权利，有可能引发理论上的冲突，或造成理论体系的混乱。比如，按照权利能力理论，民事主体的权利能力始于出生、终于死亡，但胎儿尽管尚未出生，其利益却不能不予以重视。然而，如果规定胎儿明显与权利能力理论冲突，将会给权利能力理论带来很大冲击，所以胎儿利益就适合作为一种权利之外的典型人格利益存在。③这种利益尽管具有保护的必要性，但其未来走向不明朗，特质不明显，需要暂时作为权利之外的人格法益进行过渡性保护，待情势明朗之后再决定是否将其上升为权利。比如在我国，隐私权在成为一种正式权利之前，就曾走过一条从隐私利益到隐私权保护的道路。就现阶段而言，网络域名、网名等虚拟人格利益也正在经历一条类似的路径。④法律漏洞的存在，使得本应规定为法定权利的利益游离在具体权利之外。参见鲁晓明："论一般人格理论的摒弃及替代"，载《法律科学（西北政法大学学报）》2013年第4期。

〔2〕 在2001年首例性权利纠纷案中，被告徐某倒车时不慎，使车轮碾压张某性器官致其性功能障碍。法院在审理时认为，性权利属公民健康权的一部分，张某妻子干某的性权利受到了侵害，因此判令被告赔偿王某1万元精神损失费。在广东省东莞市发生的一起性自主决定案（所谓贞操权案件）中，东莞市中级人民法院认为，贞操权是男女双方享有的以性行为为特定内容的独立人格权，应受法律保护。被告有配偶却向原告谎称未婚，骗取原告信任并与之发生性关系，侵犯了原告保持性纯净性的权利即贞操权。参见王剑平："《'贞操权'诉讼案》专题报道之——案件回放 '贞操权'首获民事赔偿"，载《民主与法制》2007年第11期。

式也多种多样。精神损害既可能发生于法定情形内，亦可能发生于法定情形之外。将损害赔偿限制于法定情形，意味着以立法者的认识取代受害人的真实感受。此种安排必然产生如下后果：其一，对列入法定情形的损害保护过度与对未列入法定情形的损害之保护缺失并存，违反法律的公平性。成文法具有普遍适用性，立法者根据一般认知和通常理解将高频率致人精神损害的情形纳入法定范围。成文法的僵硬性意味着法定情形必然无法兼顾到少数、非典型性情形，少数群体的特殊感受成为被法律遗忘的角落。这类情形下，即便相关主体事实上遭受了损害，也难以寻求法律的救济；相反，只要纳入法定情形，即便没有遭受精神损害，也可以通过乔装遭遇精神损害的方式获得赔偿，虚伪诉讼获得赔偿更加便捷。其二，对于大量未列入法定情形的损害来说，仅因未纳入法定情形就被排除在损害赔偿之外，是对其救济权利赤裸裸的剥夺。同样遭遇精神损害，对于已列入法定情形的受害人来说可以获得赔偿；而对于发生在法定情形之外的受害人来说，虽遭受精神痛苦或精神利益损失，却不能主张赔偿，不仅违背有权利必有救济的基本理念，而且对于受害人难言公平。

2. 名与实不符的问题仍然存在

诚如前述，精神损害作为与主观感受紧密联系的损害，因个体价值观差异、心理素质不同而差异极大。列入法定情形的损害赔偿，只是立法者基于通常认知所确认的在一般情况下可能发生的精神损害情形，并不等同于精神损害事实本身。个体不同，是否发生精神损害以及精神损害的程度均不一样。对于列入法定情形的赔偿主张一律予以支持，而对于未列入法定情形者一律予以否定，必然与事实常态性地存在出入。对于有些个体来说，其并没有遭遇精神损害，在极端情况下甚至收获精神愉悦，但只要主张精神遭受损害其赔偿主张就可以得到法律支持，可能极不合适地刺激其产生侵权获利的冲动；而对于另一些个体来说，其明明遭遇精神痛苦与精神利益减损，却仅仅因为损害不属于法定情形而被挡拒于损害赔偿大门之外。虽有赔偿，却不一定存在损害；或虽有损害，却不一定能够获得赔偿的情况制度性地存在，必然放大受害人不公平的感觉。基于成文法的僵硬性，此种不公感觉在法定的边缘地带尤其明显。本质上差不多的情形，因为进入法定视野，一概可以主张损害赔偿；反之，因为未进入法定视野，而一概不认可精神损害赔偿，反差和对比过于强烈。这不仅会加大受害人精神上的痛苦，而且容易颠覆人们关于公平正义的认知。

三、将赔偿范围限定于履行利益之外损害的缺陷

将精神损害限于侵权损害赔偿领域，而将违约损害排除在外，有利于坚持意思自治，保持违约责任的可预见性，防止过分扩大法官的自由裁量权。因此，"民法在传统上将违约责任框架之下的损害赔偿范围，局限于财产性质的损害，原则上排除通过违约责任来获得非财产性损害的可能性"。[1]

然而，一概将赔偿范围限制于履行利益以外的侵权损害也存在不少问题：

第一，是否可以主张精神损害赔偿属于立法政策问题，而非违约责任和侵权责任的根本区别。事实上，在合同领域照样存在精神损害。此种损害，有时远甚于侵权所致的损害。比如，对于一个商人来说，被人当众打耳光和四处举债购买来的货物质量不符约定虽都会造成精神痛苦，但后者所造成的精神痛苦远甚于前者。只有前者可以主张精神损害而后者不能，则造成实质不公。对于因对方的违约行为而遭受人身损害的受害方还会带来"二选一"式的困局，如果选择追究对方的违约责任，就须放弃对于精神损害赔偿的诉求，即便精神损害在很多导致人身损害的违约行为中是主要的损害形态。若想就精神损害主张赔偿，则不得不对合同视而不见，放弃合同关系存在给受害人维护权益带来的各种便利。[2]

第二，合同未必遵循等价交换原则，而在违约救济中同样可以不遵循这一原则，如惩罚性违约金等。既然如此，在违约中适用精神损害赔偿也就具有可能性。

---

〔1〕薛军："《民法典》对精神损害赔偿制度的发展"，载《厦门大学学报（哲学社会科学版）》2021 年第 3 期。

〔2〕薛军："《民法典》对精神损害赔偿制度的发展"，载《厦门大学学报（哲学社会科学版）》2021 年第 3 期。

第三，守约人是否遭受精神损害固然难以预见，但在与人身关联密切的合同类型中，如旅游、观看演出、孕妇生产、骨灰盒保管等场合，精神损害对于当事人来说具有可预见性，适用精神损害赔偿并不违反可预见性规则。

第四，从现实操作性的角度来说，在违约和侵权竞合的场合，提起违约之诉主张精神损害赔偿有时比提起侵权之诉更方便，更具操作性。在侵权精神损害赔偿中，侵权责任的构成，需要具备侵害的对象，在许多特定的场合，如骨灰盒保管、孕妇医院生产等情形，侵害对象究竟为何种权利，难以确定。若求助于一般人格权，则存在向一般条款逃逸的问题，但违约精神损害赔偿则不存在这个问题。

第五，无论是在违约还是侵权场合，精神损害赔偿中裁量权过大的问题都客观存在，违约中的精神损害赔偿滥觞问题可以通过明确可主张违约精神损害赔偿的合同类型和强化构成要件判断之约束等方式加以限制。[1]

在违约方能够预见其违约行为对非违约方造成精神损害的情况下，排除违约方的精神损害赔偿责任人为地缩减了责任范围，不足以弥补非违约人的损失，亦不足以体现信守合同的准则。

四、将赔偿范围限定于侵害人身权益的缺陷

受害人身体的各项器官与触感神经相连，侵害人身权益的行为直接通过交感神经传导到神经末梢，使人产生肉体上的疼痛和精神上的痛苦等各种精神感受。因此，通常而言，侵害人身权益亦会带来精神上的损害。由于与人的精神活动直接相关，当人身权益遭受侵害时，承认受害人精神损害的主张也就理所当然。

但问题在于，并非只有人身权益与精神损害相关。无论人身还是财产，都是权利人之利益，其损失都会给人精神上带来一定影响。人身和财产，本质上都跟人的精神活动关联。

---

[1] 参见崔建远："论违约的精神损害赔偿"，载《河南省政法管理干部学院学报》2008年第1期。

　　精神损害赔偿的实质，乃在于通过赔偿责任的适用，抚慰精神和心理上遭受伤害的受害人。人是精神复杂的动物，身体本能的精神痛感只是精神活动的很小一部分，除此之外，人还有复杂的思维和情感。人的思维和情感既内存于人体本身，又外托于他人和财产，包括物品和权益。人通过思维和情感了解自己、联系他人、感知世界。是故，财产和精神并非彼此分离而是存在关联，两者有机联系。人的权利反映于物质利益和精神生活两个层面。人身遭受侵害时，精神可能遭受创伤；财产受到侵害时，人照样会产生伤心、难过等负面情绪。"在某些情形下，侵害财产所造成的精神损害具有客观性、真实性，甚至这种精神损害是'严重的'。"[1]财产上寄托的希望和情感越多，遭受侵害时权利人精神上的痛苦感受越强。丧失或毁损财产带来的精神损害也会导致一个人情感的失衡。[2]有时，这种精神上的损害比财产权损害本身更严重。比如，在遗产继承中，若某一继承人独吞所有遗产，不仅会损害其他继承人的财产利益，而且会伤害其他继承人的感情，他们会感到亲情淡薄、愤怒、失望、痛苦。在民间传统上，坟墓、墓碑、遗像等都寄托着遗属对于死者的浓厚情感，死者坟墓被挖、墓碑被毁、遗像被损坏，对于死者家属来说往往意味着奇耻大辱。对于一个独居的孤寡老人来说，一条陪伴多年、形影不离的老黄狗早已超出一只动物的含义，而具有事实上的生活伴侣的意蕴。这些财产在遭受侵害时，对于权利人精神上的打击是可以想象的。"作为一项一般规则，每项损失都是可救济的，只要该损伤是确定的、专属的、直接的和合法的"，[3]在某些情况下，侵害财产所造成的精神损害无疑符合确定、专属、直接和合法的特征，并且具有独立性。如果只考虑侵害人人身利益或人格利益，则势必将相当部分精神损害排除在外，存在保护面过于狭窄的问题，既不能为受害人提供应有之保护，也有违公平。"在'物'具有情感寄托功能和

---

　　[1]　马俊骥："论精神损害的可赔偿性"，载《时代法学》2019年第1期。
　　[2]　参见［德］克雷斯蒂安·冯·巴尔：《欧洲比较侵权行为法》（第2版）（下卷），焦美华译，张新宝校，法律出版社2004年版，第184页。
　　[3]　See Suzanne Galand-Carval, "Dameges under French Law", in U. Magnus ed., *Unification of Tort Law: Dameges*, 2001, pp. 77, 80.

人身象征功能的基础上，精神损害赔偿机制仅仅适用于人身权受侵害的情形显然不当。"〔1〕

五、将赔偿范围限定于侵害绝对权的缺陷

在绝对权遭受侵害的情况下，由于权利遭受侵害之事实，就通常而言，受害人遭受精神损害是可以预见的，出现受害人以虚伪损害主张对精神损害进行赔偿的可能性不高。同时，对于行为人来说，由于权利外观之存在，行为人注意到绝对权并予以尊重本就是其义务。可见，对于侵害绝对权的行为人施以精神损害赔偿责任既不存在虚伪诉讼之虞，亦不存在妨碍行为自由的问题。故而，基于精神损害赔偿泛滥的担心而将其收窄至绝对权损害殊属正当。

问题在于，在现实生活中，权利未受侵害情况下的单纯精神利益损害并不鲜见。精神是与物质相对应，与意识相一致的哲学概念。精神之于人类，犹如河水之于河流。因此，精神利益是时刻伴随自然人的一种法益，只要自然人存在，其精神利益必定存在。权利只不过是精神利益托身或表征的特定形式，即便失去权利这一形式，精神利益照样存在。精神利益既可以独立存在，亦可以融合于具体权利之中。当其融合于具体权利之中时，精神利益就丧失其独立性而成为权利的内涵与组成部分；当其非融于具体权利之时，其就可能成为一种值得法律重视的单独法益。〔2〕故而，即使民事权利没有遭受侵害，民事主体的精神利益仍可能单独遭受侵害。

在民事权益谱系中，民事权利处于核心地位。民事主体所关注的重要事项往往通过民事权利予以确认。通常而言，在权益位阶中，未能纳入权利范畴的法益重要性不如已纳入民事权利之法益。故而，在民事权利未受侵害的情况下，即便精神利益遭遇损害，对受害人之法益不予补偿亦不会造成特别多的不公平。但问题在于，法益是否纳入权利保护存在多种原因，既可能是政策选择的结果，也可能是法律漏洞，或者立法僵硬暂时来

---

〔1〕 参见常鹏翱："论物的损坏与精神损害赔偿的关联——一种功能主义的诠释"，载《法律科学（西北政法学院学报）》2005 年第 1 期。

〔2〕 参见鲁晓明："论纯粹精神损害赔偿"，载《法学家》2010 年第 1 期。

不及对新生法益予以回应的原因，而并非都是基于重要性考量下的理性选择。换言之，无论民事权利是否遭受损害，受害人的精神损害完全可能是一样的。因噎废食地禁止对权利没有遭受侵害的单纯精神利益损害进行赔偿，最大的弊端是：在单纯精神利益损害的情况下，尽管受害人遭遇精神损害，法律却不能提供基本的救济。同样是精神损害，在绝对权遭受侵害的情况下可以主张损害赔偿，在没有绝对权遭受侵害的情况下却不可以主张赔偿，受害人之间明显形成不公。责任是法律在受害人与行为人之间进行利益平衡的结果，如果说在单纯精神利益损害赔偿中，要求行为人承担损害赔偿责任可能意味着不公，则行为人一概不承担责任是对受害者的极端不公平。

六、将赔偿范围限定于严重损害的缺陷

将赔偿范围收窄至严重精神损害，是法律多方权衡的无奈之举。将精神损害赔偿加上严重精神损害之限制，对于克服精神损害赔偿的滥觞确有效果，但缺陷也不容忽视。

1. 判断标准不明晰

严重性是一个高度模糊的概念，尽管具有限制法官自由裁量权的意思，但严重性到底是指什么，是被害人的主观感受还是客观认知，难有一个统一的定论。以我国为例，我国虽对精神损害的严重性作出了要求，但无论是立法上还是理论界，对于严重的标准均没有达成一致的认识。立法并没有正面回答"严重"的标准，涉及严重性判断时往往只作排除式表述。比如，从反面阐述"偶尔的痛苦和不高兴不能认为是严重精神损害"。[1]在司法实践中，自规定精神损害的严重性条件以来，围绕"严重性"判断标准产生之纷争一直备受关注。侵权人、受害人、当事人之外的第三人立场不同，对严重性的感知也就迥然有异。比如，在"裴某霞等诉钱某明人身损害赔偿案"中，怀孕 6 个月的孕妇在散步时被被告驾驶的摩托车撞到腹

---

〔1〕　参见全国人大常委会法制工作委员会民法室编：《中华人民共和国侵权责任法条文说明、立法理由及相关规定》，北京大学出版社 2010 年版，第 81 页。

部而致胎儿早产，婴儿出生后因早产而免疫力低下，住院治疗14天。原告主张1000元精神损害赔偿，法院却以未造成严重后果为由对其主张不予支持。[1]在本案中，胎儿早产，父母所受的精神痛苦不容否认，法院却以未造成严重后果为由不予支持，其合理性必然遭受质疑。

判断标准不明晰既对于法官处理案件造成困扰，又造成受害人举证证明困难的问题。在理论上，学者们就精神损害的严重性判断提出了多种观点。比如，有的学者提出，是否达到严重程度应依据一定的客观判断标准，依一般观念判断，通常要考虑侵权的外在表现，如伤残等级、损害结果、侵权情节等因素。有的学者认为，应在区分权益的基础上结合伤残等级，在没有造成伤残时由法官根据个案进行自由裁量；[2]有的学者认为，应依据侵权行为类型判断严重与否，如果一个神志正常、身体健康的人不能妥善对付案件中的侵害事件所带来的精神压力，使思维、行动出现异常，身体健康发生变化，应认为后果严重；若侵害行为严重违反公序良俗，情节恶劣、影响很坏和损害结果严重的，应认定为严重后果；[3]有的学者认为，认定精神损害的严重后果，需以受害者所受的精神损害为基础，运用主观标准加以认定，客观方面的侵权情节只能作为辅助因素加以考虑。[4]这些从不同角度出发提出的观点，对于丰富精神损害严重性判断的理论极具意义，但离形成共识还相去甚远。

2. 违反完全赔偿原则

有损害必有救济。在现代法上，除奥地利法和瑞士法等少数国家立法例外，完全赔偿原则已经成为各国损害赔偿法的一项基本原则。[5]通常情况下，行为人只要有过错，对于其行为就应予以赔偿。正如阿蒂亚所说：

〔1〕 参见江苏省无锡市滨湖区人民法院[2001]滨马民初字第129号民事判决书。

〔2〕 相关观点参见《精神损害赔偿数额之评算方法》课题组：《精神损害赔偿数额之评算方法》，法律出版社2013年版，第143~158页。

〔3〕 参见关今华主编：《精神损害赔偿数额的确定与评算》，人民法院出版社2002年版，第39页。

〔4〕 参见《精神损害赔偿数额之评算方法》课题组：《精神损害赔偿数额之评算方法》，法律出版社2013年版，第157页。

〔5〕 参见郑晓剑："侵权损害完全赔偿原则之检讨"，载《法学》2017年第12期。

"过错犹如具有魔法一样，一旦加害人被认定为有过错，就会陷入任由被害人宰割的境地。在一般情况下，过错的大小或过错导致后果的大小都是无关紧要的。被告因为过错而导致原告的损失，要对原告承担全部赔偿责任。"[1]按照完全赔偿原则，损害赔偿责任不因赔偿义务人为故意或过失而有不同，只要归责要件具备，加害人即应全部赔偿；反之，若不具备归责要件，则无赔偿义务。[2]

完全赔偿原则是民事责任补偿功能的反映，补偿意味着要通过责任的适用填平受害人所遭受的全部损害，使其恢复到如同损害未发生时的状态。将精神损害赔偿限制于严重精神损害，势必将相当部分未达到严重程度的精神损害排除在损害填补责任之外，对受害人的救济也就变得不完全。而且，将损害限于严重的程度，势必要设定精神损害严重的各种标准，如伤残等级、损坏后果、侵权情节等，而很少考虑受害人真正的主观感受，必然偏离客观真实。

3. 放纵恣意妄为行为

精神损害赔偿除了具有补偿功能，还有一定的惩罚功能。侵权导致精神损害，既有故意侵害，亦有过失侵害。通常而言，为体现精神损害的预防、惩罚和抚慰功能，需要充分考虑行为人的过错程度。行为人的故意与过失直接影响法官对于精神损害赔偿的酌定。若仅以受害程度作为损害赔偿的标准，将损害赔偿限于严重精神损害的程度，而不考虑行为的性质，行为人的过错程度等因素，则行为人即使恣意妄为，只要损害不是特别严重，就可以成功地逃避责任。这会导致精神损害既达不到完全填补的目标，又达不到预防侵害及惩罚恣意妄为之行为的目的。

七、将赔偿范围限定于直接损害的缺陷

1. 传统区分理论在精神损害赔偿中难以适用

精神损害不同于财产损害。在财产损害中，可以根据损害与侵害行为

---

〔1〕　参见［澳］彼得·凯恩：《阿蒂亚论事故、赔偿及法律》（第6版），王仰光等译，中国人民大学出版社2008年版，第182页。

〔2〕　参见杨佳元：《侵权行为损害赔偿责任研究：以过失责任为重心》，元照出版公司2007年版，第103页。

之间的关系区分直接损害和间接损害。其中，间接损害是因侵害行为以外的其他媒介因素所引发的损害。比如，某甲把乙店里的电器烧毁，乙因电器毁坏而不能如期交货，需支付违约金。该违约金损失即属于间接损害。然就精神损害来说，其本质上是受害人之精神感受，无论侵害行为是否直接针对遭受精神痛苦的受害人，均是侵害行为所导致的损害。严格来说，基于物质损害的理论区分而产生的所谓直接损害与间接损害概念套用于精神损害并不合适。

2. 不能为受害人提供足够的救济

在是否存在间接精神损害本身就值得怀疑的情况下，通过收窄因果链条、将赔偿范围收窄至所谓的直接损害之理据必然备受质疑。从实践效果来看，由于人为地缩减依据侵害行为与损害之因果链条所截取的责任范畴，必然使得大量损害被排除在损害赔偿责任之外，从而使受害人难以得到与损害相当的足够救济。在现代社会，一方面，大规模侵害行为越来越成常态，民事主体遭遇侵害的危险越来越多；另一方面，加强受害人保护已成共识。对于赔偿范围过于严格的限制不利于受害人保护。

八、限制损害赔偿数额的缺陷

精神损害因人而异，个体差异甚大，计算精神损害赔偿额需考量主观过错、损害程度、经济能力、具体情节、获利情况等各种因素，若因追求便利而确定一个数额标准，势必忽略法律保护人身和财产权利的价值目标；若因追求执行度而生硬地规定一个具体限额，实质上是混淆了实体和程序之间的差异；正常的社会总是保持一定的通货膨胀率，限定一个稳定的数额就意味着，受害人可获得的精神损害赔偿额将逐年减少。对精神损害赔偿的数额进行限定，固然可以在一定程度上限制法官的自由裁量权，减少精神损害赔偿的不确定性，但将精神损害限制在一定数额之内的做法，必然牺牲受害人的权益，价值上难言公平，操作上具有难度。"规定5万元的上限对于一些受害特别重大的受害人来说无疑是不公平的。"〔1〕"希望将所有的考量因素整合后而统一规定赔偿数额的观念是根本不能实现的……由法律直接规定精神损害赔偿的一切尝试，都将是根本无益的。"〔2〕

在现代社会，随着人格权保护的加强，精神损害赔偿数额逐步扩大已是大势所趋。比如，在日本，第二次世界大战以后20年，多数精神损害赔偿都在10万日元以内，因此不断有法官批评："为了尊重人格权，深感首先应该增加经济赔偿的金额。"〔3〕这种情况在"《北方月刊》案"以后发生了改变，精神损害赔偿突破200万日元的案件明显增加。及至21世纪初，精神损害赔偿高额化的趋势更趋明显，500万日元以上赔偿的案件明显增多。在名誉侵权的案件中，还出现了1000万日元精神损害赔偿的案件。〔4〕德国在杜塞尔多夫上诉法院1995年的一个案件中，针对12岁男孩在身体和大脑上遭遇的永久性损害，法院即已判决侵权人高达12万马克的赔偿金。在奥地利1997年的一个案例中，法院判决给予受害婴儿175万先令的疼痛和痛苦损害赔偿金。〔5〕过去几十年各国精神损害赔偿的历史证明，在人身伤害诉讼中裁定的精神损害赔偿呈飞速上升之势。限定精神损害赔偿的数额，显然违背强化人格权保护这一趋势。

第三节 通常法定风险控制手段缺陷之克服

一、确立精神损害与非财产损害并存的二元体系

1. 扩充非财产损害概念体系

法释〔2003〕20号第1条将损害分为财产损害和精神损害，对财产损

---

〔1〕 王春娣、程德文编著：《消费纠纷与精神损害赔偿》，中国民主法制出版社2001年版，第181页。

〔2〕 郭卫华等：《中国精神损害赔偿制度研究》，武汉大学出版社2003年版，第155页。

〔3〕 ［日］竹田稔：《关于名誉·隐私侵害的民事责任的研究》，日本酒井书店1982年版，第153页。

〔4〕 参见［日］五十岚清：《人格权法》，［日］铃木贤、葛敏译，北京大学出版社2009年版，第190~194页。

〔5〕 参见刘春梅：《人身伤害中的非财产损害赔偿研究》，法律出版社2011年版，第199~205页。

害进行的赔偿谓之"财产损失赔偿金",对精神损害的赔偿谓之"精神损害抚慰金"。《侵权责任法》和《民法典》则将被抚养人生活费计入独立命名的残疾赔偿金或死亡赔偿金。可以看出,我国立法和司法中将精神损害赔偿与财产损害赔偿作为赔偿的两大类,形成了两足鼎立的局面,也就是精神损害与财产损害是同一位阶的概念。同时,根据侵害对象的不同,财产损害赔偿的内容也不相同。在人身损害中,财产损害赔偿存在多种具体项目,而精神损害赔偿法律所关注的仅仅是精神痛苦,对于单纯的肉体疼痛,我国不予赔偿。这种损害赔偿体系的缺点:一是财产损害赔偿体系很丰满,而精神损害赔偿体系却极为单薄,精神损害不足以成为一个内涵丰富、可以与财产损害处同一位阶并且相对应的概念;二是赔礼道歉、消除影响、恢复名誉等民事责任游离于财产损害责任和精神损害责任之外,以"散兵游勇"的方式成为第三种责任。在当今社会,非财产损害与财产损害已成为损害的两种主要形态。侵权责任法要充分发挥保护民事主体私权利的作用,就必须将非财产责任和财产责任并行发展,但单一化的精神损害赔偿使得损害赔偿体系"两条腿长短不一",难以有效地发挥损害赔偿法保障私权的作用。

为了解决上述不足,笔者认为,在保留精神损害概念的同时,有必要承认非财产损害作为精神损害上位概念的地位。因为严格意义上,只有非财产损害才是与财产损害相对应的概念。[1]在我国学术界,之所以非财产损害的呼声较低,很大原因是部分学者对非财产损害与精神损害的关系认识存在偏差,认为两者可以通用。例如,王利明教授虽承认非财产损害概念与财产损害概念才是真正严格的对应概念,并且非财产损害的概念在国际上已经得到了认同,但认为我国应继续使用精神损害的概念。因为非财产损害的概念过于笼统,容易将人格权受侵害本身作为非财产损害对待,没有强调精神损害的特殊性,同时精神损害赔偿概念已经为我国立法和司法实践所接受,因此就受害人人格权侵害的救济而言,精神损害赔偿的概

---

〔1〕 王利明:《侵权责任法研究》,中国人民大学出版社 2011 年版,第 656 页。

念更为确切。[1]笔者认为，精神损害涵盖范围过于狭窄，故其存在天然的缺陷。精神损害只是非财产损害的一部分，尽管是非常重要的一部分。精神损害不能涵盖所有的非财产损害类型，例如社会评价的降低、法人的无形损害等。只讲精神损害，则社会评价的贬损等其他非财产损害就无容身之地，即便勉强栖身于精神损害，亦会因表现形式、运行机理有异于精神损害而造成损害赔偿体系的不协调，并由此而产生名不符实的问题。只有既承认非财产损害，又承认精神损害，将精神损害作为非财产损害的下位概念，理论上才比较周延，才能做到体系严密、逻辑严谨。其次，依国际通说，非财产损害与财产损害的分类标准就是损害结果能否以物质或金钱衡量，而这种损害结果并不是权利受到侵害本身，因此非财产损害概念不会产生"将人格权受侵害本身作为非财产损害"的情况。最后，在非财产损害概念缺位的情况下，精神损害由于过度扩张导致无论在理论界还是司法应用中均出现了"捉襟见肘"的困境。概念法学由于固有的僵硬性缺陷，在社会发展与原初语境日渐脱离之际，于法规范与法理论产生日趋激烈的碰撞和摩擦的情况下，为适应新的社会形势之需，不断调适和修订，使原有概念不断伸张、扩展和变异，不断嬗变，实属当然。但一个概念无论如何扩张，总得以原初概念为原点，不能信马由缰、无所约束。社会评价降低之类的损害，无论怎样联想均难与精神损害产生直接关系。故而，精神损害无法涵盖的非财产损害类型大量存在。单纯的精神损害概念，必然使相当类型的非财产损害无处栖身，也无法满足现实需要。

2. 承认精神损害之外的其他非财产损害

首先，应承认肉体疼痛为一种独立类型的损害。虽然学界普遍认为我国精神损害包括精神痛苦和肉体疼痛，但在司法实践中，肉体疼痛实际上不在法官的考虑范围之内。换言之，我国并没有所谓的"疼痛赔偿金"。在人身伤害中，只要人身受到了外力的冲撞，则肉体的痛苦是必然产生的。例如，交通事故的受害人骨折或软组织挫伤，受害人必将遭受疼痛。但受害人可能并没有遭遇严重的精神损害，因而也难以提起精神损害赔

---

[1]　王利明：《侵权责任法研究》，中国人民大学出版社 2011 年版，第 657~668 页。

偿。问题在于：受害人既无过错，凭什么无缘无故自担疼痛？从公平正义的角度看，此类没有达到伤残程度的人身伤害确实未必使受害人遭受严重的精神痛苦，金钱赔偿亦不能丝毫减轻受害人的疼痛，但是至少对受害人进行了一定的补偿，也进行了一定的抚慰，不会使受害人产生"白白遭受疼痛"的不公平之感。

其次，因侵权行为带来的不便、快乐与舒适的丧失、社会评价的降低、机会的丧失等都应是非财产损害的范畴。行动上的不方便，某些生活乐趣的丧失以及不能舒心地生活，既然因加害行为产生，则加害人承担一定的责任也就具有正当性。社会评价的降低，包括社会对受害人的否定性乃至歪曲的评价、受害人社会关系的丧失、社会信任的减弱等。损害发生时往往会伴随受害人的精神痛苦，但精神损害无法反映受害人的全部非财产损害。精神痛苦与受害人的主观感受密切相关，也因受害人的心理素质等方面的不同呈现差异，有些受害人可能因承受不住压力而自杀，有的受害人则在痛苦中坚强、积极向上地继续生活。而社会评价的降低是一种客观化的损害，不以受害人的感受为必要，无论受害人的心理素质或是精神状态如何，都不会影响到这部分损害的发生。

当然，这些损害因为难以判断和把握，得到法律承认尚需时日。且从技术上讲，虽在精神损害赔偿话语体系下，体现其损害赔偿后果却并非不可操作。比如，可以在总的赔偿金中增加一定的数额，以体现对这种不便、快乐与舒适丧失的考量。但作为一个学理概念，其本就与实然法存在一定的差异。学理概念重在应然，应体现一定的前瞻性。显然，随着民事主体对于生活要求的不断提高，生活的便利性、快乐与舒适感等将日渐成为生活中不可或缺的部分。时移世易，为满足人们更高生活要求的需要，法律对其提供保护实属必然。

二、弥补精神损害赔偿法定性的缺陷

将精神损害赔偿限制于法定情形，虽有效防止了损害赔偿滥殇，但随之而来的受害人保护不周延问题亦不能忽视。为此，需采取专门的应对措施。

1. 采用有限列举与概括兜底的立法例

成文法由于其普遍适用的特征，具有与生俱来的僵硬性。正是由于其僵硬性，法律往往陷入非此即彼的泥潭，不能适应形势的变化而适时改变。成文法克服僵硬性的首要办法是提高立法技术。一种好的立法技术，可以做到既规则明确，又足够包容。法规范并非任何时候都是越明确越好，在认识不清或不宜非此即彼的场合，适度模糊反而可以起到有效规制的作用。在精神损害赔偿中便是如此。过于明确而具体的精神损害赔偿范围很容易陷入非此即彼的泥潭，相反，采取适当模糊策略，使用相对不确定的语言，为能动司法留下一定的空间，在保持刚性约束情况下充分发挥法官在个案裁判中的作用，才能使精神损害赔偿具有柔韧性和弹性。故而，克服成文法僵硬性的最好办法，就是采取有限列举与概括兜底的立法方式，将确定或者大概率产生精神损害的情形进行明确列举，而将难以确定的情形交由法官根据个案酌定。这样，既能保持法规范的明确性，又不至于一棒子打死，将未进入法定列明事项的精神损害赔偿排斥在外。

2. 确立规范引领与自由裁量结合的法政策

在将法定事由之外的精神损害赔偿交由法官酌定的情况下，能动司法对于个案判断的后果影响至远。此时，防止法官滥用自由裁量权的问题随之而来。对此，成文法已有多种成熟的做法。比如，通过民法基本原则实现对法官判案的指导和约束。笔者认为，民法基本原则固然对裁量权滥用可以起到一定限制和约束作用，但明显不够。精神作为主观世界的元素，精神损害的有无与多少，全系于他人的主观判断，故在精神损害赔偿中，民法基本原则可以起到的作用较为有限。精神损害赔偿领域应对法官滥用裁判权的有效办法之一，应是规范引领。即通过明确的规范，规定个案裁量需要考虑的因素和赔偿数额的酌定方法，使精神损害的判断适度客观化，增强法律后果的可预见性。除此之外，还应充分发挥最高人民法院指导性案例的示范作用，使法官的裁量行为遵循一定的先例，尽可能同案同判，不循先例的判决则需充分说明理由。

三、酌情承认履行利益的精神损害赔偿

履行利益的精神损害赔偿虽长期被排除在赔偿责任之外，然而事实上，合同能否得到履行对于当事人来说利益重大，合同当事人因违约遭遇精神损害实属正常。尤其是对于特定的合同，如婚礼、葬礼、老人与婴儿的照顾合同、旅游合同等而言，合同一方心灵的享受和忧愁的解脱已经成为合同的有机组成部分，如果一方违约，对方遭遇精神痛苦是可以预料的。故而，"对非财产损害的赔偿根本不足先验地永恒地属于侵权法的问题……在一定的情形下必须给予因违约遭受非财产损害的当事人以赔偿"。[1]

在当代社会，随着对受害人保护理念的加强，对于一定情形的违约精神损害予以赔偿已成各国通例。

在英美法中，对违约精神损害一直遵循"原则—例外"模式。在英国，例外承认精神损害赔偿的合同主要有三类：①合同的目的就是要提供安宁和快乐的享受；②合同的目的就是要解除痛苦或麻烦；③违反合同带来的生活上的不便直接造成的精神痛苦。[2]在美国，则视具体情况而定，如果合同中包含个人因素，法院可以就精神损害予以赔偿。[3]

在大陆法系，德国法上精神损害赔偿最初仅限于有限几种法益且只能通过侵权法实现。为了逾越此种限制，德国法院创造性地提出非财产损害商业化理论，认为凡在商业化交易中通过"金钱"支付购得之利益，既具有财产价值，所受损害属于财产损害，[4]从而使通过金钱获得之快乐、安慰、安逸、享受、便利等利益拥有财产性质，进而支持守约方就这类违约造成的损害所主张之金钱赔偿。[5]2002年《德国关于修改损害赔偿法规定的第二法案》将非财产损害从侵权行为法的位置移到债法总则之中，为

---

[1] 程啸："违约与非财产损害赔偿"，载梁慧星主编：《民商法论丛》（总第25卷），金桥文化出版（香港）有限公司2002年版。

[2] 参见何宝玉：《英国合同法》，中国政法大学出版社1999年版，第676~679页。

[3] 参见尹志强："论违约精神损害赔偿的正当性及适用范围"，载《中国政法大学学报》2014年第6期。

[4] 参见刘小璇："论违约精神损害赔偿"，载《法学杂志》2021年第6期。

[5] 参见杨显滨："违约精神损害赔偿制度的中国式建构"，载《当代法学》2017年第1期。

侵害身体、健康、自由或者性自决创设了一个统一并且是一般性的抚慰金请求权，而不再区分任何责任原因，包括合同责任在内的其他责任同样可以成为精神损害赔偿的依据。[1]自此，德国确立了有限的精神损害赔偿制度，身体、健康、自由或者性自决等一定法益范围内的违约精神损害赔偿得到法律的明确支持。在法国，司法实践中法官态度的转变则是 20 世纪初的事情。在 1932 年赛奴商事法院判决的"女演员广告画姓名字体突出案""殡仪公司葬礼延迟案"等案件中，法官认可了非财产损害赔偿。[2]《瑞士债务法》《国际商事合同通则》《欧洲合同法原则》《欧洲共同参考框架草案》等均承认在违约责任与侵权责任竞合之时，受害人可以在违约责任中主张精神损害赔偿。[3]

在我国，虽然《民法通则》、法释［2001］7 号等均没有规定违约精神损害赔偿。但在司法实践中，从 20 世纪 90 年代初即有违约精神损害赔偿的案例。著名的如"肖某诉旭光彩扩服务部丢失胶卷赔偿纠纷案"。[4]《民法典》第 996 条规定："因当事人一方的违约行为，损害对方人格权并造成严重精神损害，受损害方选择请求其承担违约责任的，不影响受损害方请求精神损害赔偿。"这就以一种曲折的方式，在涉人格权损害领域一定程度上承认了违约精神损害赔偿。

从我国实践来看，较易产生精神损害赔偿的合同类型主要是旅游合同、旅客运输合同、蕴含精神利益的特殊承揽合同（如丢失结婚纪念照胶卷等）、特殊的保管合同（如骨灰盒丢失）、医疗服务合同、美容服务合同、婚庆服务合同等。这些合同的共性是与精神安宁紧密联系，或者关乎精神享受，合同履行的利益中精神利益的占比很大。比如，在骨灰盒保管合同中，骨灰盒本身的价值不值一提，而骨灰所寄托的精神利益则无比巨

---

〔1〕　参见韩赤风："精神损害赔偿制度的划时代变革——《德国民法典》抚慰金条款的调整及其意义与启示"，载《比较法研究》2007 年第 2 期。

〔2〕　参见韩世远：《违约损害赔偿研究》，法律出版社 1999 年版，第 38 页。

〔3〕　关于违约责任中精神损害赔偿的发展趋势，参见黄薇主编：《中华人民共和国民法典释义》（下），法律出版社 2020 年版，第 1824 页。

〔4〕　参见最高人民法院中国应用法学研究所编：《人民法院案例选》（1992—1999 年合订本）（民事卷·中），中国法制出版社 2000 年版。

大。在以金钱或者货物为标的的一般财产合同中，相较于财产利益，精神利益占比小，虽然财产的丧失会导致当事人精神痛苦，但此种精神痛苦即便不予考虑亦无伤大雅，毕竟，精神痛苦的本源在于相对人违约，只要其合同上的主张得到支持，则病源自除，痛苦亦当自行消除。故而，前述一定情形，应是蕴含的精神利益占比较大，对精神损害不予赔偿明显有失公平的合同类型。

需要明确的是，即便是蕴含较大精神利益的合同类型，违约所致的精神痛苦也并非当然应予赔偿。有些合同违约同时构成加害给付，即便合同法上不承认精神损害赔偿，受害人还可以循由侵权责任获得救济，而由侵权责任予以救济不存在违反可预见性规则的问题。鉴于此，我国有学者提出，对于精神享受等目的性合同可适用违约精神损害赔偿，而对于加害给付中的精神损害，则应区分情况，若加害行为符合侵权行为构成要件，则不能适用违约精神损害赔偿。[1]笔者认为确有道理。但若从加强受害人保护这一大的总体趋势来说，仅因加害行为符合侵权构成要件就排除受害人的违约精神损害赔偿权，则可能不尽合理。

四、一定程度承认物之损害的精神损害赔偿

人与物在法律体系上的分离肇始于罗马法，在查士丁尼《法学总论》中，人与物构成了两个独立的部分。民法学意义上的物，是存在于人体之外，能为人所控制，能满足人的社会生活需要的客观存在。为了便于研究意识与物质的关系，人们创设了主体和客体这对工具性的概念，前者指代主观的、能动的和有理性的人，后者指主体以外的客观事物。哲学上物质和精神泾渭分明的格局投影在法学上，由此形成人格权与财产权的分野，进而演化出侵害人格权赔偿精神损害、侵害财产权则无需赔偿精神损害的责任格局。

然而，物既然供人所需，为人所控制，则物之任何变化不可避免地与

---

[1] 参见李永军："非财产性损害的契约性救济及其正当性——违约责任与侵权责任的二元制体系下的边际案例救济"，载《比较法研究》2003 年第 6 期。

人之精神利益相关联。既然人与物的二元区分不能反映物与人之精神利益牵连的复杂关系，且不同物所反映和寄托的精神利益不一样，则视物与人之精神利益之关联程度，将特定与人之精神利益联系紧密的物之损害引入精神损害赔偿也就理所当然。〔1〕何况，人与物的关系远非简单的彼此区分关系，在一些特殊情况下，人与物的二元划分可能并不合适。比如，关于冷冻胚胎，就引发了主体说、客体说和中间说等诸多论断。主体说认为，人之胚胎的生命始于受孕，因此胚胎属于限定的人的范畴。〔2〕客体说又分为物的客体说和人的客体说。物的客体说认为，冷冻胚胎属于特殊的财产。比如，在美国 Davis v. Davis 案中，上诉法院法官认为胚胎是特殊的财产，但须给予潜在的人的尊重。〔3〕人的客体说则认为胚胎属于人格权的客体——人格利益。〔4〕中间说认为，冷冻胚胎既不具备人的生命特征，又存在发展为人的可能性，故既非人也非物。〔5〕

　　然则，何种物之损害应适用精神损害赔偿？对此，有学者提出了人格物的概念，并将人格物界定为，与人格利益紧密相连，体现人的深厚情感与意志，其灭失造成的痛苦无法通过替代物补救的特定物。〔6〕该学者还提出，人格物是一个动态的生成与转化过程，一个东西越是可替代，它与人格的联系就越松懈，越是个人化，就越与人格相连。人格物至少具有以下含义：第一，人格物首先是物；第二，人格物是具有人格利益的物，且所体现的人格利益应当大于财产利益，或者与财产利益基本相当；第三，人

〔1〕 或许正因对于人与物之二元区分心存疑虑，我国司法实践中出现了回避系争对象定性，而仅做模糊性描述的案例。比如，在我国首例冷冻胚胎继承权纠纷案中，二审法院既没有将胚胎定位为人，亦没将其界定为物，而是认为其属于介于人与物之间的过渡存在，具有孕育成生命的潜质。参见江苏省无锡市中级人民法院［2014］锡民终字第 01235 号民事判决书。

〔2〕 参见徐国栋："体外受精胚胎的法律地位研究"，载《法制与社会发展》2005 年第 5 期；刘士国："中国胚胎诉讼第一案评析及立法建议"，载《当代法学》2016 年第 2 期。

〔3〕 See Angela K. Upehuch, "A Postmodern Deconstruction of Frozen Embryo Disputes", 39 Conn. L. Rev., 2017, 2147 (2007).

〔4〕 参见冷传莉："'人格物'的司法困境与理论突围"，载《中国法学》2018 年第 5 期。

〔5〕 参见孙良国："夫妻间冷冻胚胎处理难题的法律解决"，载《国家检察官学院学报》2015 年第 1 期。

〔6〕 参见冷传莉："人格物双重价值之考量"，载《甘肃政法学院学报》2013 年第 5 期。

格物所展现的人格利益主要是一种精神利益、伦理利益。[1]在人格物遭受损害之时，必须综合考虑人格物的特有属性及其他各种因素。

笔者认为，基于物满足人之需要的特性，在物之上总会或多或少地寄托或蕴含民事主体的一定情感。从此一角度而言，任何物都是人格物。故而，是否将蕴含或寄托较多精神利益之物单独命名，给其配上人格物的标签，只是一个纯粹技术性问题，并非特别重要。关键是应正视物之上蕴含或寄托人之情感利益这一事实。从类型化的角度来说，人格物与非人格物的划分是具有一定意义的，不过，人格物的内涵和外延都存在含糊不清之处。人格物若要在人与物二元划分的体系结构中撑起一片天，还有许多基础性工作要做。一般而言，普通财产上寄托的人格利益占比并不大，由于情感具有无形性与难以酌定的特征，对于遭受财产损失的受害人之情感利益进行赔偿既无可能，也无必要，故而，应予忽略。当一个物寄托了当事人的特殊情感，对其意味着安慰、愉悦、哀思、回忆、财富或者人生意义等时，则该物对于当事人的意义已经远超一般的物。此时，对于物的损害赔偿远不足以弥补受害人的损失，理当考虑精神损害赔偿的问题。

为防止侵害物之精神损害赔偿泛化，一种做法是考虑精神损害赔偿的物之损害类型。根据物之特性和关联因素，建立类型化标准。法释〔2001〕7号将具有人格象征意义的特定纪念物品作为法定类型，正是基于这一考虑。法释〔2001〕7号第4条规定，具有人格象征意义的特定纪念物品，因侵权行为而永久性灭失或者毁损，物品所有人以侵权为由，向人民法院起诉请求赔偿精神损害的，人民法院应当依法予以受理。从司法实践来看，具有人格象征意义的特定纪念物品主要涉及结婚录像光盘、婚纱、定情信物、私人书信、毕业证、老照片、护照、个人档案、祖传物品、宠物、坟墓、族谱、风水树、胎盘、骨灰、人体基因等。这些物品，有的寄托了情感利益，有的承载了情感记忆，有的本身就具有人格要素。一种做法是对于物之类型不做严格区分，只要是侵害具有人身意义的特定

---

〔1〕 参见冷传莉："论人格物的界定与动态发展"，载《法学论坛》2010年第2期。

物造成严重精神损害，均可以主张精神损害赔偿。但为避免责任滥疡，从主观要件上进行从严控制。《民法典》即采用了这一思路。《民法典》第1183 条第 2 款规定："因故意或者重大过失侵害自然人具有人身意义的特定物造成严重精神损害的，被侵权人有权请求精神损害赔偿。"依该条规定，具有人身意义的物品遭受侵害，在侵权人存在故意或重大过失而被侵权人遭受严重精神损害的情况下，被侵权人均可以请求精神损害赔偿。若侵权人仅为一般过失，则即便造成受害人严重精神损害，也不予赔偿。

五、一定程度承认单纯精神利益损害赔偿

若赔偿民事主体民事权利未受侵害情况下的单纯精神利益损失，则责任泛化问题将难以解决。反面言之，若能有效解决责任泛化问题，则阻碍受害人获得精神损害赔偿的理由也就不再存在。故而，以限制责任泛化为基础，一定程度上承认单纯精神利益损害赔偿既具有正当性，也具有可行性。

就正当性来说，责任是法律在行为人与受害人之间进行利益平衡的结果。如果说要求行为人承担赔偿责任可能对其不公，则在责任泛化后果不再存在的情况下，仅以民事权利没有遭受侵害为由一概否定受害人的精神损害赔偿违反完全赔偿原则，既不能有效弥补受害人损失，亦是对恶意精神损害行为的放纵，不利于有效预防侵害行为。相反，在完善相关规则的基础上，允许法院在有证据支持的情况下判决支持受害人关于单纯精神利益损害的主张，法官的自由裁量权既能够得到有效控制，又能兼顾受害人损失，更符合公平理念。

就可行性来说，所谓单纯精神利益损害难以认定，只是就通常情况而言。精神损害因具有主观性特点，无论何种精神损害都存在难以衡量的问题。若原告有确定的证据证明其遭遇精神损害，则此一担忧就缺乏基础。同时，若从法律上对于可以给予赔偿的情形进行限制，如只承认可证实和明显可推知的单纯精神利益损害赔偿请求权，则责任泛化的风险基本可以排除。所谓可推知的单纯精神利益损害，是指依常理，侵害行为会导致受

害人精神损害；所谓可证实的单纯精神利益损害，是指有确凿证据，如医学精神病鉴定、诊疗结果等证明受害人遭受的精神损害。

从实践来看，予以救济的"可推知的单纯精神利益损害赔偿"主要有以死者人格利益为侵害对象的精神损害赔偿和侵权致人死亡的精神损害赔偿两种类型。在以死者人格利益为侵害对象的案件中，死者没有民事权利能力，不能成为精神损害赔偿的主体，死者近亲属精神损害赔偿的请求权基础，乃在于民事主体死亡后，对死者的侵权行为实质上是侵害其近亲属经济或者精神利益的行为。[1]在侵权致人死亡的精神损害赔偿案件中，"受害死者的近亲属之所以应当享有精神损害赔偿请求权，是因为亲人的受害死亡给他们带来了精神痛苦，他们经历了人生中生离死别这一最大的痛苦"。[2]"可证实的单纯精神利益损害"则主要是比较法上的震惊损害，即 nervous shock。一般来说，震惊损害是指由于行为人的故意或过失行为导致直接受害者或者第三人遭受精神损害，即医学上可以证实的精神疾病。震惊损害因行为针对性不一样又可分为直接受害人震惊损害和间接受害人震惊损害。前者如某人恶作剧谎报家属死亡信息而致受害人罹患精神疾病，后者如目睹亲人遭受侵害而造成严重精神疾病。

除了从严认定精神损害后果之外，在单纯精神利益损害赔偿案件中，法官经常会从严控制因果关系，严格适用近因原则，综合运用可预见性规则等政策性手段防止责任的泛化；在责任后果上，对于赔偿金亦往往进行最高数额限制；在请求权主体上，从严控制在与权利遭受侵害的直接受害人具有特定关系的范围。典型的如英美法中的危险区规则（zone of danger）和触碰规则（impact rule），即基于控制责任泛化的目的。

六、弱化受害人对"严重精神损害"的证明责任、引入名义性精神损害赔偿

为弥补受害人难以证明"严重精神损害"的举证难题，司法实践中一

---

〔1〕 参见张新宝：《侵权责任构成要件研究》，法律出版社 2007 年版，第 247 页。

〔2〕 参见张新宝、郭明龙："论侵权死亡的精神损害赔偿"，载《法学杂志》2009 年第 1 期。

般承认"严重精神损害"作为涉及人主观心理状态的要件，受害人的证明
责任有别于一般客观事实。法院通常基于众所周知的事实以及日常生活经
验法则，通过审慎的价值判断和利益考量，免除受害人对于特定遭受严重
精神损害要件的证明责任。比如，推定被烫伤留下疤痕的未成年原告精神
上产生了伴随终生的遗憾和伤痛，必须给予抚慰和补偿。[1]再如，基于亲
情伦理，认定因受害人死亡的事实对于其近亲属造成了严重精神损害，原
告要求精神损害赔偿，应予支持。[2]由于在此情况下，对于精神损害的认
定仅是对证据与争议事实之间关系的一种盖然性说明，故通常允许对方当
事人通过反证予以推翻。[3]

　　名义性损害赔偿金，又称象征性损害赔偿金，是英美侵权法中的一项
重要制度，即通过判决被告承担数量很少的一笔赔偿金，起到确认被告行
为具有侵害原告权利的违法性之目的。名义性损害赔偿主要适用于被告虽
有侵害行为，但损害难以确定，或并没有造成实质性损害的场合。名义性
损害赔偿主要有两项功能：其一，证明原告的个人品质是值得信赖的，进
而为原告确认权利。"获得名义性损害赔偿金就能证明自己在诉讼中，是
胜诉方，是有理的。"[4]其二，通过要求被告承担名义性损害赔偿金，让
败诉方承担诉讼成本。在英美法中，名义性损害赔偿金是通过判例确立起
来的，数额多为1美元或1便士，一般不超过10美元或1英镑。名义性损
害赔偿金主要适用于下述类型的案件：侵犯他人人身案、诽谤案、侵入他
人土地案、公务员违反职责案、恶意控告案、干扰投票和担任公职案等，
由于不以损害为基础，通常认为，名义性损害赔偿金具有惩罚性质，故
而，经常与惩罚性赔偿相提并论。

　　在将精神损害赔偿限制于严重损害的情况下，精神损害实质上被人为
地区分为两个部分：严重精神损害和非严重精神损害。精神损害的严重性

〔1〕　参见福建省南平市中级人民法院［2013］南民综字第609号民事判决书。

〔2〕　参见浙江省温州市中级人民法院［2015］浙温民终字第3393号民事判决书。

〔3〕　参见肖建国、丁金钰："程序法视域下民法典违约精神损害赔偿制度的解释论"，载《苏州大学学报（哲学社会科学版）》2020年第4期。

〔4〕　李永军、刘德志："论英美法名义上的损害赔偿金"，载《聊城大学学报（社会科学版）》2010年第4期。

成为赔偿与不赔偿的分水岭。在受害人遭受严重精神损害的情况下，受害人通过要求侵害人承担损害赔偿责任，精神损害可以得到补偿，精神痛苦能够获得抚慰，侵害人因为承担损害赔偿责任遭受了一定的惩罚，侵权责任的预防功能亦得以实现。但如果精神损害达不到严重的程度，则受害人尽管能证明遭受精神损害，亦不能得到赔偿，侵害人不仅不用承担损害赔偿的责任后果，其行为的不法性和道德可非难性亦难以得到确认，其结果必然纵容小错不断的行为人，达不到充分保护受害人的目的。精神损害赔偿的填补、抚慰、惩罚、预防功能全部失效，此种设计，造成制度的僵硬，也容易形成显失公平的结果，并导致严重精神损害与非严重精神损害在适用后果上的明显不同。

虽然英美法上名义性损害赔偿通常与惩罚性赔偿相关联，但在精神损害赔偿中，明显具有弥补严重性赔偿标准过于单一，顾此失彼缺陷的作用，对于兼顾精神损害的填补与惩罚功能，形成具有梯度的损害赔偿责任体系具有积极的意义。首先，从英美法名义性损害赔偿金的类型来看，侵犯他人人身、诽谤等案型，明显也属于精神损害赔偿的合适案型；其次，从合适性来看，在受害人精神损害未达到严重损害程度的情况下，侵害人即便因为损害的轻微而无需承担损害填补责任，也不意味着行为不具有可责难性。引入名义性精神损害赔偿金恰恰体现了精细区分的需要。通过要求侵害人承担1元人民币或大体相当的象征性赔偿，可以起到确认受害人权益的正当性，明确侵权，宣示行为的可责难性等作用。1元左右的赔偿金虽对于损害填补的意义不大，但可以起到责难加害人，从而达到制裁和惩罚目的的作用，对于防止损害赔偿责任因缺乏过渡而陷入非此即彼窘境具有积极意义。事实上，名义性损害赔偿在我国已经有所适用，在精神损害赔偿中引入并不存在特殊困难。在"张某民诉陈某生著作侵权案"中，重庆市第一中级人民法院在认定侵犯著作权的基础上，尊重原告1元损害的主张，判令被告赔偿原告1元的经济损失。与其说是经济损失，毋宁说是名义性精神损害赔偿。[1]另外，如"金某扶人被讹案"，扶人者主张1

---

〔1〕　参见方流芳："学术剽窃和法律内外的对策"，载《中国法学》2006年第5期。

元精神损害抚慰金；〔1〕"作家周某森诉刘某田侵害著作权案"，〔2〕原告均明确主张 1 元的精神损害赔偿。这些案件充分证明，名义性精神损害赔偿金具有独特的作用和优势。

七、特殊情况下扩展至间接损害

所谓间接损害，是指侵害行为对于直接受害人之外的其他人所造成的精神损害，如受害者的近亲属等。如前所述，在损害仅为间接损害的情况下，为控制责任的风险，应严格贯彻近因原则，控制因果关系链条，故受害人的精神损害通常因被认为与行为之间不存在因果关系而无需赔偿。但在精神损害领域，基于下述理由，即便是所谓间接精神损害仍有进行赔偿之必要：一是精神损害领域的间接损害不过是套用物质损害区分的概念、以侵害行为所针对对象为基础进行的习惯性区分，因果关系遥远的真正意义上的间接损害即便存在，也极为稀少。如后文所述，所谓间接精神损害多数实质上仍是直接损害。二是损害系从侵害后果的角度而言，侵害行为的针对性无非是行为人对于侵害对象的认知，侵权行为人的故意和过失等主观因素应属过错的范畴，对于过错判断产生影响，并不影响侵害行为与损害之间的因果联系。

学界常称的间接损害主要是反射损害。侵权法中的反射损害，是指侵权行为直接受害人以外的人，因直接受害人所受损害结果的反射而遭受到的实质损害。随着受害人保护意识的加强，以损失与行为之间的因果关系过于遥远为由否定反射损害赔偿的观点受到挑战。在英美法中，早在 1901 年的 Dulieu v. White & Sons 案中，被告不小心开车撞入酒吧，致使正在吧台工作的怀孕的原告遭受极度惊吓而早产，以致生下一个大脑发育有缺陷的孩子。在该案中，法院支持了原告所提出的因担心自身安全所遭受之精

---

〔1〕　参见高敏等："好心扶人却被认作肇事者　金华小伙愤而起诉"，载《浙江日报》2018 年 9 月 13 日。

〔2〕　参见北京市海淀区人民法院："称作品被抄袭，周某森诉刘某田索赔精神损害抚慰金 1 元"，载 http://bjhdfy. chinacourt. gov. cn/public/detail. php？id＝5172，最后访问日期：2019 年 5 月 13 日。

神损害的主张。[1]该案虽未完全承认反射损害的赔偿责任，但无疑向承认反射损害走出了坚实的一步。此后，在 1925 年 Hambrook v. Stoke Bros 案中，被告过失致卡车从山顶冲下并撞毁，原告因被告知其女儿遭遇车祸死亡而遭受精神损害，虽然原告关于遭受精神损害的主张没有得到支持，但法院认可了原告对于旁观者负有注意义务的主张，这为承认反射性损害奠定了基础。在此后的 Dillon v. Legg 案等案中，原告关于反射损害赔偿的主张不断得到支持。

在大陆法中，反射损害的案件亦经历了从不予赔偿到逐步承认原告的损害赔偿请求权的过程。比如，在德国法早期，对于第三人的反射损害均以不具有相当因果关系为由不承认原告的主张，直至 20 世纪的案件中才有条件地予以承认。在德国法兰克福地方法院 1969 年的一个案件中，一对未婚恋人在携手同行时遭遇车祸，女孩目睹男友遭受伤害并当场死亡，因此遭受精神刺激。法院以女孩健康遭受侵害、符合《德国民法典》第 847 条规定为由，判决赔偿原告的精神损害。

---

[1]　Dulieu v. White &sons（1901）2 KB 669.

第四章

精神损害赔偿风险之司法控制

第一节　动态系统论在风险控制中的运用

一、动态系统论的含义

动态系统论是 20 世纪中叶发端于奥地利的一种法学方法，最早由奥地利学者维尔伯格于 20 世纪 40 年代提出。[1]动态系统论首先在欧洲产生重要影响，其后以译作的方式从日本进入我国。现已成为我国民法学者所熟知的重要理论。

按照维尔伯格的观点，传统私法由于其僵硬的概念和僵化的体系，难以满足社会的需要。而诉诸正义、衡平、理性和良知等观念的主张赋予法官过大的自由裁量权，因而有必要对其进行限制。调整特定领域法律关系的法律规范包含诸多构成要素。责任不仅基于一个统一的理念，而是基于多个方面的相互作用。在学术和立法中，这些方面可以用要素和动态力量来表达。主要包括：引起所涉损害的责任人方面的缺陷；引起损害之人经由企业或占有物品而引起的风险，由此所致的企业或物品损害；导致责任的原因与所发生损害的因果关系的密切性；受害人财产与引起损害的人的财产之间的社会平衡。在具体法律关系中，由于相应规范所需因素的数量和强度有所不同，因此应使用"动态构造+弹性规范"即探究法律规范本身及其构成要素的方法来克服这一难题。[2]司法者要在立法划定的考虑因

---

〔1〕　参见王利明："民法典人格权编中动态系统论的采纳与运用"，载《法学家》2020 年第 4 期。

〔2〕　〔奥〕瓦尔特·维尔伯格、李昊："私法领域内动态体系的发展"，载《苏州大学学报（法学版）》2015 年第 4 期。

素范围内进行思考、论证和说明判决理由，通过立法和司法携手，实现法秩序的安定性。[1]

动态系统论与传统构成要件理论之最大区别在于，构成要件理论秉持"全有全无"原则，认为构成要件是法律后果的必要且充分的条件，当要件全部满足时，结论一定发生；当条件不能满足时，结论则一定不发生。具体言之，较之传统构成要件理论，动态系统论存在如下不同：首先，动态系统论强调重视多因素的作用。在责任判断时主张对所有要件发挥的作用进行综合评价，针对不同因素的影响程度综合考量。其次，动态系统论强调不同因素的排列位阶。因素与效果之间的关系不再是"全有全无"，而是"或多或少"。最后，强调不同因素之间的"互补"。动态体系论的"动态"特征，是指法律规范或者法律效果由"与因素的数量和强度相对应的协动作用"来确定。因素不再像要件一样处于固定状态，而是作为变量处于动态的考量之中。较之传统构成要件理论，动态系统论考虑的因素更为宽泛，更能适应复杂情况下的公正需要。[2]

《欧洲侵权法原则》和《欧洲示范民法典草案》均直接采纳这一学说。《欧洲侵权法原则》运用这一方法来设计侵权法的基本制度。无论是在受保护利益的范围、注意义务的认定，还是在责任范围的规范设计上，均采用了动态系统化的模式。[3]由冯·巴尔教授主持起草的《欧洲共同参考框架草案》第2：101条第3款规定："在判断赋予损害赔偿或预防损害的权利是否公平且合理时，应参考归责基础、损害或有发生之虞的损害的性质和近因、已遭受或即将遭受损害之人的合理期待以及公共政策考虑。"由库奇奥教授主持起草的《欧洲侵权法原则》第2：102条确立了利益保护所应考虑的多重因素：受保护利益的范围取决于该利益的性质，利益价值越高，定义越精确，越显而易见，保护范围就越广泛；保护范围可受责任限制的影响，在故意加害情况下对利益的保护要比在其他情况下更广泛；

---

〔1〕 参见朱虎："侵权法中的法益区分保护：思想与技术"，载《比较法研究》2015年第5期。

〔2〕 参见王利明："民法典人格权编中动态系统论的采纳与运用"，载《法学家》2020年第4期。

〔3〕 解亘、班天可："被误解和被高估的动态体系论"，载《法学研究》2017年第2期。

应考虑行为人的利益，特别是在行动的自由与权利的行使方面的利益以及公共利益等。

动态系统论是将"特定在一定的法律领域发挥作用的诸'要素'，通过'与要素的数量和强度相对应的协动作用'来说明、正当化法律规范或者法律效果"。[1]通过规定法律规范中的不同因素和各因素的强度差异，突破构成要件系统"全有全无"规则的不足。通过考量行为人和受害人的职业、影响范围、过错程度、行为目的、行为方式、行为后果等因素，并按法定因素排列其权重，要求法官在处理案件时，根据法定因素及其顺序，通过因素之间的互动综合考量。[2]这就提供了一个限制法官自由裁量权，增强法官自由裁量行为的可预见性，兼顾生活事实多样性的方案。[3]

二、《民法典》中动态系统论的引入

早在2001年，最高人民法院关于精神损害赔偿的司法解释就在一定程度上采纳了动态系统论。法释〔2001〕7号第10条并没有简单地以构成要件作为判断精神损害的依据，而是列举了诸多精神损害赔偿数额判断的因素，引导法官通过考量这些因素，决定是否作出或者作出多少精神损害赔偿。法释〔2001〕7号第10条第1款规定："精神损害的赔偿数额根据以下因素确定：（一）侵权人的过错程度，法律另有规定的除外；（二）侵害的手段、场合、行为方式等具体情节；（三）侵权行为所造成的后果；（四）侵权人的获利情况；（五）侵权人承担责任的经济能力；（六）受诉法院所在地平均生活水平。"

《民法典》吸纳司法解释的做法，对人格权的保护采用了动态系统理论。相关条文主要有：《民法典》第998条规定："认定行为人承担侵害除生命权、身体权和健康权外的人格权的民事责任，应当考虑行为人和受害

---

〔1〕　[日]山本敬三："民法中的动态系统论"，解亘译，载梁慧星主编：《民商法论丛》（总第23卷），金桥文化出版（香港）有限公司2002年版，第172页以下。

〔2〕　参见王利明："民法典人格权编中动态系统论的采纳与运用"，载《法学家》2020年第4期。

〔3〕　[奥]海尔穆特·库奇奥、朱岩："损害赔偿法的重新构建：欧洲经验与欧洲趋势"，载《法学家》2009年第3期。

人的职业、影响范围、过错程度，以及行为的目的、方式、后果等因素。"第999条规定，"为公共利益实施新闻报道、舆论监督等行为的，可以合理使用民事主体的姓名、名称、肖像、个人信息等；使用不合理侵害民事主体人格权的，应当依法承担民事责任"，确定了新闻报道和舆论监督等行为中合理使用他人人格权益的规则。第1000条规定，行为人承担消除影响、恢复名誉、赔礼道歉等民事责任时，应当与行为的具体方式和造成的影响范围相当。第1026条规定："认定行为人是否尽到前条第二项规定的合理核实义务，应当考虑下列因素：（一）内容来源的可信度；（二）对明显可能引发争议的内容是否进行了必要的调查；（三）内容的时限性；（四）内容与公序良俗的关联性；（五）受害人名誉受贬损的可能性；（六）核实能力和核实成本。"这些条款，有的从立法技术上直接采纳了动态系统论，规定了需要综合考量的因素；有的虽然在立法上没有直接规定综合考量的因素，但是在法律适用中对于"合理""正当""必要"等的解释，也需要借助动态系统理论。

这些规范侵害人格权之责任的条款，虽然并没有直接以精神损害赔偿为规范对象，但作为侵害人格权的重要责任形态，精神损害赔偿显然应受这些条款的约束。因此，前述条款可以说是适用动态系统论考量精神损害赔偿的直接依据。其赋予了法官遵循法定要素依据个案酌情判断精神损害以实现行为人与受害人利益之动态平衡的权力。其中，《民法典》第998条尤其具有基础性意义。

三、《民法典》中精神损害赔偿的动态系统判断

《民法典》第998条作为有关侵害人格权民事责任的一般规定，对于适用精神损害赔偿具有统揽作用。该条确立了如下原则：

（1）区分物质性人格权与其他人格权。生命权、健康权、身体权等以生命、健康利益为客体的物质性人格权居于最重要位阶，是所有民事权利享有的基础和前提，法律将物质性人格权的保护置于首要位置。对于侵害物质性人格权的情形，法律规定了特殊的救济方式。如依据《民法典》第1179条的规定，侵害他人造成死亡的，应当赔偿丧葬费与死亡赔偿金。这

些损害赔偿被称为法定的损害赔偿。法官对侵害物质性人格权的情形，应当直接适用法定赔偿金，而一般不再考虑行为人和受害人的职业、影响范围、过错程度等因素。

（2）对于标表性和精神性人格权的侵害，在确立民事责任时要采用动态系统论方法进行判定。一方面，这些人格权行使时常与其他价值产生冲突。在其遭受侵害时，判断侵权责任成立与否所要进行的利益考量更为复杂，更需要平衡各方利益，例如新闻报道自由与隐私保护的冲突。另一方面，对于这些人格权的侵害，不同侵权形态差异很大，法律往往很难规定一般的构成要件。侵害标表性人格权和其他精神性人格权也存在差异。因此，需要给法官一定的自由裁量权，从而使法律的适用更富弹性。

（3）法官要考量的"因素"。依据《民法典》第 998 条的规定，认定行为人承担侵害标表性和精神性人格权的民事责任，应考虑行为人和受害人的职业、影响范围、过错程度，以及行为的目的、方式、后果等六个方面的因素。相对于法释〔2001〕7 号，法定考量因素有所减少。其中，有些是归纳整合，如将侵害手段、场合均纳入行为方式之中；有的则是进行了删减，如侵权人获利情况，鉴于并非在侵害人格权时普遍存在，故法律不再将其作为侵害人格权时的法定一般考量因素，而将其交由法官根据个案酌情考虑。

（4）相关考量"因素"的排序。王利明教授认为，《民法典》第 998 条对于需要考虑的各因素按其重要性进行了排列。将重要因素置于较前位置，以便在法律适用中明确综合考量的权重。[1]由于第 998 条规定采用了"等"这样的表述，故考量因素具有非限定性。法定顺序中的因素虽均属于必须考虑的因素，但司法裁量时并非绝对限于这些因素。比如，行为的违法性在很多情况下也是应予考虑的因素。与法释〔2001〕7 号将侵权人的过错程度放在优先考虑位置不同，《民法典》第 998 条将受害人的职业、影响范围等与损害关联密切的因素作为酌定损害时重点考虑的因素。依笔

---

〔1〕　参见王利明："民法典人格权编中动态系统论的采纳与运用"，载《法学家》2020 年第 4 期。

者之见，此种不同涉及对赔偿理论认知的差异。《民法典》第 998 条系从侵害人格权的角度对考量因素所作之排列，在侵害人格权的情况下，精神损害赔偿虽属其重要但并非唯一责任形态，此种排序是对精神损害赔偿在内的多种责任综合平衡的结果，并非专门针对精神损害赔偿。而法释〔2001〕7 号第 10 条系针对精神损害赔偿的专门设计，考虑到精神损害赔偿对于行为人具有一定的惩罚性质，故优先考虑侵权人的过错程度。故《民法典》实施以后，即便废止法释〔2001〕7 号，法释〔2001〕7 号第 10 条仍对于法官适用精神损害赔偿具有积极的借鉴意义。

《民法典》中引入动态系统论，要求法官在确定责任时对诸多因素存在的范围、程度以及其在权重中的相互关系，作出综合、动态的评估，实际上达成了比例原则在个案中的运用。这使得法官可以从整体、而非简单的某一点出发进行裁量，有利于实现多种利益的动态平衡，对于兼顾过错制裁与行为自由的维护，避免"全有全无"的简单化处理，使责任的确定更为科学合理具有十分积极的意义。因而，引入动态系统论具有增加行为后果的可预见性，控制责任风险的意义。

第二节　要件判断中法政策的运用

法律是持续进行的权威性决策之一，旨在规范与分配各种利益。法是实施政治性意志决定的一种特殊统治工具。每项法规范都是一项规范上所确立的政策，[1]是立法者在制度设计时根据社会利益关系因应社会作出的价值选择。[2]虽然传统上认为，法政策是立法中的利益衡量，其首先是一个与立法活动直接相关的概念。法政策试图对当今社会面临的公共问题、社会问题加以控制而设计出法律制度或规则。[3]然而事实上，伴随着法官自由裁量权的行使与法官法的扩展，法政策的指导方针不再由单纯立法来

---

〔1〕　参见〔德〕伯恩德·吕特斯、季红明："法官法影响下的法教义学和法政策学"，载《北航法律评论》2015 年第 0 期。

〔2〕　参见耿林："不动产善意取得制度的法政策研究"，载《清华法学》2017 年第 6 期。

〔3〕　参见解亘："法政策学——有关制度设计的学问"，载《环球法律评论》2005 年第 2 期。

确定，而是越来越多地通过司法实现。在精神损害赔偿之构成判断中，法官通过能动司法，在从损害酌定、过错判断到因果关系截取等多个环节中扮演着利益调节者的角色，对精神损害赔偿风险的控制产生着实质的影响。

一、损害判断中法政策的运用

侵权损害赔偿，以受有实际损害为成立要件，"若绝无损害亦无赔偿之可言"。关于损害的含义，历来说法不一，传统上有利益说与组织说之分。利益说认为，损害系被害人因特定事故所产生的利益损失，该损失为事故发生与无损害事故下所生之差额。组织说认为，因特定物毁损所生之损害为观念损害之构成部分，该部分具有观念上的独立性。[1]很显然，精神损害作为非财产损害，无论利益说还是组织说均难以负担起评定之任务。精神损害的认定，多只能交由法官依据内心确信酌情决定。这为法官通过司法裁量进行利益平衡，实现司法政策打开了广阔的空间。

第一，精神存之于内心，无形无质，且与个体之价值观、处事方式和对外界刺激的感知感受力息息相关。同样行为，在甲为不可接受之重大事件，在乙为微不足道之些微小事的情况比比皆是。且内心感受与外在表现并非始终一致。在损害赔偿涉及实实在在的利益的情况下，虚伪损害层出不穷，判别损害之真实性就成为法官难以逃避的使命。而法官对于损害之判断只能借助行为人过错、受害人职业等客观标准，此时，损害判断事实上已经脱离事实层面，而成为价值层面的事务。损害判断的过程，事实上就是法官实现法政策目标的过程。

第二，基于精神损害的潜在性，很多情况下，所谓损害纯基于推定。即只要实施了性质严重的侵害行为，就认为产生了损害，而不问受害人的真实感受。如只要存在侵害生命、健康的行为，即认为受害人遭受了精神损害；只要被他人侮辱、毁谤，即认为受害人遭受了精神损害；只要有侵害死者遗体的行为，即认为死者的近亲属遭受了精神损害。而事实上，即

---

〔1〕　参见曾世雄：《损害赔偿法原理》，中国政法大学出版社 2001 年版，第 124~128 页。

便遭遇了前述侵权行为，患有受虐症及与死者彼此仇视的近亲属也不一定遭受精神损害。损害的推定性往往意味着较大概率的与事实背离。此时，所谓损害严格而言不过是法官通过适用法律责任所希望达到的社会效果。

第三，在损害存在的情况下，还存在损害程度的问题。行为仅在形成严重精神损害时，被侵权人始具有精神损害赔偿请求权；若损害并不严重，则行为人并不承担赔偿责任。而通常情况下，除非造成受害人精神疾病等特殊情况，损害是否严重，在达到严重标准的情况下损害之量的计算同样是高度主观的问题，很大程度上依赖于法官的态度。从比较法上来看，尽管存在日本式的固定赔偿、丹麦式的标准赔偿等赔偿数额相对确定的做法，但多数国家并无统一的损害赔偿标准，而是交由法官依据具体案情自由裁量，或通过限定于医疗费一定之比例、规定最高限额的方式限制法官裁量权力。[1]就我国来说，主要是通过规定精神损害赔偿考量因素的方式引导法官进行自由裁量。

二、过错判断中法政策的运用

过错，是行为人具有的一种应受非难之心理状态。过错包括故意和过失。按照通常的理解，故意是指对结果的追求或放任；过失则表现为"对自己行为的后果应当预见或者能够预见而没有预见（即所谓疏忽的过失），或者虽然预见到了其行为的后果，却轻信此种后果可以避免（即所谓轻信的过失）"。[2]过失又有重过失和轻过失之分，轻过失则又有抽象轻过失和具体轻过失之分。所谓重过失，即违反普通人之注意义务的过失，若行为人仅用一般人之注意即可预见，但怠于注意，就存在重大过失；所谓具体轻过失，是指处理自己事务为同一注意的义务；至于抽象轻过失，则是指违反善良管理人之注意义务。

民事责任作为私法责任，重在损害填补。行为人只要具有过错，无论其为故意或过失，均负有填补损害之责任。在侵权责任法上，奉行过错的

---

〔1〕 参见车辉：《非财产损害赔偿问题研究》，法律出版社 2011 年版，第 206 页以下。

〔2〕 王利明：《违约责任论》（修订版），中国政法大学出版社 2000 年版，第 109 页。

"全有全无"规则。在其他要件满足的情况下，行为人具有过错须承担赔偿责任，反之，则不承担责任。无论是在责任成立层面还是在赔偿范围层面，被害人只要证明加害人于行为时具有过错即可请求完全赔偿。[1]

过错判断是一个高度复杂的事情。过错与行为人故意或过失的主观意识相关，而人的主观意识深潜在大脑中，无形无质，他人根本无从感知。通常而言，过错判断中的法政策运用问题主要集中于过失判断。但在精神损害赔偿中故意的判断同等重要。由于精神损害赔偿兼具补偿、抚慰与惩罚多种功能，行为人的意图和动机总是被赋予了更重要的意义。[2]如果损害不仅仅由于轻微过失，而是由于重大过失甚至故意造成的，一般会增加请求权的强度。在多大程度上须对受害人精神进行抚慰，须抚慰到何种程度，这些均有赖于对行为人故意或过失之过错程度的判断。

关于过失之概念，传统上历来有主观过失与客观过失之争。主观过失以个人的可非难性为基础，寻求行为人意思的伦理可非难性。客观过失以行为人之注意义务为基础，若违反注意义务造成损害，则除具有法定免责事由外，即认为具有过失。在19世纪的大陆法系中，主观过错说占有主导地位。过错被界定为主观上应受非难的一种心理状态。现代社会行为日趋快节奏，风险成为社会内在要素，陌生人交易成为常态，过失客观化成为当代社会过失判断的主流。在交通事故、公害事件等领域，过错的客观化达到极致。[3]在过错判断中，他人只能根据一个通情达理的理性人标准，以及行为人的注意义务进行综合判断。通常而言，行为人之过失判断围绕过失之可合理预见性和可合理避免性双层构造展开，在确定理性人对损害风险可合理预见的基础上，去探求其通常会采取何种措施回避风险并判断损害的可合理避免性。[4]行为人违反一个客观的注意义务往往就意味着其

---

〔1〕　参见叶金强："论过错程度对侵权构成及效果之影响"，载《法商研究》2009年第3期。

〔2〕　参见叶名怡："侵权法上故意与过失的区分及其意义"，载《法律科学（西北政法大学学报）》2010年第4期。

〔3〕　参见杨立新、梁清："客观与主观的变奏：原因力与过错——原因力主观化与过错客观化的演变及采纳综合比较说的必然性"，载《河南省政法管理干部学院学报》2009年第2期。

〔4〕　参见郑永宽："论责任范围限定中的侵权过失与因果关系"，载《法律科学（西北政法大学学报）》2016年第2期。

具有过失。注意义务中的结果回避义务外化为行为人违反注意义务，表明了意志态度的客观化，是注意观念的外部形态。[1]

除此之外，过失还是一个相对性概念。过失需在行为与特定结果的关系中以合理预见性为纽带考察，过失因此丧失作为规范基础的意义，不得不寻求"公共政策"等以模糊面目出现的近因概念之限制。故而，与其说过错判断是一个事实判断，毋宁说是一个价值判断。

相对于其他责任，精神损害赔偿中的过错判断受法政策影响更为突出。一方面，精神本身是高度主观的，基于事物的广泛联系，人之行为总会对于他人精神情感构成各种影响。受害人之精神感受何时成为一个损害，依赖于法官的判断。另一方面，行为人何时负有对于他人精神利益的注意义务，负有何种程度的注意义务并无一定之规，而是涉及行为自由与受害人利益的合理平衡，这在事实上很难确定，既依赖于法官在特定案件中根据具体案件的判断，还牵涉法官所要实现的公共政策目的。正因如此，同样的行为和案件事实，时间、地点不同，法官的公共政策目的不同，对于过失的判断就可能迥然有异。

三、因果关系判断中法政策的运用

在一个万物互联的世界中，一个微不足道的小事件，也能引发意料之外的连串后果。严格而言，此种引起与被引起的前因与后果关系，才是真正意义上的因果关系。

然而，若侵害人对于行为所致的连串后果均要负责，或在多因素所致损害中每个因素的引起者都要承担责任，则势必打开洪水般的损害赔偿之门，在使受害人获利的同时也极大地加剧了行为风险。一个微不足道的过失即可能给行为人带来数不胜数的责任。因此，法律上因果关系的一个重要功能就是限制侵害人的责任。在侵权法上大致有两种方式：一是在因果关系判断标准方面，在条件说基础上进行限缩。侵害行为即便成为损害发

---

[1] 参见刘崇亮："论注意义务——客观的过失概念"，载《中国人民公安大学学报（社会科学版）》2012年第2期。

生之条件，也不一定认其为损害之原因。要构成因果关系，侵害行为还须对损害的发生具有实质性影响，亦即具有相当性。二是近因原则，即在与损害后果相关联的多种因果联系中，依据法政策有意识地截取其中因果联系较为紧密的一段或几段关系作为因果联系，在此范围内的认定其为因果关系，在此范围外的则不认定其为存在因果关系。

作为限制行为人责任的有效手段，侵权法上的因果关系以相当因果关系理论为通说。相当因果关系说起源于德国，最初由德国生理学家冯·克里斯（Von Kries）教授提出。按照冯·克里斯的观点，某项事件与损害之间是否具有相当因果关系，必须符合两项要件：①该事件为损害发生之"不可欠缺的条件"；②该事件实质上增加了损害发生的客观可能性。[1]德国法上相当因果关系之判断，并非事实上因果关系之判断问题，而系规范上责任限制的问题。德国联邦法院将因果关系之判断，作为公平限制被告责任的方法。[2]例如，甲不知乙有血友病而轻微刮伤乙，乙因此死亡，不能认为甲的行为与乙的死亡之间存在相当因果关系，甲无需对乙之死亡负责。

相当性判断系以人类经验和事件发生的通常过程作为评判依据。若某条件具有增加结果发生的客观可能性，则除非有其他异常事件介入，该结果即属事件通常发生过程中产生之结果，而具有相当因果关系。[3]相当性判断，赋予法官依据其主观偏好、性格、观点以及政治上的判断，运用法律政策对于行为人公平课以责任的权力，对于避免精神损害赔偿的滥疡具有显而易见的作用。

近因原则多见于英美法论述中，常以"最近原因"或"合理可预见理论"表达。通常认为，大陆法系"相当因果关系说"和"法规目的说"包含近因原则。事实因果关系与法律因果关系的严格区分就是近因原则的体现。事实因果关系即侵害行为是否实际上对于损害后果具有原因力，无论损害发生是否有其他原因，只要行为促成损害发生，即认定其为损害发

---

〔1〕　See H. L. A. Hart & A. M. Honore, *Causation in the Law*, Oxford: the Clarendon Press, 1959, p. 415.

〔2〕　陈聪富：《因果关系与损害赔偿》，北京大学出版社 2006 年版，第 12 页。

〔3〕　陈聪富：《因果关系与损害赔偿》，北京大学出版社 2006 年版，第 6 页。

生之原因。事实因果关系，被认为是导致损害的科学的、事实上的原因。[1]法律因果关系则须考虑责任限制问题，行为仅在构成近因或对于损害具有可预见性时才认为其具有法律上的因果关系。法律因果关系并非真正的因果关系问题，而是一个法律政策问题，其主要功能在于如何限制责任范围，使其保持在一个公平且符合法规范目的的范围内。"所谓'最近'之意义是，由于便利、公共政策以及粗略的正义感情，法律独断地不再追溯一系列事件至某一特定点以外。这种判断并非逻辑，而系实际的策略应用。"[2]

因果关系判断与过错之间，并非简单的主观与客观的二元关系。相反，二者存在复杂的交错关系。过失和法律因果关系的判断均以行为人的可预见性为基础，因此，因果关系的判断与过失的判断并无本质差异。如果说过失判断是一个事实判断，毋宁说其是一个价值判断。则因果关系之判断和截取亦可以说是一个事实判断，毋宁说其是一个价值判断。法官以法政策为指导，通过过失和因果关系的动态协调判断，将责任控制在可预见的合理范围内，实现行为人与受害人之利益平衡，是极常见的手段。

在精神损害赔偿中，法官通过截取因果关系控制责任风险主要表现在：若行为人为过失，则谨守近因原则，仅在行为系损害的最近原因时始认为其是法律上之原因。对于最近原因之外的因素，则以损害过于遥远为由，不认其为法律上之原因。若行为人为故意，则例外扩展最近原因，使因果关系的截取不以最近原因为限，凡属于行为人可预见范围中的损害，均认其行为系此损害法律上的原因，行为人均须承担责任。

第三节　免责事由在风险控制中的作用

免责事由，又称减责免责事由，即减轻免除责任的法定情形，其前身

---

〔1〕　参见郑永宽："论责任范围限定中的侵权过失与因果关系"，载《法律科学（西北政法大学学报）》2016年第2期。

〔2〕　Palsgraf v. Long Island R. R. Co. 案判决书中的说理，转引自陈聪富：《因果关系与损害赔偿》，北京大学出版社2006年版，第27页。

是抗辩事由。故而在《侵权责任法》出台之前，侵权法学界普遍存在"抗辩事由"或"阻却违法性事由"的提法。[1]抗辩事由源于抗辩，《德国民法典》在继受罗马法的基础上，最早明文规定了抗辩。[2]自我国《侵权责任法》第三章使用了"不承担责任和减轻责任的情形"这一用语之后，"抗辩事由""违法阻却事由"与"减责免责事由"走向分立，各有所指。"抗辩事由"专指被告针对原告的诉讼请求而提出的证明原告的诉讼请求不成立或不完全成立的事实；"违法阻却事由"专指法律确认的在与受害人缺乏法定、约定权利义务关系情况下合法侵害他人权益的事由；"减责免责事由"则指侵权责任构成后考虑的因素，是在有责任的情况下再考虑责任的减轻或免除的问题。[3]

免责事由在民法中的引入和适用，是法律追求公平正义价值的必然，是平衡行为人自由和受害人利益的制度设计。在精神损害赔偿可能带来利益失衡危险的情况下，免责事由正是在贯彻法的逻辑精致与演绎严密的同时，通过对自由和利益的价值比较，在责任承担时引入行为人的因素，为满足条件时使行为人"开脱责任"提供了可能，以达到实质正义目的，最终实现对行为人与受害人利益的均衡保护。

精神损害作为主观感受，与受害人个体存在密切关联。同样的行为，于甲可能不构成精神损害，于乙则构成精神损害。同样是精神损害，于丙可能构成一般性损害，于丁则可能构成严重损害。故而，受害人自身过错、身体异常等各种因素对于损害的形成有很大影响。精神损害赔偿高度依赖于个案判断，"在法律上，法院得依职权调整损害赔偿范围之方法，仅有抚慰金之数额及过失相抵而已，抚慰金数额之判决，具有调整补充损害赔偿之功能"。[4]司法裁量确定精神损害赔偿时应综合反映影响精神损害的各种因素，将这些因素导致的损失从损害中扣除，以各担其责，并控

---

〔1〕　比如，关于侵权责任法的四部专家建议稿均采用了这一提法。

〔2〕　《德国民法典》的规定不分事实抗辩和法律上的抗辩。

〔3〕　参见宋宗宇、曾林："侵权责任减责免责事由的制度创新与立法完善"，载《重庆大学学报（社会科学版）》2012年第4期。

〔4〕　参见陈聪富：《侵权违法性与损害赔偿》，北京大学出版社2012年版，第192页。

制责任承担的风险。

一、受害人过错

在受害人具有过错的情况下，精神损害并非侵权行为单独造成，而是由侵权行为与受害人自身行为或受害人自身异常情势共同作用的结果。此时，便需要考量如何公平地依据原因力分担损失。

在精神损害赔偿的案件中，于加害人依法应承担损害赔偿责任的前提下，如果受害人对于损害的发生和扩大也有过失时，法院可依照一定的标准减少或免除加害人精神损害赔偿责任的金额，此即过失相抵规则。过失相抵是现代民法的一项重要规则，其在司法实践中的合理运用可以实现当事人之间公平合理的责任分摊。过失相抵又名与有过失，是指根据受害人的过错等因素依法减轻直至免除加害人赔偿责任的制度。过失相抵肇始于罗马法，是为各国法制采用并在司法实践中使用率最高的抗辩事由之一。[1]从本质上来说，过与失并不能相抵，过失相抵不是赔偿权利人的过失与赔偿义务人的过失相互抵销，而是指根据受害人过错对于损害后果的影响，由法官依据公平和诚信原则减轻甚至免除行为人的责任，是通过比较双方过错来确定行为人的责任是否应当被减轻和免除。例如，侵权行为与受害人行为相结合导致损害发生，或因受害人行为导致损害扩大。前者如某甲违规穿越马路，与超速行驶的汽车相撞；后者如受害人本身患有某种疾病拒绝治疗而使受到的伤害扩大。在受害人与有过失的情况下，受害人过失所致的损失，"应视为受害人的不幸而由自己承受，不能以牺牲自由为代价而要求无过失的加害人来赔偿"。[2]

关于过失相抵，我国《民法通则》曾作简略规定，其第131条规定："受害人对于损害的发生也有过错的，可以减轻侵害人的民事责任。"我国《民法典》第1173条是过失相抵规则的主要法律依据。《民法典》第1173

---

〔1〕 参见周晓晨："过失相抵制度的重构——动态系统论的研究路径"，载《清华法学》2016年第4期。

〔2〕 郑永宽："论侵权过失相抵中受害人与有过失的实质与判准"，载《福建江夏学院学报》2018年第3期。

条规定："被侵权人对同一损害的发生或者扩大有过错的，可以减轻侵权人的责任。"关于过失相抵的法理依据则可见于许多学者的论述。比如，郑玉波先生认为："若某人所受损害，非完全由于他人之过失，亦非完全由于自己之过失，而系由于他人与自己之共同过失，亦即自己'与有过失'者，则他人过失部分之损害，始得向他人诸求赔偿，自己过失部分之损害，却由自己负担，结果于向他人请求赔偿时，须将自己应负担之部分扣减之，此即过失相抵之法理也。"[1]我国有学者认为："若受害人于此场合诉请全部损害均由加害人赔偿，则有违诚实信用，而法院若不依其职权，依双方当事人各自应负的责任合理分配损害，则有失公平和正义。依过失相抵法则调整受害人与有过失的事实可以实现法律对于公平和正义价值的追求。"[2]曾世雄先生认为："赔偿义务人之所以应负赔偿责任，系因其对于损害之发生或扩大有过失，今赔偿权利人既对于损害之发生或扩大亦与有过失，自不应使赔偿义务人负赔偿全部损害之责，否则，即等于将基于自己之过失所引发之损害转嫁于赔偿义务人负担。"[3]综合前述学说观点可以看出，过失相抵是在加害人与受害人之间依据其与有过失的程度进行损害的分配，从而决定加害人赔偿的范围。这不仅体现了对自己行为负责的过错责任原则，也体现了诚实信用原则和公平负担损害的理念。

法院在适用过失相抵制度时应如何减轻赔偿金额，目前主要有三种学说。第一，原因力说。此说主张比较双方原因力的强弱加以决定，如果损害主要是由于受害人自己的行为造成的，则加害人仅需承担较少部分的赔偿金额；反之，则应承担较多部分的赔偿金额。具体案件如"邱某容与胡某勤、夏某等触电人身损害责任纠纷案"。在该案中，法院认为排水公司在高压输电作业中造成邱某容损害，应当承担无过错赔偿责任；胡某勤、夏某未经审批、在高压电保护区内修建建筑物并出租，违反《电力设施保护条例》且不采取整改措施，对事故发生存在过错，应当承担过错赔偿责

---

〔1〕　参见史尚宽：《民商法问题研究》，中国政法大学出版社 2000 年版，第 12 页。

〔2〕　朱卫国："过失相抵论"，载梁慧星主编：《民商法论丛》（第 4 卷），法律出版社 1996 年版，第 403 页。

〔3〕　曾世雄：《损害赔偿法原理》，三民书局 1986 年版，第 218 页。

任；鹏图公司在租赁使用胡某勤、夏某的建筑物过程中，对公司经营场所及员工缺乏管理，对事故发生存在过错，应当承担过错赔偿责任；邱某容违背生活常识危险操作，对自己受伤存在过错，应当减轻其他侵权人的赔偿责任。排水公司、胡某勤、夏某、鹏图公司对于邱某容的受伤没有共同故意或者共同过失，其分别实施的数个行为间接结合发生同一损害后果，应当根据过失大小或者原因力比例各自承担相应的赔偿责任。[1]第二，过失轻重比较说。此说主张应以双方当事人的过失轻重来确定加害人的赔偿金额，如果加害人一方为故意或重大过失，受害人一方为一般过失，则加害人的赔偿金额占比应比较大；反之，则应大幅减少加害人的赔偿金额或免除加害人的赔偿责任。具体案件如"孙某文与江苏省电力公司连云港供电公司、连云港绿生水晶制品有限公司触电人身损害责任纠纷案"。在该案中，法院认为，江苏省电力公司连云港供电公司未暂停供电是原告损害结果发生的主要原因，其对原告的损害具有重大过错，应对原告触电人身伤害承担 80% 的赔偿责任。电力设施在连云港绿生水晶制品有限公司土地范围内，连云港绿生水晶制品有限公司对其未尽到管理职责，对事故的发生具有一定过错，应对原告触电受伤应承担 10% 的赔偿责任。事故发生时，原告未成年，其监护人未尽到监护职责，具有过错，应适当减轻两被告的赔偿责任，即剩余 10% 的赔偿责任由原告监护人承担。[2]第三，折中说。即参考原因力与过错程度两个因素综合考量。比如，在"衷某顺与彭某禄生命权、健康权、身体权纠纷案"中，法院认为，"过失相抵"的客观要件主要有：①必须是损害结果具有同一性；②必须是侵权人与被害人的行为均为损害发生的原因，即原因力存在竞合关系。"过失相抵"规则的适用应同时考虑受害人的过失、行为与损害之间的因果关系，二者处于同等重要地位。[3]此说为通说，亦是多数国家采用之主流学说。该说又分为两种观点：第一种观点是过错为主说。该说认为，以过错作为主要的考

---

〔1〕 参见重庆市第五中级人民法院［2014］渝五中法民终字第 05300 号民事判决书。

〔2〕 参见江苏省连云港市中级人民法院［2013］连民再终字第 0014 号民事判决书。

〔3〕 参见福建省南平市中级人民法院［2015］南民终字第 459 号民事判决书；陈福华、张钰梅："过失相抵规则的适用限制"，载《人民司法》2015 年第 24 期。

量因素，符合我国特有的法制文化背景，从司法实践来看，我国绝大多数法院习惯于对过错进行比较。过错除了进行一定的行为引导和预防功能外，事实上还具有道德评价功能，因果关系的有无和原因力大小的判断过程常常混杂了对于过错的有无和程度的判断。[1]第二种观点是原因力为主说。该说认为，过错具有主观性，过错判断标准不确定，原因力从纯粹事实角度进行观察，相对具有确定性；在适用危险责任的领域，无需考虑行为人是否有过错，与有过失无适用之空间。[2]

　　在适用过失相抵时究竟是以过错为主还是以原因力为主，笔者认为应根据归责原则的不同而区别对待。过失相抵是基于过错比较得出的结论，其本体是过错，尽管因果关系判断与过错判断存在千丝万缕的联系，但毕竟不是一个层面的概念。在过错责任中，优先考虑过错既符合法理，又合乎我国习惯。故应先进行过错比较，确定加害人与受害人过错的程度，根据双方过错的大小来分配责任，其次才考虑原因力。在严格责任中，过失相抵本质上应解释为原因力相抵，[3]由于行为人过错并非其承担责任的基础，与有过失名不符实，故应当依据过错行为对损害发生所占之原因力大小来考虑双方当事人责任的分担。比如在高度危险作业中，加害人的过错并非侵权责任的构成要件，即使加害人没有过错，也需要承担相应的赔偿责任，所以此时不需要也不应当对双方当事人的过错加以比较。[4]这种情况下，可以比较双方当事人对损害结果贡献的原因力大小，以此来确定双方应负担的份额。

二、受害人异常因素

　　受害人异常因素包括两个方面，物理性异常脆弱和价值性异常昂贵。第一，物理性异常脆弱，即受害人具有不同于常人的特殊体质，如先天具

---

　　[1]　参见杨立新、梁清："原因力的因果关系理论基础及其具体应用"，载《法学家》2006年第6期；周晓晨："过失相抵制度的重构——动态系统论的研究路径"，载《清华法学》2016年第4期。

　　[2]　参见张新宝、明俊："侵权法上的原因力理论研究"，载《中国法学》2005年第2期。

　　[3]　参见郑永宽："过失相抵与无过错责任"，载《现代法学》2019年第1期。

　　[4]　参见程啸："论侵权行为法上的过失相抵制度"，载《清华法学》2005年第1期。

有的过敏症、心脏病，后天形成的心肌梗塞、骨质疏松等。第二，心理特殊，包括神经症和对于外部事件过于敏感等性格缺陷。比如，某侵权行为在正常情况下并不会导致严重的损害，但因侵害某一具有异常因素的特定受害人或物而产生严重的损失，此时就产生了应否要求侵权人承担完全赔偿责任和受害人应否就异常部分损害分担损失的问题。

在存在被害人异常体质情况下，如何平衡行为人与被害人利益是一个难以取舍的命题。从行为人来说，受害人的异常体制超出正常预期，亦非其注意义务的范畴，就受害人异常体质所致损害承担责任有违过错责任原则。从受害人来说，受害人特殊体质虽是损害形成之原因，但其既非行为，亦非事件，仅为单纯的客观状态和侵权行为发生时的环境因素，其完全处于被动的状态。在比较法上，对于存在受害人特殊体质的损害，存在著名的"蛋壳脑袋"规则（egg-shell skull rule），按照该规则，即便损害超出了行为人的可预见范围，亦无需考虑受害人特殊体质对于损害形成的影响，而应由加害人对损害承担全部赔偿责任。该规则作为肇始于英美法的一个古老规则，其法理迥异于现代可预见理论，在适用层面上，也与可预见理论时常产生冲突。"蛋壳脑袋"规则早期主要适用于侵权行为与身体素因竞合引发异常物理损害之情形，但近年来，不少判例认为像蛋壳一样脆弱的头盖骨和像蛋壳一样脆弱的性格并无本质区别，而将"蛋壳脑袋"规则适用于心理异常。[1]《美国第二次侵权法重述》明确侵权人承担责任时，不应考虑受害人特殊体质。《美国第三次侵权法重述》进一步将心理异常纳入"蛋壳脑袋"规则，其第31条规定："因受害人在先的身体或精神条件或其他特征，侵权损害比可合理预期的更为严重或不属于同一类型时，侵权人仍需对全部损害承担责任。"

与英美法上的明确态度相反，大陆法系各国在是否适用"蛋壳脑袋"规则问题上呈现出一种自相矛盾的摇摆状态。一方面，法国、德国等国存在"侵害特殊体质之人，不可要求其必须像健康人一样"及"侵权人必须接受受害人现状"的观点，认为不能要求受害人分担责任。比如，在德国

---

〔1〕 参见孙鹏："'蛋壳脑袋'规则之反思与解构"，载《中国法学》2017年第1期。

帝国法院 1937 年的一则判决中，明确提出"任何对于身体脆弱者实施不法行为的人，无权要求获得与侵害身体健康者相同的待遇"。[1]在法国，自破毁院刑事部 1972 年 2 月 23 日判决以后，对于人身损害进行归责时，即不再考虑受害人特殊体质因素。[2]奥地利、比利时、意大利等国也称，侵权人必须对于受害人异常损害承担责任。[3]另一方面，德国就此而言，还规定了基于相当因果关系的考量、不可限制行为自由及一般生活风险理论等需要考虑的事由。法国早期及日本以比例因果关系、类推过失相抵、管理责任、不可抗力为由，要求受害人自行负担引起特殊体质所带来的那部分损失。自"蛋壳脑袋"规则产生以来，废弃"蛋壳脑袋"规则的主张便不绝于耳，并渐成潮流。比如，在日本，早期大审院判决曾短暂支持"蛋壳脑袋"规则，但自 1965 年以后，基于"实施同等行为之行为人，应当承担同等责任"的理念，判例逐渐开始斟酌受害人特殊体质减轻加害人责任，并发展出相当因果关系说、过失相抵类推适用说等诸种观点，将加害人责任限制在通常损害的范围内。相关学说认为，在受害人明知自己特殊体质而怠于防备时，将于公共空间给他人带来异常风险，故应令其分担损失。比如，被害人本身患有不治之症，即便侵权人不实施侵权行为，也可能将于不久后身亡；或者，被害人本身患有眼疾，因侵权人引发的交通事故导致其视力下降，此时，便应酌情减少精神损害赔偿的数额。就侵害标的异常昂贵的案件而言，其与受害人特殊体质的情况相似，也是由于被侵害方自身的特殊性而增加了损失，由于将异常昂贵的标的置于公共空间带来了异常风险，故应判定受害人分担由异常风险而带来的部分损失。

　　我国在很长一段时期内，对于"蛋壳脑袋"规则持排斥的态度，法院认为侵权行为与身体特殊体质都是损害之原因，进而判决加害人与受害人分摊损失。近年来，司法实践中对于这一问题出现分化，一些法院认为，受害人的体质仅仅是加害行为造成损害后果的客观因素，既非受害人过

---

〔1〕　RGZ 155，37，41.
〔2〕　参见孙鹏："'蛋壳脑袋'规则之反思与解构"，载《中国法学》2017 年第 1 期。
〔3〕　参见〔荷〕J. 施皮尔主编：《侵权法的统一：因果关系》，易继明等译，法律出版社 2009 年版，第 22、37、117 页。

错，也非因果关系，受害人不应因其特殊体质而自负责任；另一些法院则认为，如果司法鉴定能证明受害人特殊体质对损害有一定的原因力，可以减轻侵害人的损害赔偿责任。[1]尽管最高人民法院于 2014 年 1 月 26 日发布的第 24 号指导案例"荣某英诉王某、永诚财产保险股份有限公司江阴支公司机动车交通事故责任纠纷案"对此作了示范性处理，但显然没有达到统一法院意见的作用。在该案中，被告王某引发交通事故撞伤原告，致其 9 级伤残。经鉴定，交通事故致原告残疾损伤参与度为 75%，原告骨质疏松体质因素为 25%，二审法院认为，受害人特殊体质对损害的发生确有影响，但并非过错，不能适用过失相抵，侵权人应赔偿全部损失，受害人的特殊体质不影响侵权人责任的承担。[2]不过，从实践效果来看，该指导案例显然没有起到指导性作用，以受害人特殊体质为由减轻加害人责任的判决仍然不断出现。比如，在一起蜂毒过敏死亡案件中，法院认为被害人的过敏体质构成损害之加重原因，判决其分担 25% 的死亡赔偿金；[3]在一起争吵致人死亡案件中，法院认为被告之侵权行为系被害人死亡之诱因，被害人自身特殊体质才是其死亡的主要原因，故只判决被告承担 30 000 元的损害赔偿金。[4]

我国学者通常认为，加害人与受害人谁负担异常损害更为无辜，并更符合效率，不能一概而论，其受素因类型、当事人对素因信息的支配状态和统御素因的能力等因素影响，需要对其赔偿责任作类型化的处理。[5]在判断受害人的特殊体质能否减轻加害人的赔偿责任时，应当先分析作为客观要件的因果关系，再研究受害人的特殊体质能否被评价为受害人的过错。不同类型的因果关系对于加害人的赔偿责任影响不同。[6]有学者主

---

〔1〕 参见程啸："受害人特殊体质与损害赔偿责任的减轻——最高人民法院第 24 号指导案例评析"，载《法学研究》2018 年第 1 期。

〔2〕 参见江苏省无锡市中级人民法院［2013］锡民终字第 497 号民事判决书。

〔3〕 参见安徽省合肥市中级人民法院［2014］合民一终字第 00571 号民事判决书。

〔4〕 参见广西壮族自治区贺州市中级人民法院［2014］贺民一终字第 138 号民事判决书。

〔5〕 参见孙鹏："'蛋壳脑袋'规则之反思与解构"，载《中国法学》2017 年第 1 期。

〔6〕 程啸："受害人特殊体质与损害赔偿责任的减轻——最高人民法院第 24 号指导案例评析"，载《法学研究》2018 年第 1 期。

张，在可归责于受害人的原因导致特殊体质、受害人存在过失以及造成例外的显著失衡结果时，可减轻侵权人责任。[1]笔者认为确有道理。在存在被害人特殊体质的情况下，一概由加害人承担，等于将风险防控系于加害人一身，不符合公平理念，亦有悖可预见性规则。在假设因果关系情况下，当假设原因属于受害人的特殊体质时，应统一地考虑假设因果关系对损害计算的影响。侵害行为人只对因侵害行为加速的损害发展进程给受害人带来的损害，或者比预期来得更早的损害承担责任。[2]从我国实际来看，依据具体情况酌情决定是否减免显然更符合实际。精神损害赔偿适用于主观感受，在受害人心理特殊情况下，若对于一般行为引发之受害人特殊精神痛苦一律予以赔偿，则责任风险明显过大，而且会引发一系列的负面后果，对加害人责任酌情予以减少，于控制责任风险尤其具有意义。

三、损益相抵

当侵权行为不仅给受害人造成损害，而且使受害人获益时，需明确该利益的归属，是由受害人保有，还是将其归属于侵权人而适用损益相抵规则，相应地减少其应承担的赔偿责任。这既是一个损害的事实判断问题，又是一个利益归入的法政策问题。多数观点认为，受害人获得利益，表明其损害相应减少，若损害赔偿不作相应扣减，则受害人事实上获得了双重利益，有违公平，因此应以受害人获益冲抵其损害。所谓损益相抵，又称为损益同销，是指赔偿权利人基于损害发生的同一赔偿原因获得利益时，应将所获利益从所受损害中扣除以确定损害赔偿范围的规则。[3]

一般认为，损益相抵产生于罗马法。在罗马法的具体案例中，已存在将所获利益与损害加以平衡的做法。将损益相抵真正发展成为损害赔偿法上的一项规则，则是19世纪的日耳曼普通法，主要是基于差额说和禁止得利的思想。"损益相抵作为损害赔偿法的一项基本规则，旨在落实完全赔

---

[1]　参见徐银波："侵害特殊体质者的赔偿责任承担——从最高人民法院指导案例24号谈起"，载《法学》2017年第6期。

[2]　参见廖焕国："假设因果关系与损害赔偿"，载《法学研究》2010年第1期。

[3]　参见韩世远：《合同法总论》，法律出版社2004年版，第759页。

偿与禁止得利原则，从而贯彻实现损害赔偿法的补偿功能。"[1]其本质，则是如何公平分配由损害事件所带来的利益。

时至今日，损益相抵规则已为世界上多数国家所承认，或直接表述于法律中，或体现于司法实践中。在德国、法国、日本，即便其立法并未明文规定损益相抵规则，也不妨碍实践中普遍使用。按损害填补的立法宗旨，受害人获得的所有利益均应与其所受的损害相抵，但让侵权人完全取代受害人享受某一行为所得的利益，也可能使得侵权人获得"不当得利"，造成侵权人责任的不当减免问题。因此，适用损益相抵规则的重点和难点在于损益相抵规则的适用范围和赔偿金额的减轻标准，也就是受害人因侵权获利而需在赔偿金额中予以扣除金额的认定和计算，以及司法实践中如何援引该规则解决纠纷。就此而言，存在两种不同观点，一种是"差额说"，一种是"禁止得利说"。"差额说"认为，损害是受害人损害事件后的整体财产状况与假设损害事件未发生时财产状况之差异，利益的计算应通过被害人被侵害前后财产的差额进行确定。[2]"禁止得利说"认为，损害赔偿数额应与损害大小保持一致，既不可少亦不可多，受害人不得因侵权行为而获得额外的利益。[3]通常认为，"禁止得利说"不要求以侵害行为发生前后的差额作为理论基础，且符合侵权损害赔偿补偿性原则的要求，因此得到了广泛的认可和接受，我国学者多持此种观点。

通说认为，受害人获得利益有四种不同类型，即因第三人给付而获得的利益、因受害人行为而获得的利益、因损害事件而获得的利益以及因客观原因而获得的利益。不同利益的可扣减性不一样，应类型化地看待不同类型，以避免对受害人补偿不足或过度补偿。[4]对于因第三人给付获得的利益，应区分第三人慷慨捐助、保险等不同情况，在第三人慷慨捐助情况下，受害人所获利益应视为对于受害人的特别抚慰金，不应进行损益相抵；在保险情况下，一般也不适用损益相抵；在受害人自己的行为获得利

[1] 程啸："损益相抵适用的类型化研究"，载《环球法律评论》2017年第5期。
[2] 参见赵刚："损益相抵论"，载《清华法学》2009年第6期。
[3] 参见曾世雄：《损害赔偿法原理》，中国政法大学出版社2001年版，第237页。
[4] 参见程啸："损益相抵适用的类型化研究"，载《环球法律评论》2017年第5期。

益的情况下，通常应适用损益相抵；因损害事件所获得的利益通常也应适用损益相抵，而因客观原因获得的利益，则要看获得利益的具体原因。[1]

我国法律暂时没有规定损益相抵规则，《侵权责任法（草案三）》曾经设计了损益相抵规则，但《侵权责任法》通过时将该条款删除，《民法典》侵权责任编对此仍没有规定。其目的是为了将损益相抵标准留待实践中去明确。早在《最高人民法院关于赵正与尹发惠人身损害赔偿案如何适用法律政策问题的函》中，最高人民法院就已明确，保险公司依照合同付给受害人的医疗赔偿金可以冲抵侵权人应付的赔偿数额，[2]这是我国较早关于损益相抵的表述。在实践中，也有损益相抵的相关案件。比如，在"东方海外货柜航运公司与河北省五金矿产进出口公司（五矿公司）、山东烟台国际海运公司海上货物运输合同纠纷上诉案"中，因承运人过错导致五矿公司的货物被罚没，为减少损失，五矿公司以人民币 300 万元的代价取得货物，减少损失 120 万元。法院认为，原判以损益相抵原则，减去应纳关税等得出的损失结论，并无不当。[3]

从前述可以看出，损益相抵原则主要适用于能够以财产进行救济的损害，通常是财产损害赔偿责任之中。经过多年的司法探索，适宜适用损益相抵的情况大抵有：①物被损毁后所遗留的利益。加害人将受害人的财产毁损或破坏之后，该物可能产生残留价值。该残留价值应从损害赔偿中扣除。②实物赔偿时新旧物相差的利益。若被损坏之物为旧物，赔偿之物为新物，则新旧物相差的利益应由受害人返还给加害人。③原本应支出但因损害事实的发生而免于支付的费用。④原本无法获得但因损害事实的发生而获得的利益。⑤贴现利益。比如，时间差使货币产生的时间价值。这些均应在损害赔偿量化时予以减免。

除此之外，还有一些必须要予以排除：①因第三人行为或国家行为所获得的利益。比如，受害人获得来自于第三方的捐款，此时的获利同侵权行为之间没有因果关系，不应当予以相抵。再如，受害人因侵权行为获得

---

〔1〕　参见赵刚："损益相抵论"，载《清华法学》2009 年第 6 期。
〔2〕　参见《最高人民法院关于赵正与尹发惠人身损害赔偿案如何适用法律政策问题的函》。
〔3〕　参见浙江省高级人民法院［2001］浙经二终字第 109 号民事判决书。

的保险金，不能作为受害人因侵权行为所得利益而予以扣减。同理，社会保险补偿金、慰问金、抚恤金亦不应予以相抵。②因受害人自己的行为产生的利益。也就是说，没有受害人自身的行为因素在内，该利益就不可能产生。③一般社会观念不承认的利益。不能为一般的社会观念所接受的好处，不能成为损益相抵原则所指向的利益。[1]④遗属的遗产利益。在致人死亡的案件中，被害人因加害人的侵权行为死亡，其继承人因此继承被害人的遗产，亦不应相抵。⑤负有抚养义务的被害人父母对被害人的抚养费。如果将无需再继续支出的抚养费纳入相抵范围，则有违公序良俗原则。[2]

关于在精神损害中是否存在损益相抵，存在较大争议。有学者认为，精神痛苦本身是不会分裂的，在精神损害中分离出由于损害事实所产生的精神利益，并将该种利益从精神损害赔偿中扣除或者不扣除，是不可能的。[3]笔者认为，原则上精神损害也应能够适用过失相抵。理由是，损害事实在造成精神损害的同时也可能产生精神上的利益，精神上的利益在酌定精神损害赔偿时理应予以考虑。对于一些具有受虐倾向的人或者通过苦肉计等方式收获同情，达到其目的（比如获得爱情，或获取交易相对人的信任）的人来说，其人身权、健康权虽遭受了侵害，按照法律规定可以主张精神损害赔偿，但赔偿数额无疑因获得了精神利益而应酌情减少。只不过，精神损害中的损益相抵有其特殊形式，包含在精神损害赔偿数额的酌定环节而已。

当一个案件同时存在过失相抵和损益相抵的情形时，其适用顺位如何，也是一个值得研究的问题。笔者认为，损益相抵实质是确定损害的大小，过失相抵是在已经确定损害的基础上进一步解决损失分担的问题。所以，从逻辑上讲，应当先确定损失大小，后考虑损失的分担，即应先考虑损益相抵，然后再考虑过失相抵问题。

〔1〕 王泽鉴："财产上损害赔偿（一）——人身损害"，载《月旦法学杂志》2006年第3期。

〔2〕 参见邓晗："侵权责任中损益相抵原则的适用范围及计算方法"，载《湖北工程学院学报》2014年第4期。

〔3〕 相关观点参见赵刚："损益相抵论"，载《清华法学》2009年第6期。

第四节　数额酌定方法在风险控制中的运用

精神损害赔偿请求权是通过一定数额的金钱给付来实现的。在财产损害赔偿中，赔偿数额只要将损害前后的价值差进行对照即可得出，标准单一简单。不同于财产损害，精神损害赔偿所要考虑的因素很多。如何确定应赔偿的金钱数额，既是实践中不得不面对的问题，也已成为控制精神损害赔偿责任风险的有效手段。精神损害与金钱赔偿分属精神与物质两端，精神损害与金钱赔偿具有不可通约性。精神损害作为一种无形损害，本质上属于受害人的主观感受，具有非物质性、非财产性、非金钱性的特点，精神利益的减损无法在物质层面进行准确度量，金钱赔偿并不能给精神损害明码标价，"基于精神上的法益并无价格可言，自然无法作十分精确的损害均衡"。[1]而且，由于个案中受害人所遭受的精神损害程度各异，环境有别，侵权人和受害人个体差异巨大，法律无法在制度层面上设计出一整套计算精神损害赔偿的精确办法，只能依靠个案的司法裁量进行酌定。而酌定本身就是一个能动司法的过程，是法官依据个案情况在平衡行为人与受害人利益的情况下得出的结论，是动态权衡的结果，天然包含有控制责任风险的成分。

因此，在精神损害赔偿中，通过为司法设定裁判规则，指引司法活动的进行，一方面限制法官自由裁量权；另一方面，克服精神损害赔偿数额难以预见的风险，使当事人产生相对明确的预期，对于确定合理的赔偿额度具有十分重要的意义。目前我国尚无统一适用确定精神损害赔偿数额的标准，不同地方、不同法院适用的标准也不一样。法释〔2001〕7号对于精神损害的酌定因素进行了规定，在这个基础上，各省也根据本省实际形成了自己的审判指导标准。这些标准的出台，对于因地制宜指导司法实务，防止精神损害赔偿的责任风险具有十分积极的意义。虽然法释〔2001〕7号以《民法通则》为基础，但毋庸置疑的是，作为第一个专门

---

〔1〕　黄立：《民法债编总论》，中国政法大学出版社2002年版，第417页。

针对精神损害赔偿的司法解释，法释［2001］7 号反映了精神损害赔偿的特点和内在要求。在《民法典》实施以后，最高人民法院对其及时进行了修改，使其适应《民法典》时代的新形势。

大体而言，影响精神损害赔偿数额酌定的因素可以分为法定因素和酌定因素。确定赔偿数额时，应以法定因素为主，结合酌定因素进行考虑，两者不可偏废，否则有可能失之公平。

一、酌定精神损害赔偿的法定因素

我国《民法通则》并未明确肯定精神损害赔偿，但学界认为其第 120 条规定可以扩大解释为允许受害人要求赔偿精神损失。真正提出"精神损害赔偿"的规范性文件是 1993 年 6 月 15 日通过的《最高人民法院关于审理名誉权案件若干问题的解答》（已失效），其第 10 条规定"公民、法人因名誉权受到侵害要求赔偿的，侵权人应赔偿侵权行为造成的经济损失；公民并提出精神损害赔偿要求的，人民法院可根据侵权人的过错程度、侵权行为的具体情节、给受害人造成精神损害的后果等情况酌定"，但此条适用范围有限，在赔偿数额的规定上也只是简单列举了几个因素。

法释［2001］7 号历史性地确认了我国的精神损害赔偿制度，并在许多方面作出了比较完善的规定，精神损害数额评算方法的司法解释起草人员如此解释精神损害："精神损害是一种无形损害，本质上不可计量。但从国家的经济文化发展水平和社会的一般价值观念出发，可以从司法裁判的角度对精神损害的程度、后果和加害行为的可归责性及其道德上的可谴责性作出主观评价，即由独任审判员或合议庭行使自由裁量权确定具体案件的赔偿数额。为了尽量减少或降低自由裁量的主观性和任意性，《解释》的第 8 条和第 10 条规定了若干原则。"[1] 法释［2001］7 号第 10 条规定："精神损害的赔偿数额根据以下因素确定：（一）侵权人的过错程度，法律另有规定的除外；（二）侵害的手段、场合、行为方式等具体情节；（三）侵

---

〔1〕 唐德华主编，最高人民法院民事审判第一庭编著：《最高人民法院〈关于确定民事侵权精神损害赔偿责任若干问题的解释〉的理解与适用》，人民法院出版社 2001 年版，第 14 页。

权行为所造成的后果；（四）侵权人的获利情况；（五）侵权人承担责任的经济能力；（六）受诉法院所在地平均生活水平。法律、行政法规对残疾赔偿金、死亡赔偿金等有明确规定的，适用法律、行政法规的规定。"上述规定，可称之为精神损害赔偿量化的法定因素，这为司法裁判中精神损害赔偿的酌定指明了方向。《民法典》通过以后，最高人民法院将第 10 条修改为："精神损害的赔偿数额根据以下因素确定：（一）侵权人的过错程度，但是法律另有规定的除外；（二）侵权行为的目的、方式、场合等具体情节；（三）侵权行为所造成的后果；（四）侵权人的获利情况；（五）侵权人承担责任的经济能力；（六）受理诉讼法院所在地的平均生活水平。"这一规定，仅对需要考虑的具体情节事项做了调整。

（一）侵权人的过错程度

侵权人的过错是一般侵权行为的构成要件之一，它反映行为人对自己行为所持的心理状态。加害人的过错形式分为故意和过失两种，故意是指行为人明知自己的行为必然或者可能发生侵权结果并且希望侵权结果发生和明知必然发生侵权结果而放任结果发生的心理态度。而过失是指侵权人应该预见却没有预见侵害后果的发生，或者已经预见侵害后果的发生而轻信能够避免的两种情形。

民事责任重在于损害之填补，旨在通过损害填补使受害人恢复到损害事故未发生时应有的状况。一般而言，民法上的故意和过失两者的价值原则上是相同的。"损害纵因行为人之过失所酿成，其严重性与故意引起者并无不同"，[1]行为人不论是故意，还是过失，均负有损害填补的责任。"在其他要件具备的前提下，有过错即有责任且责任的量也是确定的。过错的程度与侵权的构成及效果完全无关。"[2]侵权人故意抑或过失，在主观恶性程度上固然不同，但在侵权责任承担上，无论是责任成立层面还是赔偿范围层面两者的价值判断都相同，即行为人存在过错。被害人只要证明加害人存在过错，加害人就应该承担完全赔偿的责任。因此，一般的侵

---

〔1〕　曾世雄：《损害赔偿法原理》，中国政法大学出版社 2001 年版，第 15 页。
〔2〕　叶金强："论过错程度对侵权构成及效果之影响"，载《法商研究》2009 年第 3 期。

权行为并不会因为主观过错的大小而使得侵权人承担不同的法律责任，有过错行为即可构成侵权（以过错为要件），承担相应的民事责任。

但是在精神损害赔偿中，侵权人的主观过错程度却是一项重要的考量因素。侵权人的过错程度反映主观恶意的不同，所以这项因素应当在确定精神损害赔偿时着重考虑。同样的行为，恶意加害人给受害人造成损害比过失加害人造成的伤害可能大得多，不同主观恶性程度给受害人造成的精神痛苦程度也不一样。当加害人出于过失为之时，受害人了解实情后比较易于克服心理上产生的痛苦，但当加害人恶意为之时，受害人则可能产生愤恨难平的精神痛苦。因此，故意与过失相比，就需要更多的赔偿来填补侵权行为造成的损害。在精神损害赔偿中将侵权人的过错程度作为考量因素，还在于精神损害具有惩罚功能。侵权人在主观上是故意还是过失，是轻过失、一般过失还是重过失，是抽象轻过失还是具体轻过失，直接反映侵权人的主观恶性程度，是对侵权人实施惩罚必不可少的考虑因素。比如故意地、公然地以捏造事实诽谤他人、宣扬他人的隐私，恶意地损害他人名誉、丑化他人人格的，就可认定为主观过错程度较大，要求行为人承担较重的责任；反之，如果侵权人主观上并非故意，只是由于误解或听信传闻而过失地传播闲言碎语，给他人造成名誉上的损失，则可认为主观过错程度较低，而适用较轻的赔偿。

在比较法上，侵权人过错也已经成为精神损害赔偿中确定赔偿金的重要因素。比如，德国法兰克福上诉法院在一个案件中，判决被告对于因其拖延理赔而致的受害人精神痛苦给予 3 万马克的赔偿。[1]《荷兰民法典》第 6：106 条规定，如果责任人有造成非物质损害的故意，则可以裁定非财产损害赔偿。《俄罗斯联邦民法典》第 151 条第 2 款规定："在确定精神损害赔偿的数额时，法院应注意侵权人过错的程度和其他值得注意的情节。法院还应考虑与被损害人个人特点有关的身体和精神痛苦的程度。"第 1101 条第 2 款规定："当以过错为损害赔偿的依据时，法院还要根据致害

---

[1] See Christian Von Bar, *The Common European Law of Torts*, Volume Two, Oxford University Press, 1998, p. 185.

人的过错程度确定赔偿数额。"[1]奥地利学者库奇奥（H·KoZiol）教授认为，如果侵权行为人只是轻微的过失，那么，非财产损害也应该以一种客观的方法进行估算。但在侵权人具有故意或重大过失的情况下，则必须考虑各种主观的情况。[2]王泽鉴先生也认为，对于非财产损害，应当首先斟酌加害行为是故意还是过失。加害人有故意或者重大过失时，被害人容易产生愤激、怨恨、不满等情绪，为消除被害人愤激、怨恨和不满等精神上的不愉快或损害，应酌情增加抚慰金。

相对而言，法国曾经是一个例外。在法国侵权法上，侵权损害赔偿通常只考虑受害人所遭受的损害之大小，而不考虑其他因素。损害赔偿仅仅建立在损害的基础上。"侵权损害赔偿的数额是为了赔偿他人所遭受的损害，因此，此种赔偿数额不应因为过错的程度不同而发生变化。"[3]但近年来，法国法院也逐渐改变观念，开始根据实际案情的需要、过错的恶劣性及损害后果的严重性，酌情考虑加害人的过错。例如，在1989年的一个案例中，法院认为，被输入艾滋病毒是特别残酷和极为严重的，必须给予公平的和特别的赔偿。法院因此判决被告承担230万法郎的赔偿。在该案中，加害人过错在估算非财产损害赔偿金时起到了非常关键的作用。

大抵而言，对于侵权人过错程度之考量，应先区分故意和过失，在此基础上再进一步区分恶意、一般的故意、重大过失、一般过失和轻微过失。考虑侵权人过错程度的结果就是，侵权人的过错程度越高，其承担的损害赔偿数额也越多。不同主观恶性的同样行为，恶意侵权人承担责任最重，轻微过失的侵权人承担责任最轻。

（二）侵权行为的目的、方式、场合等具体情节

侵权行为的目的、方式、场合等具体情节也可反映出侵权人的行为和主观恶性的不同，"侵权情节的不同，可以反映出侵权人的主观恶性程度

---

[1] 黄道秀等译：《俄罗斯联邦民法典》，中国大百科全书出版社1999年版，第77、456页。

[2] U. Magnus（ed），*Unification of Tort Law*：*Damages*，*Kluwer Law International*，Printed in Creat Britain，2001，p.13.

[3] Paris 26 avril 1983，D. 1983. 376，转引自张民安：《现代法国侵权责任制度研究》（第2版），法律出版社2007年版，第156页。

和社会危害性的大小，从而影响到赔偿责任的大小"，[1]由此给受害人造成的精神损害大小也不同。比如，以获利、侵害他人权益为目的的侵权与非获利的、以防范损失为目的的侵权，给受害人精神上的感受截然有异，精神损害赔偿责任亦应不同。通过暴力手段侵害被害人，比通过言语方式侮辱被害人情节要重；在人数较少的情况下侮辱受害人，比大庭广众之下侮辱被害人情节要轻。故而必须根据侵权情节的不同来确定精神损害的不同，以发挥法律惩罚、补偿、引导的功能。如在大庭广众之下公然散布流言蜚语，或者以大字报、小字报形式侮辱、诽谤他人，利用网络或其他媒体大肆宣扬捏造事实，要比在小范围内私下传播"小道消息"损害他人人格，或只是在转述时因记忆错误而侵害了他人名誉严重，赔偿数额也应当更多。同理，将他人的日记公之于众，公然宣读、公然传阅或者放到公共网络平台传播，比私下传阅给受害人造成的伤害更甚，也应予以更高的惩罚。

侵权情节的范围十分广泛，侵害目的、侵害行为实施的场合与行为方式等都属于具体情节的范畴。除此之外，还包括侵害的持续时间、侵害的范围、次数、侵权人对于行为性质的认知和态度、受害人个人情况等方面，只要对被害人的精神痛苦构成影响，均应纳入具体情节范畴。但行为所造成的社会影响属于侵害行为所导致的后果，不是事情的变化或过程，[2]应纳入后文所述的后果范围，而不应作为情节因素。

所谓侵害的目的，即实施侵害的出发点，或希望通过实施行为所达到的目标。所谓侵害的场合和范围，是指行为人在何种情况下实施侵害行为，可能在哪些范围内产生负面影响或后果。比如，同样是对于女性脱衣搜身，但是在人来人往的公共场所，还是在无人的荒僻之处，对于受害人的影响很大。在争吵中使用侮辱性的语言，与在网络、报纸、广播中使用侮辱性语言，对被害人精神上的影响差异明显。所谓侵害次数与侵害的持续时间，是指侵权人对于受害人实施侵害行为的频率及侵害时间的长短。一般而言，侵害的次数越多，侵害的持续时间越长，则给受害人造成的损

---

〔1〕 车辉：《非财产损害赔偿问题研究》，法律出版社2011年版，第222页。

〔2〕 参见《精神损害赔偿数额之评算方法》课题组：《精神损害赔偿数额之评算方法》，法律出版社2013年版，第376~377页。

害越严重。所谓侵权人对于行为性质的认知和态度，是指对于所实施侵害行为危害性之认识，及对于侵害后果的主观态度。之所以在精神损害赔偿酌定中将侵权人的认知和态度纳入具体情节，是因为加害人的事后态度与已经发生的侵害行为尽管没有关联，但加害人主观态度与受害人精神痛苦程度有直接关联。受害人的精神痛苦是一个过程，若侵权人在事后承认错误，并积极采取措施安慰受害人，则容易取得受害人的谅解，相应地，受害人精神痛苦的持续时间将相对较短。反之，若侵权人态度恶劣，不仅无认错之意，还恶语相加，必将加重受害人的精神痛苦。故而，无论是基于精神损害赔偿的补偿功能还是对于行为人的惩罚功能，都有考量侵权人对侵害认识的主观态度之必要。

（三）侵权行为所造成的后果

精神损害赔偿作为民事责任，基本功能是填补损失。因此，侵权行为所造成的后果，是酌定精神损害赔偿数额的重要依据。对于损害程度大、后果严重、社会影响极坏的侵权行为，赔偿数额较多；反之，则赔偿数额较少。

在相关法定因素中，侵权行为所造成的后果是比较难以评判的，要从受害人受到的侵害程度入手。心理学界关于事件导致创伤的研究认为，"构成心理创伤需要三个条件：第一，事件本身的性质，包括现实的死亡或者害怕死亡，以及对身体或情绪的严重的损害；事件越严重，当事人越容易形成心理创伤。第二，事件对于受害者的意义。有些体验对任何人都可能是创伤性的，如被强奸。但损害程度并非都是一样，而是因人而异。一般来说，强奸少女与已婚妇女，强奸有夫之妇与离异单身妇女，在损害程度上会因个体感受的差异而不同。第三，社会支持系统的完善程度"[1]在这里，三个条件对造成心理创伤的意义并不完全相同，其中前两个条件对心理创伤的形成具有决定性意义，而社会支持系统的完善程度在绝大多数情况下，至多在创伤程度上存在一定影响，即在受害人遭受创伤前对维持其一般的良好情绪体验具有帮助，从而增强了受害人心理抗打击能力，

---

〔1〕　赵冬梅：《心理创伤的理论与研究》，暨南大学出版社2011年版，第4~5页。

对受害人遭受心理创伤后的应激反应则起到缓冲作用。因此，借鉴心理学界的研究成果，决定精神损害后果的因素应主要有三个需要仔细考察的变量：①侵权事件本身的性质和严重程度，或可称之为侵权事件对受害人的刺激强度；②侵权事件对受害人的意义，即受害人的敏感性，也即心理学界所称的个体的敏感度构成要素中，司法裁判需要考察的因素；③受害人的社会支持系统完善程度。[1]有些案件中，受害人受损的程度和后果较大，因此赔偿数额应多些，特别是受害人精神损害后罹患需要治疗的精神疾病，该种损害可称为精神障碍或神经创伤，也就是民间俗称的精神病，是指不法侵害公民的精神健康使其遭受了医学上可诊断出的神经疾患。[2]在鉴定学上，其有神经轻伤和神经重伤之分，在法律上则均可归属为严重的精神损害，精神疾病的医疗费等必要费用应计入赔偿范围之中。在出现因人身伤亡导致的精神损害时，可以以医疗上的伤残评定和医疗费用支出为标准，这一部分的评定相对容易。另一种情形是，有的受害人精神受到创伤后，虽然没有达到医学上的伤残标准，或者没有治疗，但心理痛苦、情绪抑郁、精神恍惚等，严重地影响了正常的工作、学习、生活，更为严重者因精神侵害而抑郁轻生、人格受损，这种精神痛苦是一种无形的损害，难以精确地进行计算，只能根据主要情节和其他情况，适当地确定一个赔偿数额。

在笔者看来，侵害行为所造成的后果可从两方面考虑：其一，受害人所遭受的精神痛苦。一方面，精神痛苦是否达到严重的程度，若只是轻微的精神痛苦，无需适用精神损害赔偿；另一方面，精神痛苦严重到何种程度，是高度还是极端痛苦和沮丧，是可以自愈的还是不能自愈的精神疾病。若是可自愈的，则还要考虑自愈所需要的时间和周期；若是不可自愈的，则还需要考虑治疗所花费的代价和成本。其二，行为所造成的社会影响和社会不良后果。作为一种主观感受，精神损害后果与行为的社会影响息息相关。社会影响大，所造成的受害人精神痛苦相对较大；社会影响

---

〔1〕《精神损害赔偿数额之评算方法》课题组：《精神损害赔偿数额之评算方法》，法律出版社 2013 年版，第 358 页。

〔2〕庄洪胜、刘志新：《人身伤残鉴定与赔偿指南》，人民法院出版社 1994 年版，第 49 页。

小，受害人所感受的精神压力和精神痛苦也就较小。由于个体存在主观感受差异，同样的事情，有的人一笑置之，有的人高度敏感，甚至痛不欲生，故对于后果的考虑还应考虑个体差异，既注重个体主观感受，也结合一般人的认知，主客观结合进行综合考虑。

在受害人为精神病人、未成年人等无法感知或感知能力存在缺陷的情况下，侵权行为的后果只能单纯依据客观标准，即依一般人的认知，依据社会一般的感受进行评价。若就一般而言某种侵权行为会产生严重后果，则即使受害人本人无法感知其精神痛苦，也应当按照社会一般人在此情况下所可能遭受的损害来确定精神损害赔偿数额。〔1〕

（四）侵权人的获利情况

侵权人的获利情况，即侵权人因侵权行为所获得的利益。法释〔2001〕7号第10条第（四）项规定，精神损害赔偿的确定应考虑侵权人的获利情况。通常认为，在损失难以确定的情况下，可以以侵权人得利为基础进行赔偿。〔2〕

传统观点认为，受害人遭受的精神痛苦，与侵权人的获利多少没有直接关联。损害赔偿以补偿受害人所受损失为主要目标，侵权人获利应当属于刑罚（罚金、没收财产）或者行政处罚（罚款、没收非法所得）的范畴，并非作为民事责任的精神损害赔偿所要考虑的因素。在民事责任中，侵权人获利因素可以为"侵权人的过错程度"这一要素所吸收，若侵权人怀有获利之目的，应视为侵害人的过错程度大，可以根据侵害人获利的状况，多判赔偿给受害人。〔3〕

诚如前述，精神损害赔偿并非只具有填补损害的功能，还有抚慰和惩罚功能。故而，单纯从传统民事责任的角度看待精神损害赔偿显非合适。尤其是20世纪以来，人格权商业化利用的趋势日趋明显，人格和个人信息越来越多地被运用于商品的制造、销售或者服务的提供之中，侵权人获利

---

〔1〕　参见王利明：《人格权法研究》（第3版），中国人民大学出版社2018年版，第746页。
〔2〕　参见张家勇："基于得利的侵权损害赔偿之规范再造"，载《法学》2019年第2期。
〔3〕　相关观点参见郭明龙："论精神损害赔偿中的'侵权人获利'因素"，载《法商研究》2009年第1期。

因素的引入反映了人格权商业化利用的新趋势，体现了法律对于某些人格权中产生财产利益的处理态度，因而为越来越多的学者所接受。德国联邦宪法法院在 1994 年审理的"摩洛哥卡洛琳公主案"中首次承认，为了实现精神损害赔偿的预防与制裁功能，可将侵权人获利作为确定精神损害赔偿予以考虑的因素。我国多数学者也认为，侵权人获利应是独立于"侵权人的过错程度"的独立因素。尤其是在受害人遭受损害但没有经济上之损失，而侵权人获得了利益的场合，若不考虑侵权人的获利情况而允许其在赔偿以后仍然获得利益，则意味着法律允许侵权人因其过错行为获得利益，明显有违公平，也无法体现精神损害赔偿对于行为人的惩罚与被害人的抚慰作用。"有些行为人明知自己实施侵害他人合法权益会承担不利的法律后果，但为了获取更大的经济利益，不惜甘冒这种风险去从事这种行为。鉴此，法律提出必须考虑侵害人获利（盈利）情况，增加予以受害人的精神损害赔偿金，而不考虑侵害人是否'得不偿失'或'利少赔多'。"[1]比如，在崔永元诉北京华麟（企业）集团有限公司、刘翔诉《精品购物指南》、汤宗镇诉浙江能达利集团公司、王军霞诉昆明卷烟厂侵害肖像权、名誉权等案件中，被告未经原告同意使用其肖像，利用名人效应提高产品知名度、销售产品获取利润的主观目的是清楚的，尽管因未能查明被告获利的具体情况而没有按照"侵权人获利"标准进行赔偿，但法院在酌定时显然考虑到了侵权人获得利益这一因素。除此之外，侵权人的营利有可能对被害人造成更严重的精神损害。盈利数额也可侧面反映出被害人的损失多少，一定程度上反映侵权损害的严重程度，当侵权人获利较大时，要求其承担更高的赔偿数额，也能够更好地弥补受害人的损失。

法释〔2001〕7 号第 10 条第（四）项没有限定"侵权人的获利情况"适用之范围，字面上可以认为任何精神损害赔偿，只要存在侵权人获利的因素，均需予以考虑。但有学者对此提出质疑，认为唯在侵害精神性人格权的情况下，方可考虑"侵权人获利"因素。理由主要有：其一，物质性

---

〔1〕 参见关今华主编：《精神损害赔偿数额的确定与评算》，人民法院出版社 2002 年版，第214 页。

人格权与精神性人格权在能否商品化上存在差异，在"侵权人获利"适用上因而也存在差异。越接近人格利益的核心部分，越难以进行商业化利用。生命、健康、身体、自由等物质性人格权客体很难为人们所接受，为法律所允许；而姓名、肖像、身体形象、声音、隐私等精神性人格权客体的商业化利用则为大众所认可。物质性人格权无论是生命权，还是健康、身体、人身自由等人身权利，其潜在的经济利益有限，侵权人为获利而侵害他人生命、健康的案件，系属于刑罚或行政处罚的范畴，在精神损害赔偿案件中，则可以借助"侵权人的过错程度"而加以考量，无单独考量侵权人获利之必要。唯就精神性人格权而言，侵权人侵权所获得的商业利益理当作为独立的考量因素。其二，在比较法上，"侵权人获利"主要适用于侵害精神性人格权。[1]比如，在德国法上，若行为人未经允许擅自使用他人姓名和肖像，或侵害他人名誉和隐私，均属于侵害"一般人格权"。而"对于对一般人格权的严重侵害给予金钱赔偿，按照德国最高法院的观点来说并不是抚慰金的'原本意思'。而是一种'法律救济'，用以防止对人的尊严和名誉的侵害得不到制裁以及防止对人格的法律保护日渐萎缩。这个解释本是为了在处理人格权侵害案件时能够把弥补功能推到中心位置，并且除此之外也能根据抚慰金的预防功能来衡量抚慰金的金额。尤其是损害人想要通过侵犯人格权来营利的企图应当作为给予较高数额（抚慰金）的裁量理由"。[2]

笔者认为，尽管损害赔偿是对于受害人损害的填补，但就精神损害赔偿来说，赔偿与损害并非严格的对应关系。侵权人获利因素的引入，主要是基于公平感受以及对受害人精神抚慰的考量。将侵权人获利因素限定于精神性人格权遭受侵害的情形，系出于将精神损害赔偿功能限制于补偿的狭隘理解，人为地限缩了侵权人获利酌定的范畴，不利于受害人保护，亦与司法解释的精神不相符合。某人以追逐利益为目的销售明显不合格的产

---

〔1〕 参见郭明龙："论精神损害赔偿中的'侵权人获利'因素"，载《法商研究》2009 年第 1 期。

〔2〕 参见郭明龙："论精神损害赔偿中的'侵权人获利'因素"，载《法商研究》2009 年第 1 期。

品，该产品给使用人身体造成严重损害，在衡量出售人责任时，考虑其获利因素，要求其承担较多的精神损害赔偿责任并无不妥。事实上，将侵权人获利限于侵害精神性人格权的领域，也与我国实践不相符合。我国理论通说一般将人格权商品化限于肖像权、姓名权或名称权等标表性人格权而不是精神性人格权领域。[1]故而，侵权人获利应作为酌定所有精神损害的因素。精神性人格权确可更多地用于商业化利用，故可认为，侵权人获利因素对此类赔偿额酌定的影响相对较大。

在个案中如何恰当地适用侵权人获利因素，是一个值得考虑的问题。笔者认为，对于侵权人获利应作通盘考虑，除了需要考虑侵权人在具体案件中的获利情况外，如果侵权人是法人和其他组织，还应参考其日常的营业。例如，某营业额在年收入千万的企业侵犯该客户的人格权，仅仅判处千元是无法起到惩罚警示作用的，也不能弥补被害人的伤痛，此时可以参考该侵权法人或组织的营业额来确定精神损害赔偿数额。

（五）侵权人承担责任的经济能力

法释〔2001〕7 号第 10 条第（五）项规定，确定民事侵权精神损害赔偿时必须考虑"侵权人承担责任的经济能力"。

侵权人承担责任的经济能力，是指在当事人起诉至案件终结时侵权人的经济情况及对承担责任的赔偿能力。如果侵权人的经济能力较强，则可以多赔或者全部赔偿，但如果侵权人经济状况不佳，承受能力有限，全部赔偿有可能导致侵害人及其家属的生活陷入某种极端困难境地时，则应酌情减少赔偿，保留被执行人及其所扶养家属的生活必须费用等。比如，相比于一般的自然人，法人和其他组织特别是具有生产、经营、销售能力的企业法人的经济状况比较好，承担责任的赔偿能力较强，所以在确定精神损害赔偿金时，根据案情需要，可以考虑多赔。同理，自然人承担责任的经济能力也存在高低之分，责任承担也应有所差异。

通说认为，损害赔偿应使受害人的状况尽可能恢复到权益未受侵害之前的状态。民事责任作为填补责任，应该贯彻完全赔偿原则，侵权人经济

---

〔1〕 参见张家勇："基于得利的侵权损害赔偿之规范再造"，载《法学》2019 年第 2 期。

能力与被害人损害并无关联，不应作为损害赔偿考虑的因素。换言之，既不应因侵权人经济能力弱而减轻或免除其责任，也不应因侵权人经济能力强而增加其责任。即便侵权人经济能力强弱与判决执行的难易度存在关联，亦不得以能否强制执行作为裁判的理由。

考虑侵权人承担责任的经济能力，在惩罚性赔偿中较为常见。主要原因是，惩罚性赔偿主要是针对那些具有不法性和道德上具有可谴责性的行为而适用的，通过对恶意的侵害行为实施惩罚，对侵权人产生威吓作用，使其从赔偿责任中汲取教训而不再进行类似行为。[1] 其目的是为了惩罚和遏制那些恶意的、邪恶的、粗暴的、不道德的侵权行为，而不是一般意义上的损害赔偿。[2] 在经济损失较小而侵权性质恶劣的案件中，只有考虑侵权人的经济状况，要求其承担超出实际损失的一定赔偿，才能达到惩罚侵权人、预防侵权行为的目的。尤其是对于经济能力较强的富人来说，只有使其承担超出实际损失的一定赔偿责任，才能达到迫使侵权人采取措施降低或消除行为风险的目的。

在精神损害赔偿中考虑侵权人承担责任的经济能力，根本原因在于精神损害赔偿除了对于受害人损害的填补之外，还具有一定的惩罚和制裁功能。惩罚和制裁功能的实现，需要充分考虑侵权人的主观情况，此时，侵权人承担责任的经济能力就是一个不容忽视的因素。对于一个收入低微的人来说，1000 元的精神损害赔偿可能就意味着数额巨大，能够使其感受到经济的压力；但对于那些具有权势和地位的亿万富豪来说，则可能无关痛痒，通过适用赔偿也达不到预防和惩戒作用。酌定精神损害赔偿时考虑侵权人承担责任的经济能力，目的是通过适用损害赔偿责任使其感受痛苦，使受害人获得精神慰藉，削弱侵权人的经济基础，防止其重新作恶。同时，考虑侵权人承担责任的经济能力也与民事责任的执行存在一定的关联，经济状况好、责任承担能力强的侵权人，即便较多责任也能够负担；而经济条件差、承受能力有限的侵权人，很容易因赔偿陷入生活困境。

---

〔1〕 参见王利明："惩罚性赔偿研究"，载《中国社会科学》2000 年第 4 期。
〔2〕 参见白江："我国应扩大惩罚性赔偿在侵权责任法中的适用范围"，载《清华法学》2015 年第 3 期。

很显然，在损害后果确定的情况下，因侵权人承担责任的经济能力之不同而承担不同的损害赔偿责任，虽具一定的合理性，但也会引发对公平的合理担忧：损害赔偿的基础是损害事实，法律不能以"人道主义"为由一味"心慈手软"，亦不能以侵权人财产多为由加重责任。故而，理当进行一定的限制。曾世雄先生认为，仅可例外考虑加害人的经济能力，笔者认为确有道理。赔偿数额的确定基础应是受害人遭受的实际损害，这一基本原则不能动摇。

（六）受诉法院所在地平均生活水平

我国幅员辽阔，各地经济发展水平和生活水平不一，东西差异、南北差异巨大，损害填补的成本也因地而异，只有将与被害人关系密切的当地平均生活水平纳入酌定因素范围，才能达到损害赔偿之目的。如纠纷若发生在经济较为不发达的边远山村，几百元的赔偿数额即可能平息诉争，但如果发生在经济发达的地区，相似的案情，裁判几千元赔偿数额，也不一定能使受害人服判息诉。

一般侵权案件由侵权行为地或者被告住所地人民法院管辖，侵权行为地包含了侵权行为发生地和侵权行为结果地，受害人可在两个侵权地中选择其一提起诉讼，此处并无争议，但"受诉法院所在地平均生活水平"这一因素是否可以采用被告所在地，则不能简单认定。我国只确立了考虑受诉法院所在地平均生活水平的指标，而没有提出按当事人所在地平均生活水平酌定的标准。"当地"一般指当事人所在地，而"受诉法院"一般指一审法院所在地。[1]若两者一致，即当事人所在地和受诉法院管辖地是一致的，就不会发生什么争议，但若两者不一致时就会产生问题。考虑"受诉法院所在地平均生活水平"这一因素显然是考虑到了受诉法院的能力及诉讼成本。尽管从损害填补的角度而言，当事人所在地更具意义，但对于法院来说，如果当事人不是受诉辖区的居民，则认定其住所地平均生活水平就存在一定困难，酌定赔偿时就可能脱离实际，作出过高或过低的判决。我国实行二审终审制，有些案件还要经过再审，因此牵涉到几级法

---

[1] 关今华主编：《精神损害赔偿数额的确定与评算》，人民法院出版社2002年版，第5页。

院，故而，实践中可能产生对于受诉法院的理解问题。显然，此处的受诉法院，只能是受理案件的一审人民法院，通常是被告住所地的基层人民法院，在个别情况下，也可能是作为一审法院的中级人民法院。

我国各行业收入水平不同，城市与农村人均年收入也不一样，受诉法院所在地平均生活水平究竟以什么作为标准，是在各行业中取一个中间值作参考，还是综合城市与农村收入状况计算平均值，目前没有统一的说法。我国长期有区分城市居民与农业人口确定平均生活水平的传统。比如，在"龙某康诉中洲建筑工程公司、姜某国、永胜县交通局损害赔偿纠纷案"中，法院依据当地农业人口中劳动力人均年纯收入标准计算得出原告的伤残补助费为 52 686 元。[1]但 2019 年《中共中央国务院关于建立健全城乡融合发展体制机制和政策体系的意见》提出改革人身损害赔偿制度，统一城乡居民赔偿标准，这意味着我国将逐步确立按照城乡统一标准确定当地生活水平的新模式。

客观而言，如前所述，从损害填补的角度来说，考虑"受诉法院所在地平均生活水平"是存在问题的。如果受害人来自发达城市，侵权人来自偏远贫困地区，按照被告住所地人民法院管辖的原则，精神损害只能按照被告所在地的经济水平来赔偿，此时，赔偿数额可能远远无法弥补被害人所受到的伤害，也不能够达到损害填补的作用。反之，如果受害人来自偏远贫困地区，侵权人来自发达城市，按照受诉法院所在地平均生活水平得到的赔偿数额就可能远超受害人所需，长此以往很可能引发诱使侵权，刺激被害人为了取得较高赔偿金而恶意地在发达地区引发事故，反而引发责任风险。

二、应纳入酌定范畴的其他因素

在确定赔偿数额时，除了考虑上文所述法定因素，还应根据案情增加考虑酌定因素。所谓酌定因素，是遵从立法目的和宗旨，根据法律原则和公序良俗原则的要求，从司法实践中总结出来的，由人民法院灵活掌握、

---

〔1〕　参见《最高人民法院公报》2001 年第 1 期。

酬情适用的参考因素，这些因素在确定赔偿数额时起着不可忽视的作用。概括而言，此类酌定因素主要有：

（一）当事人类别

一般认为，法人比自然人的致害能力要强，当法人或其他组织作为侵权主体时，致人精神损害的后果和影响往往比自然人所致损害要严重，被害人维权时面对的压力也会更大，且其承担损害赔偿责任的能力也更强，因此应承担相对较多的赔偿数额。同时，精神损害赔偿的数额还应结合侵权人的营利情况，当一个营业额年过数十亿的法人或组织侵犯客户人格权时，区区数百上千元的赔偿数额不足以惩罚侵权人，为达到抚慰受害人与预防侵权之效果，应结合该法人或组织的营业额，酌情确定相对较多的精神损害赔偿数额。

（二）当事人的身份、职业、社会地位、知名度和其他自然状况

虽然法律面前人人平等一直是应予遵循的基本原则，但不能否认的是，处于不同社会阶层的不同人群，有着不同的生活状况，受害人的身份、职业、社会地位和知名度等因素，决定了其受损程度的不同。知名人士、新闻单位致人精神损害的后果和影响，比一般自然人要严重得多；同样，当其遭受损害时，影响也比一般人大得多。比如，捏造有损某明星名誉的新闻并传播，其影响范围和给被害人造成的损害显然比传播邻里隐私大得多。与社会声望依存度高的职业，如教师、医生等，当其名誉遭受侵害时，对于受害人造成的损害明显超过与社会声望依存度较低职业的从业者。可见，侵权主体的不同，也会影响赔偿数额的确定；同样，受害人的身份、社会地位和知名度，与精神损害程度也有密切关联，确定赔偿数额时，也应酌情考虑。需要说明的是，根据身份、职业、社会地位、知名度来酌定赔偿数额的多少，绝不是把人分成高低贵贱等级来决定赔偿金额，而是根据具体案情，尊重个体的差异，为了打破形式上的公平、平等以追求实质上的公平和平等。

（三）侵权人的认错态度和受害人的谅解程度

良好的认错态度能够减少和弥补被害人在事后所受到的精神损害，在

得到被害人谅解后，甚至可能使受害人迅速从精神痛苦中走出，从而在相当程度上应减少或者免除赔偿。如果侵权人在侵权后认识到自己的错误，在调解或诉讼过程中及时认错，主动地赔礼道歉，积极消除影响，取得受害人的谅解，或者经被害人提出后能够知错就改，及时纠正、避免不良后果和不利影响的继续扩大，则受害人之精神损害本就得到了一定填补和抚慰，从主观过错方面来说，其过错程度较轻，惩罚之必要性不强，因此可以少赔或不赔。相反，行为人侵权后拒不认错，甚至变本加厉地继续原来的"恶作剧"，或者在调解、诉讼时有进一步恶语伤人等恶劣表现，未能取得受害人谅解的，本身就表明主观过错程度较重，通过判赔承担较多赔偿金发挥精神损害赔偿的制裁和惩罚功能的必要性也较大。将侵权人的认错态度纳入量化精神损害赔偿的酌定因素，有利于更为充分地体现精神损害赔偿金的补偿原则和惩罚原则。

（四）被害人的家庭经济状况，以及加害人的实际赔偿能力

从受害人的角度来讲，尤其在人身权侵权的案件中，对于生命、身体、健康的侵害往往影响着受害人一家的家庭生活。因此，在确定赔偿金额时必须考虑受害人的实际的家庭经济状况。例如，家庭财产状况、家庭可预期收入、需要受害人投入抚养赡养的支出等。如果受害人家庭经济状况较差，而收入又主要依靠受害人获得，则在侵权行为使受害人丧失或减少劳动能力时应多判给精神损害赔偿金。对人身权造成的损害不同于对财产权造成的损害，财产损害易于恢复，而人身损害则难以恢复，甚至可能不能恢复，无论伤残还是死亡，对受害人而言其损失具有不确定性，给受害人和其家人造成的精神损害也更具严重性。如果还有需要受害人抚养或者赡养的家庭成员，给其家庭造成的不利影响也更为严重。所以，无论是基于对受害人实质的补偿还是从人道主义考虑都必须结合家庭经济情况确定精神损害赔偿金。[1] 从加害人的角度来讲，除了应区分法人和自然人的不同情况外，还要考虑加害人的实际赔偿能力。如果加害人经济状况较好，财产比较充裕，则可多赔；相反，经济状况不佳，承受能力有限，则

---

[1]　郭卫华等：《中国精神损害赔偿制度研究》，武汉大学出版社 2003 年版，第 11 页。

可酌情少赔，但也绝不能低于一个最低赔偿数额。有学者提出，"不能强调侵害人的赔偿能力，只可作例外考虑，否则可能产生适用法律不平等和其他消极作用（如负面效应），同时也混淆了裁判程序和执行程度的界限"。[1]此种观点确有一定道理。因此，笔者认为，应当在保障受害人得到最低金额的补偿基础上考虑加害人的实际赔偿能力，这样更有利于判决的执行和维护法律的权威性。

（五）侵权行为的社会影响

考虑到精神损害赔偿在价值宣示层面的作用和其预防功能，侵权行为的社会影响也应是酌定精神损害的因素。受害人精神遭受损害后在社会上的种种反响，是侵权行为在人们心目中的社会评价。一种反响强烈的侵害行为，往往意味着侵害后果的严重性以及侵权人主观故意或过失的过错程度。在信息化时代的今天，借助于网络的快捷，信息流通更为迅速，一个小的案件一旦经过媒介的宣传有可能影响甚广。显然，侵权行为的社会影响大小，可以作为酌定精神损害赔偿时的适当参考。

---

〔1〕 关今华："精神损害赔偿数额评定问题五论"，载《中国法学》2001年第5期。

第五章

风险控制基础上赔偿范围的适度扩张

第一节 请求权主体的适度扩张

一、法人的精神损害赔偿

（一）关于法人精神损害赔偿的不同态度

法人能否请求精神损害赔偿，理论上历来存在肯定说和否定说两种观点。否定说认为：第一，精神损害只限于受害人因人格权或其他权利遭受侵害而产生的生理疼痛、精神痛苦以及精神上的不良情绪，是所谓精神利益的损失。法人是没有生命的社会组织，既然法人没有生命，也就没有生理、心理上的精神活动，法人的名誉权、名称权、荣誉权受到侵害时，不会产生精神上、心理上的痛苦。所以，法人作为社会组织，不宜成为精神损害赔偿的权利主体。[1]第二，法人人格权一般与物质利益有较为密切的联系。对法人人格的侵犯，往往会给法人造成财产上的损失；同时法人的某些人格权如名称权是可以出售或转让的。[2]法人人格权的物质利益占主导地位。在法人人格受到侵害的情况下，其所导致的损失主要是财产损失。[3]因此，对法人人格权的保护，至多是商誉权受到损害，[4]可以用财产损害赔偿方式来维护。在没有财产损失的情况下，也可用非物质民事责任方式维护权益。第三，我国法律上不承认法人精神损害赔偿。《民法通

---

〔1〕 刘歧山主编：《民法问题新探》，中国人民公安大学出版社 1990 年版，第 296 页。

〔2〕 余延满："我国《民法通则》并未规定精神损害赔偿制度——《民法通则》第 120 条新解"，载《法学评论》1992 年第 3 期。

〔3〕 王利明：《人格权法研究》（第 3 版），中国人民大学出版社 2018 年版，第 694 页。

〔4〕 张新宝：《名誉权的法律保护》，中国政法大学出版社 1997 年版，第 141 页。

则》的司法解释第 140 条第 2 款规定，法人的名称权、名誉权、荣誉权受到侵害，可以请求物质赔偿，这里的赔偿是一种非财产损害赔偿，但不是精神损害赔偿。[1]法人不可能有精神痛苦，不能产生精神损害。2020 年修改以后的法释［2001］7 号第 5 条规定，"法人或者非法人组织以名誉权、荣誉权、名称权遭受侵害为由，向人民法院起诉请求精神损害赔偿的，人民法院不予支持"。《北京市高级人民法院关于确定著作权侵权损害赔偿责任的指导意见》第 21 条第 2 款也规定："法人或者其他组织以著作人身权或者表演者人身权受到侵害为由，起诉请求赔偿精神损害的，不予受理。"第四，因侵权行为使法人人身权受损而导致的法人决策人员、职工的精神损害，只能由受害人以个人的名义而不能以法人名义提起请求权。理由在于，法人与其工作人员是两个不同的民事主体，不能以工作人员的感受作为法人的精神感受。

肯定说认为：其一，从"精神损害"与"非财产上损害"（或"财产以外之损害"）的语义及相互逻辑关系看，"精神损害"为"非财产上之损害"（或"财产以外之损害"）之一部分，后者的外延大于前者，二者系种属关系。非财产上之损害或财产以外之损害应视为一切无形损害。既然法律没有明文限制精神损害的内容，法人作为具有民事权利能力的民事主体，因人格权遭受侵害所生的无形损害亦应与自然人一样得以请求赔偿。[2]其二，精神损害包括"精神痛苦"和"精神利益"的损失，法人虽无精神痛苦，但具有精神利益。法人作为拟制的法律人格，不存在生理上的精神活动，但存在保持和维护精神利益的精神活动。法人精神利益的损害，在客观上表现为两种形式：一种是精神利益所引起的直接财产损失，如法人因名誉受损而增加支出的宣传费；一种是精神利益所引起的间接财产损失，如由于公司声誉下降而导致的产品积压。[3]精神损害的最终

---

〔1〕 韩梅："对精神损害赔偿若干问题的探讨"，载《锦州师范学院学报（哲学社会科学版）》1991 年第 4 期。

〔2〕 相关观点参见胡平：《精神损害赔偿制度研究》，中国政法大学出版社 2003 年版，第 251 页。

〔3〕 周利民："论法人的精神损害赔偿"，载《政法论坛》2002 年第 3 期。

表现形式，就是精神痛苦和精神利益的丧失或减损。精神利益包括人格利益和身份利益，是民事主体人格的基本利益所在。法人不是自然人所以没有精神痛苦的看法错以生物学的观点理解法律上的精神损害概念，将生物学上的精神损害与法律上的精神损害混为一谈。[1]否认法人有精神损害，就等于否认法人的人格，其结果必然是使法人本身失去存在的依据。[2]其三，法人由许多具有生命和思维活动的自然人组成，如果法人的名称被假冒，名誉、荣誉被污损，就会对企业法人造成已经签定的合同被解除、已经销售的产品被退货等不应有的损失，这必然会严重挫伤法人决策人员的情绪，以及对职工的劳动、生产热情等造成精神上的压制。这种精神上的损害对自然人还是法人实施在损害后果上并无不同，否认对法人的精神损害赔偿，不利于维护法人的合法的人身权益。[3]其四，我国法律是承认精神损害赔偿的。《民法通则》第 120 条既规定了自然人的具体人格权遭受侵害时的救济措施，同时规定法人的名称权、名誉权、荣誉权受到侵害的适用前款规定。该条中的"赔偿损失"虽未明示，但从司法实践来看已经包括精神损害赔偿。法释〔2001〕7 号第 5 条采请求权可诉性禁令的方式，并不能依此得出法人不具有精神损害赔偿请求权的结论。我国民事实体法并无将法人与自然人的权利能力进行比较限缩的明确规定，以诉权禁令的方式对法人实体权利边界进行阐明，跨度太大。[4]

综上，肯定说的理论依据主要有：其一，法人的实质是相对于自然人而言的民事权利主体，是一定的人和财产的集合体。同自然人一样，法人也有自己的以自然人的思维能力和心理状态为基础的法人意志。只不过受法人支配的行为能力是由法人的法定代表人及其工作人员来实现的。这个道埋有如"法律是统治阶级意志的体现"一样毋庸质疑。[5]因而，法人也是可以请求精神损害赔偿的。其二，由于哲学上精神和物质互相转化的内

---

〔1〕　王冠玺："法人精神损害赔偿请求权问题的再探索——基于比较法上的观察"，载《法制与社会发展》2010 年第 5 期。

〔2〕　参见杨立新：《人身权法论》（修订版），人民法院出版社 2002 年版，第 252~254 页。

〔3〕　关今华：《精神损害的认定与赔偿》，人民法院出版社 1996 年版，第 443 页。

〔4〕　张力："论法人的精神损害赔偿请求权"，载《法商研究》2017 年第 1 期。

〔5〕　林太生："法人人格权应受法律保护"，载《法学》1992 年第 2 期。

在规律，那么在现代法律技术下，精神损害和物质损害也可互相转化。法人人格权的物化依据在于：当法人的人格被上升为民法权利时，体现法人人格权的精神利益和物质利益就产生了密切联系；法人人格损害赔偿与法人财产损害赔偿虽然赔偿形式相同，本质却有所不同。财产损害只要求赔偿就可消除。而补偿人格损害的财产，则只是一种使法人的人格损害尽快得到消除的手段。[1]因而，必须予以法人精神损害赔偿请求权。

（二）比较法上关于法人精神损害的不同做法

从大陆法系立法例上来看，不同国家在法人精神损害赔偿问题上呈现出截然不同的态度。持否定态度的国家以德国为最典型，持肯定态度的国家则以法国为代表。

1. 不承认法人精神损害的立法例

《德国民法典》第823条第1款仅保护法人的财产所有权及其他权利。《德国民法典》第253条第1款规定，只有在存在法律的明确规定时始可以主张非财产损害赔偿，而其第2款规定，仅在侵犯身体、健康、自由或性自主决定权时可以主张非财产损害赔偿。前述列举均不涉及法人，故法人主张精神痛苦金得不到法律支持。唯有在符合《德国基本法》第19条第3项规定，当法人的组成和活动系作为自然人自由发展之体现，尤其是渗透到法人背后的自然人，使得法人受基本权利保障显得富有意义且必要时，方将法人纳入基本权利保护的范围内。[2]

在司法实践中，为弥补《德国民法典》第823条第1款保护范围过于狭窄的缺陷，德国理论界提出一般人格权概念并将其归入"其他权利"范畴。然而，司法实践中尽管承认法人具有一般人格权，但对其一般人格权的侵犯，法院设置了比一般自然人高得多的标准。例如，BMW公司必须容忍关于其腐败的嘲弄，汉莎航空公司必须忍受将其商标恶作剧为两只交欢的鹤的嘲弄，尽管这些嘲弄都对公司声誉造成了影响。德国斯图加特高

---

〔1〕 关今华："浅论法人人格权及其损害之赔偿"，载《福建学刊》1991年第5期。

〔2〕 王冠玺："我国法人的基本权利探索——法人得否主张精神损害赔偿的宪法上论证"，载《浙江学刊》2010年第5期。

等法院在 1978 年的一个案件中曾作出明确表述：无论是两合公司还是作为负无限责任的股东的有限责任公司，都无权因其人格权受损害而主张痛苦金。[1]慕尼黑高等法院在 2003 年的一个案件中也表示：办理了登记的协会仅在有限的范围内受一般人格权的保护，原则上不能因其一般人格权损害而主张精神损害赔偿。[2]

2. 承认法人精神损害赔偿的立法例

在采法国式侵权责任一般条款的国家，由于对损害类型没有限制，法人人格权遭受侵害时，基本可以寻求精神损害赔偿。在法国巴黎地方法院于 1995 年作出的一个判决中，被告班尼顿公司由于以艾滋病人的痛苦做广告的过错行为被判赔给"艾滋病抗争协会"1 法郎名义上的损害赔偿及另外三名原告各 5000 法郎的精神损害赔偿金。[3]此时的名义赔偿，本质上就是精神损害赔偿。与法国一样，比利时对法人精神损害赔偿持完全开放的态度。在 1985 年比利时最高法院的一个案件中，法官指出："和一个有躯体和道德的自然人一样，法人应受的尊重也能因他人的过错而受到侵害，对由此造成的精神损害也必须加以补偿。"[4]1978 年修订的《匈牙利民法典》规定，若侵权行为使法人在经济上遭受不利影响，侵权行为人应对该法人的非财产损害承担责任。在西班牙，亦有法人获得精神损害赔偿的经典案例。[5]

3. 比较法上关于法人精神损害赔偿的总体趋势

总体来看，随着受害人保护的加强，一概不承认法人精神损害的做法越来越遭遇质疑。适当扩大精神损害赔偿范围，一定程度上承认法人的精神损害赔偿已经成为一种趋势。克雷斯蒂安·冯·巴尔教授认为，德国基

---

[1] OLG Stuttgart 13. 12. 1978, MDR 1979, 671.

[2] OLG München 28. 5. 2003, MDR 2003, 1418.

[3] 参见 [德] 克雷斯蒂安·冯·巴尔：《欧洲比较侵权行为法》（第 2 版）（下卷），焦美华译，张新宝审校，法律出版社 2004 年版，第 177 页。

[4] 参见 [德] 克雷斯蒂安·冯·巴尔：《欧洲比较侵权行为法》（第 2 版）（下卷），焦美华译，张新宝审校，法律出版社 2004 年版，第 174 页。

[5] 参见 [德] 克雷斯蒂安·冯·巴尔：《欧洲比较侵权行为法》（第 2 版）（下卷），焦美华译，张新宝审校，法律出版社 2004 年版，第 173~174 页。

于法人没有精神，不能感受精神痛苦的传统认识，不承认法人精神损害赔偿的做法，明显已经过时。日本传统上认为，特定的人身自由、生存权、参政权等，法人不能享有。由于《日本宪法》第 13 条与个人的人格尊严密不可分，故认为生命、自由、幸福追求等权利，属于自然人的权利。但1964 年日本最高裁判所的判决表示，关于法人没有精神而不可能有无形损害的结论是谬见，从而承认了法人有权主张精神损害赔偿。[1]

（三）一定程度上承认法人精神损害赔偿的必要性

《民法典》第 1183 条第 1 款将精神损害赔偿主体限定为自然人，排除了法人精神损害赔偿。《最高人民法院关于确定民事侵权精神损害赔偿责任若干问题的解释》（2020 年修正）也明确规定，"法人或者非法人组织以名誉权、荣誉权、名称权遭受侵害为由，向人民法院起诉请求精神损害赔偿的，人民法院不予支持"。但毋庸置疑，从应然层面来看，我国仍具有在一定程度上承认法人精神损害赔偿的必要性。

第一，出于加强受害人保护的需要。法人由自然人组成，是依一定法律程序所组成的自然人团体。法人虽不具有自然人一样的肉体感受，但当侵害行为作用于法人之时，不仅会造成订单减少、货物销售受挫、物质利益下降等财产性后果，还会造成法人名誉贬损、声誉降低，作为法人深受沮丧、荣誉感遭受打击，作为法人组成成员感到羞耻等非财产性后果。虽然法人人格权与物质利益有较为密切的联系，但并不是损害法人人格权一定会带来物质损害。法人有多种形式，我国就有企业法人、机关法人、事业单位法人、社会团体法人之分。非企业法人并不以营利为目的，而以社会管理或社会公益事业服务等为目的。非企业法人的人格权受侵害，带来的不仅仅是财产损失，更主要的是信誉、威信的降低和正常活动的阻碍。[2]在我国，无论是现行法律、司法解释，还是司法实践，都不存在非财产损害赔偿这个概念，而只存在精神损害赔偿。由于没有非财产损害赔偿的概

---

〔1〕 参见日本最判昭和 39 年 1 月 28 日民集 18 卷，转引自王冠玺："法人精神损害赔偿请求权问题的再探索——基于比较法上的观察"，载《法制与社会发展》2010 年第 5 期。

〔2〕 周利民："论法人的精神损害赔偿"，载《政法论坛》2002 年第 3 期。

念，某种意义上，精神损害赔偿就是非财产损害赔偿。财产责任并不能完全承担起保护法人人格权的责任，即使对法人人格权的侵害带来财产损失，而财产损害与无形损害也是性质不同的，不能用财产损害赔偿来代替无形损害的赔偿。精神损害赔偿某种程度上承担着非财产损害赔偿的功能，将法人精神损害赔偿排除在外，实质上等同于将法人非财产损害赔偿排除在外，对于法人的保护明显不利。

第二，承认法人精神损害与法人的性质不存在冲突。我国《民法总则》第 57 条规定："法人是具有民事权利能力和民事行为能力，依法独立享有民事权利和承担民事义务的组织。"可见，法人是以自然人为内容复合组成的特别主体，也就是说，法人是一个复合主体。所谓复合主体，是相对单一主体而言，由两重成分结合而成的主体。所有的自然人都是单一主体。法人这种特定的组织形式不能脱离自然人而孤立存在，是由自然人集合组成的一个集合体。[1]侵害法人的名称权、名誉权、荣誉权等人格权，同样会给法人的法定代表人及其工作人员带来精神上的痛苦，使法人的精神利益受到丧失。否定法人的精神损害，就等于否认法人的人格，其结果就会是使法人本身失去其存在的内涵。

第三，法人组织具有特定的独有的精神利益。而精神损害包括精神利益的丧失或减损。法人有其名称、信誉、名誉、商业秘密等精神利益，这些精神利益已经成为现代侵权法保护的重要对象。在民法中，有些精神利益已上升为精神权利。如在知识产权领域，《伯尔尼公约》的英文文本就把著作权人享有的人格权称之为"精神权利"。赔偿法人精神损害，正是维护法人人格权所必要的措施。

第四，对法人的精神损害赔偿，是法人在人身权受到侵害后寻求保护，防止产生更大损失乃至破产的救济手段。法人人身权受侵害会给法人带来持久潜在的巨大影响，而在其权利受侵犯和财产损失之间存在一定距离。若无视法人精神损害，而仅在法人财产遭受损失时才给予法律保护，则在市场竞争激烈的社会中，法人可能早已因其权利受到侵害、信誉降低

---

〔1〕 马长生主编：《新编刑法学》，湖南人民出版社 1997 年版，第 224 页。

而被市场淘汰。此时，即便再给予受害人赔偿亦已于事无补。反之，若在法人人身权遭受侵害之时就对其精神损害予以赔偿，则能使法人在遭受重大损失前得到救济，充分发挥精神损害赔偿的预防功能。故而，承认法人精神损害赔偿请求权，是现代侵权法发展的必然趋势，是市场经济的内在需求，有助于全面保护法人的合法权益和稳定社会经济秩序。

更为重要的是，法人精神损害赔偿的障碍主要是由于其与自然人在肉体感知等方面存在的天然差异，法人与自然人一样，同样享有人格权。在法人人格权已由法律明确规定的情况下，行为人注意到法人人格权存在并不困难。在法人人格权遭受侵害时，即便支持法人精神损害赔偿的主张，也不至于超越行为人注意义务的范围，而不适当地开启诉讼闸门，滥诉及利益失衡的风险基本不存在。在法律没有规定非财产损害赔偿的情况下，承认法人精神损害赔偿，使其事实上起到非财产损害赔偿的作用，对于完善法人保护体系，弥补法律漏洞具有无可替代的作用。

（四）法人精神损害赔偿的有效限制

鉴于法人不具有自然人一样的广泛情感活动，即便承认法人精神损害，亦当对其损害赔偿进行严格限制，以防止精神损害赔偿的滥殇。

1. 法人权利能力与行为能力角度的限制

通常认为，法人的权利能力受到三个方面的限制：其一，目的限制。法人受制于章程所载明的目的事业范围。其二，性质限制。法人不具有性别、年龄、亲属关系等人类天然性质。其三，专项限制。如《德国民法典》第253条第1款规定，只有存在明确的法律规定才可以主张精神损害赔偿。由于法人不同于自然人的天然性质，自然人提起精神损害赔偿的权利能力只能有限类推适用到法人制度中。法人应否享有提出精神损害赔偿的权利能力，取决于是否存在需要法人权利能力制度作出回应、评价与预测的对象，从而显著区别于自然人状态。一般而言，只有在存在危及法人文化和精神风貌的法人内部员工情绪波动、人心不稳、人心涣散、热情下降，生产效率下降、事故上升等情况下，始具有承认法人精神损害赔偿请求权之必要性。

2. 法人精神损害赔偿的范围

关于法人精神损害赔偿的范围，可以从两个方面进行探讨，一是适用范围，即侵犯权利的范围；二是赔偿范围，即损害利益的范围。

（1）从侵权行为所侵害的民事权利角度来看，法人的精神损害赔偿应适用于对法人的一切人格权的侵害和部分身份权的侵害。对法人人格权予以保护，是维护法人的独立人格所必需，是保障法人人格独立和平等的需要。精神损害赔偿作为对法人人格权侵害的一种责任方式，理所当然应适用于法人的一切人格权，否则就无法达到全面保护法人人格权利之目的。具体而言，主要应包括下述问题：

第一，法人信用权。信用权是指他人对法人的生产经营、产品质量、偿付债务等方面的良好行为产生的信赖感，是法人履行其允诺行为的能力。其既是主观的表现，也是社会的评价。信用权是法人就其所具有的经济能力在社会上获得相应信赖与评价所享有的保护和维护的人格权，法人信用权不同于法人名誉权。信用权是关于经济能力的社会评价，包括信赖因素和社会评价，而名誉权是关于人格的综合评价，范围广泛，内容复杂。[1]信用权包含明显的财产利益因素，而名誉权则具有纯粹人格要素。信用权虽是人格权，但却是关系到权利主体的经济能力评价。而名誉权则不具有财产性，只是与财产利益存在某种间接的关联。仅通过类推名誉权的做法，对于信用权进行保护是不够的。

第二，法人的商业秘密权。商业秘密是随着市场经济的发展和竞争的展开而逐步形成的一个法律术语。《反不正当竞争法》规定，商业秘密是指不为公众所知悉、能为权利人带来经济利益，具有实用性并经权利人采取保密措施的技术信息和经营信息。法人的商业秘密权是法人的一项重要的人格权，侵害法人商业秘密权，法人理应有权请求精神损害赔偿。

第三，法人的商誉权。法人商誉是法人商业信誉的总称。商誉作为一种无形财产，在社会经济中具有越来越重要的作用。作为商誉在法律上的反映，商誉权对于商事主体意义重大。商誉权既是一种具有财产内容的权

---

〔1〕 周利民："论法人的精神损害赔偿"，载《政法论坛》2002 年第 3 期。

利，也是一种具有人身性质的权利，是法人重要的人格权。商业诽谤行为可能给法人在精神利益上带来巨大损失。在侵害法人商誉的情况下，法人应可以主张精神损害赔偿。

第四，部分身份权。身份权是民事主体基于某种特定的身份依法享有的权利。法人的身份权与财产权益有着密切联系，侵犯法人的身份权，不仅会给法人造成财产上的损失，还会给法人带来精神利益的损害。如侵害法人的荣誉权，引发的后果就是法人声誉的下降，故而，在法人荣誉等部分身份权遭受侵害的情况下，宜承认法人具有精神损害赔偿请求权。

（2）从损害利益的角度看，法人精神损害赔偿的范围主要是法人精神利益遭受的损害。

有学者认为，法人精神损害赔偿的范围，应包括以下两方面的损失：一是精神利益所引起的直接财产损失。例如，法人的名称权遭受侵害后，法人为消除影响而支出的广告宣传费、为诉讼支出的律师代理费、差旅费等，这些损失属于为恢复权利而支出的必要费用，应该是精神利益所引起的直接财产损失。二是精神所引起的间接财产损失。侵害法人的人格权和身份权，有的精神利益表现不是很明显，但对法人来讲又造成了巨大的财产损失。[1]如损害法人名誉权纠纷案，由于被告以非法手段，用"公告"形式，故意捏造事实，对原告进行诽谤，致使原告企业声誉下降，产品积压，这些损失在金钱上无法估量，属于间接损失的范围，也属于法人精神损害赔偿的范围。

笔者认为，前述损害事实上属于财产损害的范畴，将其归入法人精神损害范畴名不符实。鉴于法人精神损害事实上发挥着非财产损害的作用，法人精神损害的范畴应是：一般意义上的精神损害；法人成员及其员工精神上的痛苦，可期待的生活愉悦的丧失；社会对于法人的不信任，法人名誉的丧失；社会关系的丧失等非财产性的损害。赔偿范围也应从这个角度去衡量。

---

〔1〕 周利民："论法人的精神损害赔偿"，载《政法论坛》2002 年第 3 期。

二、侵害胎儿利益的精神损害赔偿

大陆法系以权利能力为基点构建整个理论体系。正如卡尔·拉伦茨所说："在法律上，权利能力是指一个人作为法律关系主体的能力，也即作为权利享有者和法律义务承担者的能力。"[1]我国《民法典》第13条规定："自然人从出生时起到死亡时止，具有民事权利能力，依法享有民事权利，承担民事义务。"第16条规定："涉及遗产继承、接受赠与等胎儿利益保护的，胎儿视为具有民事权利能力。但是，胎儿娩出时为死体的，其民事权利能力自始不存在。"据此规定，自然人的权利能力始于出生、终于死亡，仅在涉及遗产继承、接受赠与等特殊事项时，以胎儿娩出时是活体为条件，例外地承认胎儿的权利能力。胎儿尚未出生，故也没有权利能力。胎儿既无权利能力，也就不能成为人身权等权利的主体，当其遭遇侵害时，自也不能成为精神损害赔偿的请求权主体。同时，胎儿孕育于母体，是否具有对痛苦的感受能力不无疑问，是否存在承认其精神损害赔偿请求权的必要亦值怀疑。[2]

问题在于，胎儿作为生物学意义上的生命个体，虽仍孕育于母体之内，却已有自己相对独立的思维和活动，形成了相对独立的利益。所谓胎动，本身就是胎儿相对于母体不一致的运动之表现。现代生物医学早已表明，胎儿有自己的情绪和思维，在舒缓的音乐中，胎儿可能表现出愉悦，而在嘈杂的环境中，胎儿则会躁动不安。胎儿的孕期越长，情绪和思维就越活跃。所谓胎儿不能感觉到痛苦的认知也被现代生命科学证明是错误的观点。而且，胎儿由于生命力弱小，更容易受到伤害，对于正常人的一个普通推搡行为，落在胎儿身上就可能形成影响终身的残疾。故而，即便胎儿不具有权利能力，也丝毫不意味着胎儿的利益没有保护之必要。如何突破权利能力理论的限制，切实保护胎儿利益就成为损害赔偿法的一个重要理论难题。胎儿的精神损害赔偿亦是如此，应否承认胎儿的精神损害赔偿

---

〔1〕　［德］卡尔·拉伦茨：《德国民法通论》（上册），王晓晔等译，法律出版社2003年版，第119～120页。

〔2〕　参见胡平：《精神损害赔偿制度研究》，中国政法大学出版社2003年版，第234页。

请求权，在何种情况下、经由何种形式承认胎儿的精神损害赔偿权，是胎儿精神损害赔偿领域应该解决的问题。

（一）关于胎儿利益保护的不同观点

早在古罗马时期，罗马法学家就意识到，胎儿虽从现实角度上讲不是人，但由于他是一个潜在的人，人们应当为他保存并维护他自出生之时起即归其所有的那些权利。[1] 关于胎儿的损害赔偿请求权，目前基本存在三大学说，即权利能力说、法益说和区分说。

1. 权利能力说

权利能力说立足于传统的民事权利能力理论，是多数国家和判例解决胎儿损害赔偿请求权时援用的理论基础。各国根据本国的情况，规定了胎儿不同程度的权利能力，具体有以下三种：

（1）总括保护主义。总括保护主义主张通过赋予胎儿权利能力来保护其合法权益，具体分为两种。一是附解除条件说，主张胎儿自受孕时起即享有权利能力。二是附停止条件说，主张胎儿自出生后溯及受孕时即享有权利能力。例如，《瑞士民法典》第31条第2项规定："子女，只要其出生时尚生存，出生前即具有权利能力。"《匈牙利民法典》也规定，胎儿以活着出生为条件，其权利能力从受孕时起算。

（2）个别保护主义。个别保护主义主张一般情况下胎儿不具有权利能力，只有在法律规定的特定情况下才具有权利能力。法、德、日和意等国的民法典均采取此主义。德国学者卡尔·拉伦茨认为，未出生者被侵害与其权利能力无关。生命体从何时起应当受到法律保护，与他从何时起才可以作为一个具体的人而存在并享有权利能力，是两个不同的问题，不能混为一谈。一个生物有机体在出生前所受的侵害，对于该生物体的形成及功能的完善所产生的不利影响，在其出生以后仍会继续。此时，确有必要认可一个人因出生之前不利影响的作用，导致健康受到侵害。[2] 在著名的

---

〔1〕 ［意］彼德罗·彭梵得：《罗马法教科书》，黄风译，中国政法大学出版社1992年版，第130~131页。

〔2〕 参见王泽鉴："对未出生者之保护"，载王泽鉴：《民法学说与判例研究》（第4册），中国政法大学出版社1998年版，第281~282页。

"胎儿感染梅毒案"中，由于没有对献血者进行必要的体检，一名妇女在医院接受输血时被传染上梅毒，其孩子后来也因此出生时即患有梅毒。发育成孩子的胚胎在母亲受孕时就已经感染，孩子从来没有健康过。德国联邦最高普通法院认为，只要损害的行为与健康法益的侵害之间存在因果关系，就能够提起赔偿损害的请求。[1]此外，《德国民法典》第 1923 条第 2款还规定，在继承开始时尚未生存但已被孕育成胎儿的人，视为在继承开始前已出生。《法国民法典》第 906 条规定："仅需在生前赠与之时已经受孕的胎儿，即有能力接受生前赠与，在立遗嘱时已经受孕的胎儿，有按照遗嘱接受遗产的能力。但是，仅在婴儿出生时生存者，赠与或遗嘱始产生效力。"《日本民法典》第 721 条规定了胎儿基于不法行为的损害赔偿请求权："胎儿，就损害赔偿请求权，视为已出生。"

（3）绝对主义。绝对主义否定胎儿具有权利能力，从而否定胎儿的民事主体地位。《苏俄民法典》和我国《民法通则》采取此主义。如我国《民法通则》第 9 条规定："公民从出生时起到死亡时止，具有民事权利能力，依法享有民事权利，承担民事义务。"

2. 法益说

持法益说的学者认为基于胎儿是自然人之所以成为人的必经阶段，胎儿具有法律规定需要保护的利益，即法益，法律上对胎儿的保护以法益为基础而展开。具体而言，法益说又可以分为以下两种：

（1）生命法益保护说。此说奠基于自然法之上，为德国学者普朗克（Planck）所推崇，认为胎儿利益虽非权利，但属于生命法益。生命法益先于权利而存在，是人性之表现和自然创造的一部分。胎儿利益受到侵害应认为是其内部生命过程受到妨碍，并未接受自然及创造所赋予之生命有机体的健康。法律在此方面应受自然现象之拘束。因此何谓健康受损害，不能纯依法律技术之逻辑概念而决定。健康法益本身来自创造，为自然所赋予，是故，当法律加以规定并赋予一定法律效果时，自应承认此种自然的

---

　　〔1〕 BGHZ 8, 243, 转引自 ［德］马克西米利安·福克斯：《侵权行为法》（第 5 版），齐晓琨译，法律出版社 2004 年版，第 14 页。

效力。[1]

（2）人身权延伸保护说。杨立新教授主张，民事主体在其诞生前和消灭后，存在着与人身权相区别的先期法益和延续法益，二者属于人身法益。人身法益与人身权利互相衔接，统一构成民事主体完整的人身利益，对民事主体进行严密的保护。民事主体人身利益的完整性和人身法益与人身权利的系统性，决定了法律对民事主体的人身保护必须以人身权利的保护为基础，向前延伸和向后延伸。[2]

3. 区分说

除上述两种观点外，还有学者提出区分说的观点。[3]该说指出，胎儿的具体受侵害形态是极为复杂的，对于胎儿损害赔偿请求权问题的分析应建立于不同的具体侵权情形。此说把胎儿受侵害的情形区分为出生前受侵害致健康受损和出生前受侵害致死亡两种情形。对于前者，区分说认为这是由于实际受侵害的人是一个现尚生存但健康受损的人，胎儿损害赔偿问题转而成为符合侵权理论但主体稍显特殊的类型而已，这一问题的解决也应遵循侵权法的一般原理。对于后者，又分为出生前受侵害致出生后死亡和出生前受侵害致出生前死亡两种情况，应分别援引一般情形下生命权受侵害的请求权基础理论和将胎儿赔偿问题转换为胎儿母亲的赔偿问题，即成为一般侵害健康权问题两种不同的方案解决。

（二）承认胎儿精神损害赔偿请求权的必要性

如前所述，胎儿是一个客观存在的生命实体，所谓权利能力理论，不过是基于系统化的法律理论体系需要而创造与构建出来的一个概念，并不具有天然的至上性。相反，任何理论都存在一定的理论前提，理论为追求其逻辑自洽必然有所取舍，形成覆盖不周延的缺陷性势所必然。一种广为人知的理论概念一旦提出并为立法采纳，就会在相当时期内保持稳定，然而，社会现实却无时无刻处于变化之中，为适应新的社会情势，理论内涵

---

〔1〕 王泽鉴：《民法学说与判例研究》（第 4 册），中国政法大学出版社 1998 年版，第 261 页。

〔2〕 杨立新：《人身权法论》（修订版），人民法院出版社 2002 年版，第 295~310 页。

〔3〕 冯恺："胎儿的损害赔偿请求权基础探究"，载《山东审判》2002 年第 1 期。

总是处于不断变动的状态。法学理论因之而呈现出一定的相对性。相对性的形成是理论在日趋落后的法理论和法规范与急剧变化的社会现实激烈碰撞与摩擦之际不断协调、润滑、修订的结果，是原有概念不断伸张、扩展、变异，并不断嬗变与新形势相契合的产物，[1] 故而，理论不能绝对化。权利能力理论也是如此。权利能力理论的适用，应以法律体系的逻辑性、体系性为目标，而不能成为牺牲生命实体权益的借口。体现人文关怀的人本主义应是法律的最高准则，胎儿作为生命实体，其人身权益理所当然应成为法律保障的目标，当权利能力能够正常辐射时，自可在权利能力理论体系中一体解决，当权利能力理论力有不逮时，就要通过种种特殊安排使得胎儿的权益不因理论的不周延而遭受实质影响。

胎儿至少具有如下人格权益：①胎儿的物质性人格利益。对于尚未出生的胎儿而言，最终能够健康平安地出生并成为民法上的主体是头等大事。与之相关的生命、健康、身体等要素体现出来的人格利益位于胎儿利益的核心位置。[2] ②胎儿的精神性人格利益。胎儿除具有前述物质性人格利益之外，还可能包括诸如肖像、隐私等精神性人格利益。这些人格利益在胎儿人格谱系中尽管处于次要的地位，但仍然具有重要意义。未经胎儿父母同意而使用胎儿肖像，或将涉及胎儿基因、血统、出身等信息非法披露，都可能对胎儿人格构成侵害。

人在胎儿期生命力弱小，抵抗外来侵害的能力薄弱。对胎儿的侵害，影响大、时间长，人在胎儿期遭受的侵害往往伴随终生。怀孕母亲不慎服下一片有致害性的药片，就可能导致一个智障儿童的产生。在胎儿人格利益遭受侵害情况下，以胎儿出生为条件，理应承认胎儿的损害赔偿请求权。在胎儿出生以后，精神遭受痛苦的情况下，亦应可以主张精神损害赔偿。

（三）我国关于胎儿利益保护立法思想的变迁

我国《民法通则》对胎儿利益没有作出安排，《民法通则》第 9 条规

---

〔1〕 参见鲁晓明："论侵权责任构成要件的相对性——侵权法上'要件不要'的成因及其对侵权法的影响"，载《甘肃政法学院学报》2010 年第 1 期。

〔2〕 参见朱晓峰："民法典编纂视野下胎儿利益的民法规范——兼评五部民法典建议稿胎儿利益保护条款"，载《法学评论》2016 年第 1 期。

定："公民从出生时起到死亡时止，具有民事权利能力，依法享有民事权利，承担民事义务。"胎儿由于不具有权利能力，也不可能享有精神损害赔偿请求权。尽管《继承法》第 28 条对继承利益作了特殊安排，该条规定"遗产分配时，应当保留胎儿的继承份额。胎儿出生时是死体的，保留的份额按照法定继承办理"，但该条只是法律上的特殊安排，回避了胎儿权利能力问题。因此，当胎儿遭受侵害时，并没有独立的损害赔偿请求权，而只能通过母亲的损害赔偿请求权一定程度上加以解决。比如，在"李某兰诉华某伟、阳光财产保险股份有限公司宁波市分公司机动车交通事故责任纠纷案"中，受害者因 CT 检查影响胎儿健康发育，在医生的建议下选择终止妊娠。法院认为，终止妊娠，对原告的精神伤害显而易见，应予精神抚慰。[1]此种安排，不利于胎儿利益的保护，成为学界的共识。

在编纂《民法典》过程中，各种版本的民法典专家建议稿均对于胎儿利益保护作了不同的规定。中国法学会起草的《中华人民共和国民法典民法总则专家建议稿（征求意见稿）》第 17 条规定，涉及胎儿利益保护的，视为已出生。梁慧星教授主持起草的《中国民法典草案建议稿》第 14 条规定，凡涉及胎儿利益保护的，胎儿视为具有民事权利能力。王利明教授主持起草的《中国民法典·人格权法编（草案）建议稿》第 59 条规定，胎儿的身体健康受到损害的，在其出生后，享有损害赔偿请求权。杨立新教授主持起草的《〈中华人民共和国民法总则（草案）〉建议稿》第 24 条规定，胎儿以将来非死产者为限，关于其个人利益的保护，视为已出生。尽管在胎儿具体权利能力上有不同认识，但承认胎儿一定情况下的权利能力则是共同的。

基于前述原因，我国《民法典》第 16 规定，涉及遗产继承、接受赠与等胎儿利益保护的，胎儿视为具有民事权利能力。这在一定程度上改变了《民法通则》忽视胎儿利益保护的不利局面。但其对于胎儿利益遭受侵害时，胎儿是否具有民事权利能力，能否作为请求权主体主张赔偿并没有作出明确规定。按照学界的通常理解，从保护胎儿利益的角度出发，应作

---

〔1〕 参见浙江省宁波市鄞州区人民法院［2013］甬鄞邱民初字第 186 号民事判决书。

如此解释。[1]但也有学者认为，解释为不包括"胎儿本身受到损害的损害赔偿请求权的权利能力"更有利于保护胎儿利益。原因在于，若解释为包括损害赔偿请求权，则侵害发生时损害赔偿请求权就发生，但却不能行使，只能等出生以后才行使。且行使赔偿请求权时，原告必须证明损害发生时的损害究竟是多少，如果扩大了，扩大的原因是什么，而这事实上是无法证明的。如果解释为不包括权利能力，只要能够证明被告的行为与原告的损害之间具有因果关系，无需证明损害范围，就可以判定被告的赔偿义务。[2]

笔者认为，无论从解释方法还是从利于保护胎儿利益的角度，均应将胎儿损害赔偿请求权的权利能力纳入《民法典》第16条"等"的范畴。其原因，一是立法者使用"等"的目的是为了防止立法漏洞，而尽可能多地将应予列入但难以列举的胎儿利益保护方式囊括在内，胎儿损害赔偿请求权作为"胎儿利益保护"最重要的手段，若将这一权利能力排除在外，道理上说不通，且"胎儿利益保护"方式因此将产生重大瑕疵。二是，损害赔偿请求权的行使与损害的计算问题并非一个根本性问题，通过法技术的特殊安排就可以实现，无需付出将胎儿损害赔偿请求的权利能力排除在外这一重大代价。故而，依据《民法典》第16条的规定，胎儿期人身权遭遇侵害，在其出生以后可以主张精神损害赔偿请求权。

（四）胎儿精神损害赔偿请求权的限制

胎儿不同于其他生命个体之处在于，其只具有有限的独立性，且孕藏于母体之中，其行为不具有真正的自主性，而是高度依赖于母体。这就决定了，胎儿没办法像普通人一样自主地采取措施趋利避害，而只能被动地接受他人尤其是母亲的安排。因而，侵害胎儿权益具有一定的特殊性。从当前实践来看，侵害胎儿人格利益的常见行为类型大致有：①第三人致胎儿利益受损。比如，侵害胎儿物质性人格权而致其遭受侵害，如推搡孕妇

---

[1] 参见王洪平："论胎儿的民事权利能力及权利实现机制"，载《法学论坛》2017年第4期；陈东强："关于胎儿利益保护法律适用问题的探讨"，载《山东审判》2017年第5期。

[2] 参见李永军："我国《民法总则》第16条关于胎儿利益保护的质疑——基于规范的实证分析与理论研究"，载《法律科学（西北政法大学学报）》2019年第2期。

致其早产生下有缺陷的婴儿。②侵害行为虽未直接作用于胎儿，但其对胎儿利益产生实质性影响。如医生过错致有严重先天缺陷的胎儿活着出生。[1]③父母一方或双方行为致胎儿利益受损。如父母决定终止妊娠，怀孕母亲明知吸毒可能导致胎儿畸形而仍然吸毒并最终导致胎儿畸形，或因夫妻矛盾、母亲轻率地采取自残行为导致胎儿遭受损害等。

因为侵害人与胎儿的特殊性，即便对胎儿权益构成侵害，亦不必然导致精神损害赔偿。为避免造成精神损害赔偿的泛滥，加害人是否应承担精神损害赔偿，需要综合胎儿是否活着娩出、加害人与胎儿之关系、胎儿人格权益的侵害是否构成独立侵害等多方面因素进行酌定。

第一，尽管胎儿已是客观存在的生命实体，但毕竟处于生命形成的过程之中，生命体并不稳定，离真正形成独立的生命尚有距离，胎儿夭折的情况也千差万别。在侵害行为导致胎儿死亡时，若认可胎儿的精神损害赔偿请求权：一方面，胎儿自始没有出生，权利主体自始并不存在，胎儿的精神损害赔偿请求权无从行使，而精神损害属于专属损害，只能由受害人自己行使，不得继承。故而，即便赋予胎儿精神损害赔偿请求权，亦因无法行使而没有意义。另一方面，对胎儿的侵害必然伴随对母体的侵害，胎儿死亡的后果完全可作为母亲人格权遭受侵害的加重后果，赋予怀孕母亲精神损害赔偿请求权的方式解决。尽管在包容于母亲的精神损害赔偿请求权情况下，对胎儿利益客观上仍存在保护不周的问题，但也只能认为是多方利益平衡之合理结果。何况，若加害人以胎儿死亡为目的而故意对孕妇实施侵害行为，在民法力有不逮的情况下，还可以引入刑罚对加害人进行惩罚，以弥补民事责任之不足。故而，对胎儿期所遭受权益主张精神损害赔偿的前提，应是胎儿活着娩出。即便胎儿娩出以后随即死亡，也意味着一个民事主体的诞生，其作为民事主体，自得主张精神损害赔偿。

第二，在对胎儿之侵害来自父母的情况下，基于胎儿与父母的特殊关系，除非父母存在明显恶意，原则上不应承认民事主体对其胎儿期来自父

---

[1] 上诉人云南平安中西医结合医院未能检查出胎儿畸形，致被上诉人产下先天有缺陷的婴儿，被上诉人主张精神损害赔偿。参见云南省昆明市中级人民法院［2007］昆民三终字第854号民事判决书。

母的侵害主张精神损害赔偿。父母子女的关系至为简单又至为复杂，即便父母客观上存在损及胎儿的行为，也难以说明其存在侵害胎儿的主观恶意。如父母可能因为得到来自于医疗专家的错误建议而误认健康胎儿为有缺陷胎儿，进而分批服用终止妊娠的药物，及至发现存在误诊时损害已经形成，这些情况下，父母的行为都可以理解。父母与子女是最近的亲属关系，彼此之间相互依赖、血肉相连，彼此成立亲属法上的赡养扶助义务，父母死亡以后，通常希望其遗产由子女继承。人类社会的历史，本就是财富在代际之间传承的历史。此时，赋予子女就其胎儿期间遭受的损害向父母主张精神损害赔偿的权利，除了导致父母子女离心的负面后果之外，并无太多实意。法律调整的目的在于定分止争，在于解决矛盾，而非制造矛盾。唯在父母为恶意，且父母不尽抚养义务的情况下可以例外地予以考虑，但也应作严格限制。

正因如此，在比较法上，针对于父母的损害赔偿请求虽时有发生，但尚没有一个国家的判例判令父母对其子女出生前的侵害承担责任。在德国，一个父亲明知自己患有梅毒，仍使其妻怀孕，致其子在出生时感染梅毒，身体健康遭到损害。德国联邦法院以被告进行侵权行为时，原告尚无权利能力为由否定了原告的损害赔偿请求。[1]在英国，虽然英国法制委员会最初承认，依英国普通法，父母在其子女出生前加以侵害的，应负侵权责任。但学界通例认为，"在任何法律体系，于若干领域，逻辑及原则应对社会之可接受性及自然感情让步"，[2]而不承认胎儿对于父母的损害赔偿请求权。最终英国法制委员会修正了自己的观点，在 1974 年 8 月发表的《关于对未出生儿童侵害之报告》中主张因过失致胎儿受有损害无需负责，但生父则不能免责。在美国，子女状告亲生父亲请求损害赔偿的第一个案例是 Zelda v. Zepda 案。在该案中，一个已婚黑人男子谎称没有结过婚，并

〔1〕 Stoll, Zur Deliktshaftung für vorgeburtliche Gesundheitsscha, festschrift für Nipperdey 1 (1965), S. 758, 转引自王泽鉴：《民法学说与判例研究》（第 4 册），中国政法大学出版社 1998 年版，第 278 页。

〔2〕 转引自王泽鉴：《民法学说与判例研究》（第 4 册），中国政法大学出版社 1998 年版，第 279 页。

向一个女子求婚。双方同居后谎言被拆穿。女方拒绝与该男子结婚并生下一个非婚生儿子 Zelda。Zelda 以自己系私生子，备受歧视为"杂种"为由起诉其父，要求损害赔偿。法院考虑到若支持原告主张，将创设一种新的侵权类型，很可能开启诉讼闸门，不满肤色、患有遗传病、羞于父母名声之人均可能提起损害赔偿，造成诉讼泛滥，最终驳回了原告的诉讼主张。[1]

第三，在胎儿存在瑕疵，本应终止妊娠，而医疗机构错误诊断，以致缺陷出生的情况下，缺陷胎儿不可以基于"错误出生"而主张误诊医疗机构承担精神损害赔偿。生命是自然人所享有之权益的最核心权益。享有生命，是人最大的利益。因而，任何人都不能主张自己不出生的权利。父母即便明知胎儿存在缺陷而仍然坚持生育，亦不构成对于胎儿人格权益的侵害。从法律逻辑上来说，主张生命权被侵害以存在生命为前提，对于提起权利主张的人而言，其所要否定的生命恰恰是提起权利的前提，否定了前者，后者也不可能存在。故而，错误出生者不得因生命的获得而主张相应的损害赔偿请求权。[2]不过，由于医疗机构存在违约行为，作为错误出生之胎儿的父母，因与医疗机构存在医疗服务合同，且医疗机构存在违约行为可要求医疗机构承担违约责任；在医疗机构存在侵害胎儿父母权益的情况时，可以基于侵害父母权益而由父母主张精神损害赔偿。在前述发生于云南的缺陷婴儿出生案件中，两级法院均以存在过错，侵害了胎儿父母的生育知情权和优生优育选择权为由，判决医疗机构赔偿胎儿父母精神抚慰金 30 000 元，即是基于这一考虑。

第四，在侵害行为针对母亲实施，胎儿的损害非独立损害的情况下，何种情况下胎儿出生以后可以主张精神损害赔偿，何种情况下不可以主张精神损害赔偿是一个难以取舍的问题。在美国 1884 年的一个案例中，一个怀孕 5 个月的妇女在被告管理不善的铁路上摔倒，因受惊吓而流产，胎儿出生十多分钟以后死亡。法院认为，胎儿系怀孕妇女身体的一部分，而非

---

〔1〕 Zelda v. Zepda, 41, I 11. App. 2d 240, 190 N, E. 2d 849（1963）.

〔2〕 参见朱晓峰："民法典编纂视野下胎儿利益的民法规范——兼评五部民法典建议稿胎儿利益保护条款"，载《法学评论》2016 年第 1 期。

法律上的人。因此判决原告败诉。[1]这一判决尽管因为年代久远而难以作为现代社会处理类似案件的直接参考，美国亦已改变胎儿活着出生情况下的裁判规定，但笔者依然认为，这一案件处理时的基本原则仍有一定参考意义。为控制责任风险，作为附带损害的胎儿损害，其赔偿问题若可通过母亲行使损害赔偿请求权解决，应尽可能通过母亲行使损害赔偿请求权来实现，唯在确有必要的情况下，方可例外地承认胎儿的损害赔偿。

三、侵害精神无感受之人的精神损害赔偿

精神损害赔偿具有减轻或消灭因侵权行为而导致受害人遭受的精神痛苦的性质，自然人作为精神损害赔偿的权利主体，是否需对痛苦具有感受能力，学说上有"痛苦感受能力必要说"和"痛苦感受能力不要说"两种不同的观点。

（1）痛苦感受能力必要说。该说主张，精神损害赔偿请求权人必须对痛苦具有感知能力，若对痛苦不具有感知能力，不得请求精神损害赔偿。此种观点主要存在于精神损害赔偿的早期，比如英国的丹宁勋爵认为，"为补偿痛苦、苦恼和享受生活方面的损失而给予金钱，毕竟不是赔偿。它属于苏格兰称作安慰金一类的东西。这种制度一经实现，我们就可摆脱理论上的争论。我们可以判给原告（他完全能够意识到他损失了什么）一笔合理的赔偿费作为抚恤金。但是不能用此方法给予没有知觉的原告（他意识不到他所损失的是什么）以抚恤金。这样对本人并无好处，无非是增加他死后的财产，而这财产将落入近亲手中。我建议对于没有知觉的原告不应予以赔偿费"。[2]

（2）痛苦感受能力不要说。该说认为，精神损害赔偿不以请求权人对痛苦有感知能力为必要。比如，史尚宽先生认为，无痛苦知觉之幼童及心神丧失人，亦有无形的损害赔偿请求权。不独精神上之痛苦，其他因被害

---

〔1〕　Dieterrich v. Northampton，138 Mass. 14-52 Am Rep. 242（Supreme Judicial Court of Massachusetts 1884）.

〔2〕　［英］丹宁勋爵：《法律的未来》，刘庸安、张文镇译，法律出版社1999年版，第178～179页。

人之死亡所蒙受不得以财产估计之一切损失，均包含在内，不得以其不知痛苦而否定其此项请求权。[1]随着受害人保护的加强，这一观点已成通说。

（一）精神无痛感之人的精神损害赔偿

1. 精神无痛感之人精神损害赔偿的各国实践

精神无痛感之人，主要是失去知觉者，或虽有知觉，但大脑机能严重受损，感觉不到精神痛苦之人。在生物学意义上，失去知觉者是指大脑皮层功能严重损害，受害者虽保留躯体生存的基本功能如新陈代谢和心跳等，但完全丧失对自身和周围环境的认知能力、完全失去生活自理能力。此种状态俗称"植物状态"，我国古代称之为"木僵"，意思是其人如同木之僵化之人。失去知觉者除保留一些本能性的神经反射和进行物质及能量的代谢能力外，认知能力（包括对自己存在的认知力）完全丧失，无任何主动活动。失去知觉者的脑干仍具有功能，向其体内输送营养时，还能消化与吸收，并可利用这些能量维持身体的代谢，包括呼吸、心跳、血压等。对外界刺激也能产生一些本能的反射，如咳嗽、喷嚏、打哈欠等。但机体已没有意识、知觉、思维等人类特有的高级神经活动。

对于精神无痛感之人的精神损害赔偿，比较法上存在肯定和否定两种立法例。

英国、法国、德国等多数国家通过判例的形式承认了精神无痛感之人的精神损害赔偿。在英国，在 Wise v. kaye 案中，一名 20 岁的女子因交通事故遭受严重的脑部创伤，一直处于昏迷状态。法官认为，被害人被剥夺了差不多使生活值得活下去的一切事物。在上诉审中，法院判决称，一般性损害赔偿金必须在客观的基础上进行估算，只要金钱赔偿是合适的，就应当对所受伤害给予补偿，至于原告不能亲身享受损害赔偿金，及原告不能意识到其所遭受的损害，都无关紧要。最终，法院判给因车祸而成为植物人的原告 15 000 英镑，作为"安乐生活丧失"的赔偿。[2]因妇科手术

---

〔1〕 参见史尚宽：《债法总论》，荣泰印书馆股份有限公司 1954 年版，第 210 页。
〔2〕 See Wise v. Kaye（1962）1 QB 638（CA）.

致大脑受到严重损伤的被害人，获得了 25 万英镑的赔偿费。[1]在 1964 年的 West v. shepard 案中，一名遭遇车祸的妇女遭受严重的头部损伤，导致右脑萎缩、四肢瘫痪，不能说话，仅能稍稍转动一下脸、双目和脚。英国上议院认为，受害人已经丧失了生活中所有的愉快和享乐，判决给予仅能存活 5 年的植物人 17 500 英镑的精神损害赔偿金。在该案中，法院还确立了两个原则：第一个原则是，无知无觉的现实并不消除对生命的正常体验和享乐已经被剥夺这一事实；第二个原则是，如果损害赔偿金的裁定是基于正确的理由，则不再考虑赔偿金作何用途的问题。[2]德国最高法院于 1992 年肯定了失去精神感受之人获得精神损害赔偿的权利。德国联邦法院曾就一名出生仅 14 个月的婴儿因脑部严重受伤害而判决支持被害人请求非财产上之金钱赔偿的主张。[3]法国最高法院第二民事庭在 1995 年 2 月 22 日的一个判决中指出，人的植物状态并不排除任何形式的损害，原告的损失必须得到完全的赔偿。[4]西班牙最高法院于 1990 年将相当于 6 万英镑的精神损害赔偿金判决给精神无痛感之人。[5]这些国家或以受害人遭受生活乐趣丧失的损失，或以受害人人格受损为由，或以身体机能受到侵害为由，肯定了不以受害人精神感知为条件的精神损害赔偿请求权。

　　大陆法系仅有极少数国家如比利时、希腊等国仍然坚持无感知能力者不可获得精神损害赔偿的传统做法。而在英美法系中，尽管英国对于无感知能力者的精神损害赔偿持肯定态度，但美国多数州仍将感知能力作为裁定受害人获得精神损害赔偿金的先决条件。[6]这一点体现在 Mcdougald v. Garber 案中，31 岁的 Emma Mcdougald 在破腹产手术时遭受了严重的脑部损伤。其因产后缺氧而陷入植物人状态，其大提起医疗事故之诉。尽管初审法院在陪审团指令中说：在对"生活乐趣丧失和生活追求丧失"裁定损

---

〔1〕　See Lim Poh Choo v. Camden Area Health Authority（1980）.

〔2〕　See H. West v. Shepard（1964）AC 326（HL）.

〔3〕　参见 BGH NJY 1976, 1147, versR 1976, 660.

〔4〕　参见张民安：《过错侵权责任制度研究》，中国政法大学出版社 2002 年版，第 467~468 页。

〔5〕　参见冯希："论植物状态人的精神损害赔偿"，载《社会科学家》2005 年第 4 期。

〔6〕　参见刘春燕：《人身伤害中的非财产损害赔偿研究》，法律出版社 2011 年版，第 98~103 页。

害赔偿金时，不需要受害人意识到该种损失；对于一个没有在清醒状态下经受了"疼痛和痛苦"的受害人而言，她丧失了生活的享受。损害赔偿金并不与 Emma Mcdougald 所意识到的相关联，而是与其所失去的相关联。但纽约州上诉法院却推翻了初审法院的判决。其理由是：原告并没有感知能力，她并不能感知到这种损失；感知能力是获得任何非经济损害的先决条件。在受害人意识不到其损失的时候裁定享乐损害赔偿金，违背了侵权法体系中的各种补偿目标，在受害人没有意识的情况下，裁定赔偿金并不能带给被害人任何安慰或者解除其任何负担。[1]

整体来说，适应加强受害人保护的趋势，认识到精神损害赔偿的复杂性，国际上承认精神无痛感之人精神损害赔偿的做法已是多数。即使在美国这样的传统上否定精神无痛感之人精神损害赔偿的国家，越来越多的州开始意识到，以受害人的感知能力作为获得精神损害赔偿的先决条件，并不具有合理性。在1981年康涅狄格州的 Kiniry v. Danbury Hospital 案中，被害人由于遭遇医疗事故死亡，法院判决的180万美元一般性损害赔偿金中，包括了对受害人"清醒状态下经受的疼痛和痛苦"和"生活乐趣丧失"的赔偿。[2]在1982年的 Leiker v. Gafford 案中，受害人在破腹产时因被注入过量麻醉剂昏迷，并于6年后死亡。该妇女就其死亡之前所遭受的长达6年的"生活乐趣丧失"获得了15万美元的损害赔偿金。[3]在学界，也有越来越多的学者认识到，若允许没有受到严重伤害的原告获得疼痛和痛苦的补偿，却不允许陷入昏迷状态的原告获得任何非金钱损害的补偿，这对于许多受害人来说是不适当的，对其补偿是不充分的。[4]

2. 我国对待精神无痛感之人精神损害赔偿的应然态度

（1）承认精神无痛感之人精神损害赔偿请求权。

笔者认为，基于下述原因，我国应承认无痛感之人的精神损害赔偿请

〔1〕 Mcdougald v. Garber, 135 A. D. 2d 80, 524 N. Y. S. 2d 192 - 200（1988），aff'd and modified, 73 N. Y. 2d 246, 536 N. E. 2d 372, 538 N. Y. S. 2d 937（1989）.

〔2〕 183 Conn. 448, 449-52, 439 A. 2d 408-16（1981）.

〔3〕 245 Kan. 325, 778 P. 2d 823-39（1989）.

〔4〕 参见刘春燕：《人身伤害中的非财产损害赔偿研究》，法律出版社2011年版，第98~103页。

求权：

第一，从权利主体的资格来看，无痛感之人仍然是法律上的权利主体。关于人之生命，"独立呼吸说""脉搏跳动说"等学说是我国通说，这就表明失去知觉者仍然是法律意义上的自然人。在生活中，一个健康的自然人，因为遭遇车祸或突如其来的侵权人的打击不幸成为失去知觉者，失去了意识能力即精神感受能力，这不能说不是一种精神损害。只不过，这个特殊群体的自然人因没有了正常人的精神感受能力，不能表现出喜怒哀乐、悲欢离合。虽然这不是一种典型的精神痛苦，但却是另一种形态上的精神损害，并且这种痛苦更加难以弥补，理应得到法律的救济。

第二，在侵权行为导致受害人丧失感知能力的情况下，无痛感之人的损害远大于一般能够感知精神痛苦的人的损害，若一般情况下的受害人感受到精神痛苦时能够获得精神损害赔偿，而损害程度大得多的丧失感知能力受害人却不能获得精神损害赔偿，会产生严重的不公平，亦容易产生道德风险，即当损害发生之时，为减少赔偿责任，而有意识地放任或促使损害扩大，从而使受害人丧失感知能力，以达到减少赔偿的目的。

第三，从公共政策的考量来看，精神无痛感之人的损害是确定的，具有严重性、非普遍性的特点，而且受害人是否处于精神无痛感的状态也具有医学或司法鉴定上的鉴定，在侵害事实清晰，对于受害人权利的侵害确凿的情况下，即便认可受害人的精神损害赔偿主张，亦不会引发利益失衡与诉讼泛滥等问题，不存在责任失控的风险。

第四，以受害人感受痛苦为条件作为精神损害赔偿的基础，是出于对精神损害望文生义的片面理解。事实上，虽然仍然使用精神损害这一名词，现代意义上的精神损害早已超越单纯精神上损害这一范围，而实质上成为一个涵盖范围广泛的概念。其内涵，除了精神痛苦，还包括精神利益丧失、生活乐趣丧失等内容。在我国，由于立法上非财产损害赔偿的缺漏，精神损害相当程度上代行着非财产损害的功能，以受害人感受精神痛苦为要件，既与精神损害的客观状况不相符合，也不利于对受害人权益的保护。

第五，精神损害赔偿并不仅仅具有对精神上、肉体上的苦痛的抚慰机能，而且承担着缓和对损害的具体举证的困难和提高赔偿总额等法政策功能。痛苦感受能力必要说狭隘地将作为精神损害赔偿主要功能的抚慰功能当成精神损害赔偿的唯一功能来看待。由此演绎出不具有精神感知能力之人即属无法抚慰之人，因而不应抚慰的结论。将精神无痛感之人的精神损害排除在损害赔偿之外，不利于制裁加害人，发挥精神损害赔偿预防侵权行为发生的作用。

（2）对精神无痛感之人的精神损害赔偿请求权进行限制。

尽管应承认精神无痛感之人的精神损害损害赔偿请求权，但该损害毕竟不等同于受害人真正感受精神痛苦，故而，在赔偿范围与功能上均有别于一般精神损害。笔者认为，基于下述原因，应对精神无痛感的受害人精神损害赔偿请求权进行限制：

第一，精神无痛感的受害人没有感受到精神疼痛和痛苦，通常而言，也无需赔偿。在其不具有精神感知力的情况下，再多的赔偿对于受害人来说都没有意义。受害人不可能因获得赔偿而得到精神上的抚慰或慰藉。所谓赔偿，也不是对于受害人精神疼痛和痛苦的补偿，而是在被害人丧失对美好生活的追求和身体机能情况下，出于对其自身意识状况和疼痛感知能力被剥夺的弥补。而在受害人无精神感知能力的情况下，即便最多的赔偿金对损害填补于事无补，此时，精神损害赔偿更多具有名义赔偿的意义。

第二，对精神无痛感的受害人之精神损害赔偿，若从损害填补的角度来说，真正发挥填补和抚慰功能的话，不是对于受害人本身而言，而是对于受害人的近亲属，即当近亲属目睹受害人的严重损害获得一定的金钱补偿时，情感上或多或少地得到一定的抚慰。在赔偿法上，近亲属的精神抚慰只是次一级的目标，通常不属于考虑的目标，即便考虑，也应予以限制。否则，容易引发精神损害赔偿滥觞的问题。

第三，在不考虑受害人精神疼痛和痛苦的情况，又事实上不可能填补受害人损害的情况下，仍然要求侵权人承担损害赔偿责任，本质上是对于加害行为的制裁，对于侵权行为人具有惩罚的效果。精神损害赔偿尽管具有惩罚功能，但并不明显，亦不是其主要功能。若无限制地适用精神损害赔偿的惩罚功能，势必对于侵权责任体系构成冲击。

第四，从比较法上来看，各国在承认无精神感受之受害人精神损害赔偿的同时，亦认识到其缺陷，故而均进行了一定限制。一方面，主张这类损害，必须有明确的证据，"即原告已经真实地或将来会真实地经受这类损害"，仅凭猜测是不充分的；[1]另一方面，如同德国最高法院在1993年2月16日的一个判决中所指出的，如果受害人丧失了身体的各种感觉，赔偿数额应相应少些。[2]

(二) 侵害精神病人的精神损害赔偿

侵害精神病人有两种类型，一种是受害人本为精神正常之人，但因侵害行为罹患精神疾病而成为精神病人，在成为精神病人之后，精神不再能感知疼痛和痛苦，此时，精神病是侵权损害之结果；另一种情况则是受害人本为精神病人，其精神难以感知精神疼痛和痛苦，也难以存在享有生活的乐趣。

在侵害精神病人的情况下，应否承认精神病人的精神损害赔偿请求权？从比较法上来看，不同于前述精神无痛感之人的损害赔偿，各国均认可精神病人的损害赔偿请求权。最典型的例子是比利时。比利时认为植物状态人无感知能力因而不可获得精神损害赔偿。[3]但比利时最高法院判定，对于精神病人所提起的要求获得非财产损害赔偿的权利，不受他们不能理解偿付的金额是用于赔偿他们所受的损害这一事实的影响。[4]在日本，主流观点认为，精神病人虽不能感知疼痛和痛苦，但其丧失享受人生乐趣之利益，也属于非财产上的损害，对精神障碍者也应该认可其精神损害赔偿请求权。[5]我国有学者认为："精神病人，除有妨碍感觉痛苦

---

〔1〕　David Kemp, *Damages for Personal Injury and Death*, Sweet & Maxwell Limited, 1999, p. 135.

〔2〕　BGH 12. 5. 1988, VersR 1998, p. 1035. 参见刘春燕：《人身伤害中的非财产损害赔偿研究》，法律出版社2011年版，第103页。

〔3〕　参见冯希："论植物状态人的精神损害赔偿"，载《社会科学家》2005年第4期。

〔4〕　H. A. Cousy and Anja Vanderspikken, "Damages under Belgian Law", from U. Magnus (ed.), *Unification of Tort Law*: *Damages*, Kluwer Law International, Printed in Great Britain, 2001, p. 31.

〔5〕　相关观点参见刘春燕：《人身伤害中的非财产损害赔偿研究》，法律出版社2011年版，第113页。

之例外情形外，一般亦有感觉精神或肉体痛苦之能力，故亦得请求抚慰金。"[1]

笔者认为，如前所述，精神损害赔偿虽以受害人精神上的疼痛和痛苦为基础，但并不完全取决于受害人的主观感受，很多时候是依据社会一般的公平正义感念，在受害人与加害人之间进行利益平衡的结果。基于这一原因，精神损害的判断逐渐形成一定的客观标准，走向客观化，此时，是否存在精神损害，纯粹是客观判断的结果，而与受害人精神或肌理上的感受出现差异。精神病人亦有人格权益，享有尊严、健康和名誉，若不承认受害精神病人的精神损害赔偿请求权，则会形成对精神病人的歧视，精神病人本就是社会弱势群体，需要更多的社会关怀，将精神病人精神损害赔偿请求权排除在外，不利于对精神病人的保护，亦与加强人权保护的要求不符。

精神病人存在多种类型，不同精神病人的意识状况不一样，对于精神疼痛和痛苦的感受也存在差异，客观上会导致精神损害程度的不同，故精神损害赔偿的范围也应有所差异。

完全不能辨认自己行为性质和后果的重度精神病人，是法律上的完全无民事行为能力人，对外界的精神刺激没有反映，也不存在正常人所具有的生活乐趣。在侵权致人精神疾病的情况下，精神疾病本是侵权行为的直接后果。若受害人在罹患疾病以后丧失精神感知，对受害人的精神损害赔偿应由三部分组成：致被害人严重精神疾病的损失、被害人丧失生活乐趣的补偿和对于加害人行为的惩罚。在侵害对于外界刺激不具有正常感知力的重度精神病人情况下，对受害人的精神损害则只体现对于加害人的制裁。故而，对后者的精神损害赔偿数额应进行一定限制。

具有一定感知力的轻度精神病人，仍能一定程度上辨别自己行为的性质和后果，以及一定程度上感知精神疼痛和痛苦，在行为能力上属于限制行为能力人，还可以进行与其行为能力相应的民事活动。这类人虽然生活目标比较低，但也存在一定的生活乐趣（比如，一些智障乞讨人士对食物

---

[1] 曾隆兴：《详解损害赔偿法》，中国政法大学出版社 2004 年版，第 29 页。

的追求）。在侵权致人轻度精神疾病的情况下，受害人的精神损害赔偿应包括下述几部分的损失：致受害人精神疾病的损失、被害人部分生活乐趣丧失的补偿和对于加害人的惩罚。在侵害作为限制民事行为人的精神病人权益的情况下，受害人的精神损害赔偿主要应包括下述损失：精神病人的精神疼痛和痛苦、被害人部分生活乐趣丧失的损失以及对于加害人的惩罚。

四、侵权致人死亡时的精神损害赔偿

按照权利能力理论，自然人的权利能力始于出生，终于死亡。在侵权致人死亡的情况下，受害人已经死亡，不再享有权利能力。此时，其是否对于生前遭遇的精神损害享有损害赔偿请求权？在其遭受侵害就死亡的情况下，即便遭遇精神损害也不是特别严重，精神损害赔偿该如何处理？死者的精神损害赔偿该由谁提出？这些都是需要解决的问题。

（一）比较法上的做法

在侵权致人死亡的情况下，可能的精神损害主要有两个部分：其一，死者生前遭受的精神损害；其二，死者近亲属因亲人死亡而产生的精神痛苦、悲伤等精神损害。对此，比较法上有不同的做法。

1. 死者生前遭受的精神损害

对于此类损害，存在肯定说与否定说两种截然不同的主张。

在普通法上长期奉行一个格言："对人身权之诉与当事人共存亡。"当事人死亡以后，有关的诉讼即告终止。但 1846 年英国的 Compell 勋爵法案的通过，改变了这一做法。该法案规定，由于不法行为、过失或疏忽致死的，应当承担损害赔偿责任。美国判例则认为，死者生前遭受的精神损害可以得到救济。不过，在适用方面掌握的条件比较严格：首先，只有死者在死亡前能够意识到其受到的侵害才能得到赔偿。反之，若受害人从遭受侵害到死亡一直处于无意识状态，则不能得到赔偿。其次，只有死者生前的痛苦在死亡前持续了较为明显的时间段才能获得赔偿。若时间过短则不

能获得赔偿。[1]

相反，大陆法系许多国家对于侵权致人死亡的精神损害赔偿持相对谨慎的态度。荷兰、意大利等国家均没有单独列出死者生前遭受的精神损害予以赔偿的项目。由于精神损害赔偿以法律明确规定者为限，故而，可以认为在这些国家，死者生前遭受的精神损害是不能得到赔偿的。

2. 死者近亲属遭受的精神损害

对近亲属丧亲之痛的精神损害赔偿，各国法律呈现出迥然有异的规定。

传统上，德国、荷兰、奥地利及北欧国家普遍对近亲属遭受的精神损害不予赔偿。[2]德国在相当一段时期内认为，配偶一方死亡的，生存配偶不能获得任何种类的精神损害赔偿，除非赔偿本身构成震惊损害，而且患上了医学上承认的精神疾病，才直接以其健康权遭受侵害为由支持其精神损害赔偿主张。同样，在奥地利，近亲属的丧亲之痛同样不能获得赔偿，除非本人构成惊吓损害而产生了身体损害。[3]荷兰的规定亦与德国和奥地利相似，在一个近亲属主张精神损害赔偿的案件中，法官驳回了受害人母亲的请求，理由是造成损害的原因是孩子的死亡。[4]

与日耳曼法系国家不同，以法国为代表的许多国家如意大利、希腊、比利时等国家法律则肯定死者近亲属某些情况下的精神损害赔偿请求权。[5]在法国，根本不存在震惊损害之类的问题，死者的近亲属及与任何死者存在特殊关系的人都有权获得精神损害赔偿。法国法院对死者近亲属情感损害的赔偿持十分宽松的态度，只要请求人符合与受害人"共同生活

〔1〕 相关观点参见张新宝主编：《精神损害赔偿制度研究》，法律出版社2012年版，第278页。

〔2〕 参见［德］克雷斯蒂安·冯·巴尔：《欧洲比较侵权行为法》（下卷），焦美华译，张新宝审校，法律出版社2001年版，第214页。

〔3〕 参见［德］U·马格努斯主编：《侵权法的统一：损害与损害赔偿》，谢鸿飞译，法律出版社2009年版，第26页。

〔4〕 参见［德］U·马格努斯主编：《侵权法的统一：损害与损害赔偿》，谢鸿飞译，法律出版社2009年版，第221页。

〔5〕 参见［德］克雷斯蒂安·冯·巴尔：《欧洲比较侵权行为法》（下卷），焦美华译，张新宝审校，法律出版社2001年版，第214页。

的中断而导致生存条件方面存在困扰"的条件即可。虽然在一定时期，曾对于同居者的"情感损害"赔偿持否定态度，但到现在，同居一方如因侵权行为死亡，另一方主张"情感损害"则完全可以得到支持。[1]

在英国，根据《英国致人死亡事故法》的规定，死者的配偶以及未成年死者的父母有权获得精神损害赔偿，赔偿数额为 7500 英镑。配偶及未成年受害人父母之外的其他亲属，则只有在构成震惊损害的情况下始可以主张精神损害赔偿。与之相似，美国亦主要是通过震惊损害制度对近亲属的精神损害进行救济。[2]在 Murphy v. Martin Oil Co. 案中，原告主张赔偿其因配偶重伤死亡所造成的精神损害，虽然事实审法院予以驳回，但上诉法院改判致害人给予精神损害赔偿。[3]

从发展趋势来说，伴随精神损害赔偿范围的扩大，承认对丧亲之痛予以精神损害赔偿的立法有逐步扩大的趋势。典型例子是德国和欧盟。如前所述，德国长期不承认丧亲之痛的精神损害赔偿。但 2017 年 7 月 21 日，德国颁布了《德国引入死者亲属抚慰金请求权法》，该法第 1 条规定，对于侵害死者的事件发生之时与死者具有非常亲密的人身关系的亲属，赔偿义务人必须对其所受的精神损害进行合理的金钱赔偿，[4]转而承认了死者近亲属丧亲之痛的精神损害赔偿。欧洲侵权法小组拟定的《欧洲侵权法原则》第 10：301 条第 1 款明确规定："受害人死亡或遭受严重人身伤害时，与之关系密切者也有权请求非财产损害赔偿。"克雷斯蒂安·冯·巴尔教授负责起草的《欧洲侵权行为法草案》第 5 条第（1）项也规定："在造成人身伤害时，与受害人有特别亲密关系的人有权就受害人的人身损害或者死亡而使自己所遭受到的非财产损害提出适当的赔偿。"尽管由于欧洲一体化遭遇困境，这些规则设计能否转变成法律尚待观察，但至少反映了欧

---

〔1〕 参见［德］克雷斯蒂安·冯·巴尔：《欧洲比较侵权行为法》（下卷），焦美华译，张新宝审校，法律出版社 2001 年版，第 212 页。

〔2〕 参见张新宝、高燕竹："英美法上'精神打击'损害赔偿制度及其借鉴"，载《法商研究》2007 年第 5 期。

〔3〕 See Murphy v. Martin Oil Co. (1974), 308 N. E. 2d 583.

〔4〕 参见吴逸越："德国死者亲属抚慰金的新立法及成就与缺憾"，载《德国研究》2018 年第 1 期。

洲学术界在这一问题上的整体立场。

（二）我国关于侵权致人死亡时精神损害赔偿的规定

我国《民法通则》第119条规定："侵害公民身体造成伤害的，应当赔偿医疗费、因误工减少的收入、残废者生活补助费等费用；造成死亡的，并应当支付丧葬费、死者生前扶养的人必要的生活费等费用。"该条并没有规定侵权致人死亡时的精神损害赔偿。《民通意见》亦没有对侵权致人死亡时的精神损害赔偿作出解释。

法释〔2001〕7号是我国最早明确规定侵权致人死亡时的精神损害赔偿的法律文件。其1条明确规定，自然人因生命权遭受非法侵害，向人民法院起诉请求赔偿精神损害的，人民法院应当依法予以受理。第7条规定，自然人因侵权行为致死，死者的配偶、父母和子女向人民法院起诉请求赔偿精神损害的，列其配偶、父母和子女为原告；没有配偶、父母和子女的，可以由其他近亲属提起诉讼，列其他近亲属为原告。第9条规定，致人死亡的，精神损害抚慰金为死亡赔偿金。

《最高人民法院关于人民法院是否受理刑事案件被害人提起精神损害赔偿民事诉讼问题的批复》（以下简称《批复》，已失效）则将刑事案件被害人的死亡赔偿金排除在外，规定："根据刑法第三十六条和刑事诉讼法第七十七条以及我院《关于刑事附带民事诉讼范围问题的规定》第一条第二款的规定，对于刑事案件被害人由于被告人的犯罪行为而遭受精神损失提起的附带民事诉讼，或者在该刑事案件审结以后，被害人另行提起精神损害赔偿民事诉讼的，人民法院不予受理。"由于侵权致人死亡的案件基本涉及刑事犯罪，这一《批复》事实上否决了侵权致人死亡时获得精神损害赔偿的可能性。

为弥补《批复》所造成的对于侵权致人死亡时受害人保护的不利影响，法释〔2003〕20号一方面将死亡赔偿金的性质解释为财产损失，使精神损害赔偿不再依附于死亡赔偿金，以使刑事案件中死亡赔偿金仍得以适用；另一方面，进一步肯定了法释〔2001〕7号的规定。法释〔2003〕20号第18条第1款明确规定："受害人或者死者近亲属遭受精神损害，赔偿权利人向人民法院请求赔偿精神损害抚慰金的，适用《最高人民法院关于确定民事侵权精神损害赔偿责任若干问题的解释》予以确定。"根据这一规定，在侵权致人死亡的情况下，受害人近亲属可以主张死亡赔偿金，即便死亡赔偿金被解释为财产损害，在刑事附带民事案件不支持被害人精神损害赔偿的情况下，也事实上起到了类似精神损害赔偿的作用。在非刑事附带民事案件的情况下，受害人近亲属还可以就其丧亲之痛单独主张精神损害赔偿。

《民法典》侵权责任法编坚持了死亡赔偿金与精神损害赔偿分置的做法。《民法典》第 1179 条规定，侵权造成死亡的，应当赔偿丧葬费和死亡赔偿金。第 1183 条第 1 款规定："侵害自然人人身权益造成严重精神损害的，被侵权人有权请求精神损害赔偿。"《最高人民法院关于民事侵权精神损害赔偿责任若干问题的解释》（2020 年修正）也规定，侵权致人死亡时的赔偿权利人，是死亡受害人的近亲属。大致而言，我国侵权致人死亡时的精神损害赔偿制度包含如下几方面内容：第一，在侵权致人死亡时，被害人近亲属可以主张死亡赔偿金。死亡赔偿金是指与死亡相关费用的赔偿、抚养费的赔偿，财产性质的死亡补偿费和独立于死亡补偿费的精神损害赔偿等方面的广泛费用，[1]是物质性损害的赔偿，不是精神抚慰金的赔偿。第二，在侵权致人死亡时，受害人近亲属有权就自己的丧亲之痛请求精神损害赔偿。第三，精神损害赔偿原则上不得继承，除非受害人生前已经起诉或者加害人已经作出书面承诺。

（三）侵权致人死亡时精神损害赔偿的限制

在侵权致人死亡的情况下，如何既充分保护受害人，又不至于造成滥责，从而有效平衡行为人与受害人的利益，是一个需要考虑的问题。在笔者看来，法释［2003］20 号在刑事附带民事案件中将被害人的精神损害赔偿排除在外，固然存在公民、法人合法权利保护不周的问题，但也不能排除出于精神损害赔偿具有惩罚功能，而考虑一事不再罚的"打了不罚，罚了不打"之可能性。方法固不可取，效果亦未必良好，但平衡双方之间关系的出发点并非全值否定。

---

〔1〕　参见张新宝主编：《精神损害赔偿制度研究》，法律出版社 2012 年版，第 278 页。

在笔者看来，在侵权致人死亡损害的情况下，受害人及其亲属的精神损害赔偿请求权至少应从如下方面进行限制：

第一，行使条件的严格限制。近亲属主张精神损害赔偿应仅限于受害人死亡这一极端的情况，若受害人生存，应严格坚持精神损害附从性规则，仅人格权益遭受侵害的受害人自己享有精神损害赔偿请求权。即便受害人遭受严重侵害，躯体严重损害，因此给关系密切的近亲属带来严重的精神疼痛和痛苦，近亲属亦不得单独主张精神损害赔偿。

第二，行使主体的限制。同是亲属，关系密切程度不一样，对于受害人死亡的精神感受也不一样。即便受害人遭受侵害死亡，也并非所有与受害人具有亲属关系的自然人都可以主张精神损害赔偿。关系较为疏远的亲属即便存在丧亲之痛，亦在可承受的范围之内，难以构成严重精神损害。因此，有权主张精神损害赔偿的亲属原则上应限于受害人近亲属。近亲属之外的其他亲属，除非与被害人形成共同生活关系，不得主张丧亲之痛的精神损害赔偿。

第三，对于赔偿总额应进行必要的限制。由于自然人家庭结构千差万别，受害人死亡时近亲属状况也相去甚远。单亲家庭的亲属结构相对简单，与之相反，在一个家庭结构复杂的大家族中，往往近亲属众多。若每一个仅亲属均可以因丧亲之痛获得精神损害赔偿，则精神损害赔偿滥觞的可能性就极大。此时，就应进行一定的平衡，以使不同案件丧亲之痛的损害赔偿虽有不同但大体相当，不因受害人近亲属数量的差异而赔偿数额相差悬殊。在进行限制时，可以参考继承法关于法定继承顺序的规定，将近亲属按照亲等区分成两个顺位的精神损害赔偿请求权人。[1]有两条路径值得考虑：其一，在存在第一顺位请求权人的情况下，其他顺位的请求权人不能主张丧亲之痛的精神损害赔偿；其二，对不同顺位亲属的精神损害赔偿进行必要数额限制。比如，第二顺位近亲属的精神损害赔偿不超过第一

---

〔1〕 近亲属精神损害赔偿顺位的设计在理念上与继承法不同。在继承法上，应否将近亲属限制于两个顺位，而限制亲属的继承权是值得怀疑的。但在精神损害赔偿上，基于对损害赔偿滥觞的担心，享有损害赔偿请求权的近亲属顺位不能太多，至多两个。

顺位亲属精神损害赔偿数额的 60%。[1]

第四，对近亲属震惊损害与丧亲之痛的损害赔偿应作出统一安排。丧亲之痛的损害赔偿应是不构成震惊损害情况下的一般性赔偿，损害的严重性不如震惊损害，故获得的赔偿也应低于震惊损害的赔偿。且对于受害人的近亲属来说，震惊损害与丧亲之痛的损害赔偿只能二者择一，不能同时主张。选择了震惊损害赔偿，就不能再主张丧亲之痛的损害赔偿；反之，亦然。

第五，在我国法律上，死亡赔偿金尽管被定位为物质性损害的赔偿，但客观上，不可避免地在相当程度上发挥了类似于精神损害赔偿的作用：其一，在相当一段时期，死亡赔偿金究竟是精神性损害赔偿还是物质性损害赔偿这一性质争论不休，甚至直接充当了精神抚慰金的作用。其二，死亡赔偿金中不可避免地包含了精神抚慰的因素。死亡赔偿金虽直接针对受害人死亡这一事实，赔偿的后果直接有利于受害人的近亲属。因此，近亲属的丧亲之痛一定程度上在死亡赔偿金上已有所体现，单独的丧亲之痛的精神损害赔偿仅数量不宜过多，而应更多具有抚慰受害人近亲属的象征意义。

五、侵害死者时的精神损害赔偿

自然人死亡以后的利益，理论上经历了从主张不予保护，到达成应予保护共识的变迁。但在保护对象上，保护的究竟是死者的利益，还是死者近亲属的利益，或者是社会公共利益，一直存在很大争议。

（一）有关死者人格保护的学说

关于死者人格保护的理论，我国大致存在如下几种学说：

1. 死者权利保护说

有学者认为，尽管法律规定公民的权利能力始于出生终于死亡，但民

---

〔1〕　当然，也可以对不同顺位近亲属的赔偿数额进行总量限制，但这一限制的缺点在于须建立在受害人近亲属集体共同提出主张的前提下。在实践中，多数情况下是有的近亲属主张赔偿，有的不主张赔偿。因此，操作起来难度较大。

事权利能力并不总和人的出生死亡相始终。从相关实践及立法规定来看，民事权利能力始于出生终于死亡的观念已被突破，比如，死者可以成为名誉权的主体，应当受到法律保护。[1]

有学者认为，一般情况下，法律侧重于提出并保护"一般主体"，即赋予某种实际存在的活者和社会组织，以权利主体资格，但并没有排除在特殊情况下，设立"假定的权利主体"，即"名义上的"或"形式上的"权利主体。名义上的主体是由周围环境推断出来的一种权利主体，尽管这种主体在实际上并不存在，法律还是假定其存在。自然死亡的公民就是一个形式主体。作者死后，留在作品上的作者姓名，留下的"遗像"，死者名誉都可以被认为是一种形式主体，死者虽不具有民事权利能力和诉讼权利能力，但在诉讼过程中或在正式的法律文书上，仍作为形式主体被提及和记载死者与诉争存在某种利害关系，即死者的权利受到侵害。[2]

有学者认为，死者在人格权法律关系中应当具有部分权利能力，以使死者继续存在的人格尊严得到法律的保护和调整，具体包括在姓名权、肖像权、名誉权和隐私权等法律关系中的权利能力。[3]

2. 死者利益保护说

有学者认为，法律应在依法保护民事主体人身权的同时，对于其在诞生前或消灭后所依法享有的人身法益，给予延伸至其诞生前和消灭后的民法保护。理由是：第一，民事主体在其诞生前和消灭后，存在着与人身权利相区别的先期法益和延续法益。就客观事实而论，民事主体在其取得民事权利能力之前和终止民事权利之后，就已经或继续存在某些人身利益，而且这些人身利益都与该主体在作为主体期间的人身利益相联系。这些先期利益和延续利益，对于维护该主体的法律人格具有重要意义，当其受到侵害，将使其事后取得和已经终止的法律人格造成严重的损害。[4]

另有观点认为，为了保护死者生前利益免受损害，可以适当参考法律

---

[1] 郭林、张谷："试论我国民法对死者名誉权的保护"，载《上海法学研究》1991年第6期。
[2] 关今华："试论对死者名誉权的法律保护"，载《福建法学》1991年第2期。
[3] 参见刘召成："部分权利能力制度的构建"，载《法学研究》2012年第5期。
[4] 杨立新、王海英、孙博："人身权的延伸法律保护"，载《法学研究》1995年第2期。

关于保护胎儿利益的规定，由法律明文规定，在人格利益方面，死者视同尚生存，享有准人格权，其人格利益不容损害。[1]

3. 死者近亲属利益说

该说为我国大多数学者所主张。该说认为，由于死者丧失行为能力，因而不再具有人格权，只有活着的死者近亲属能够作为权利的主体，获得法律的保护。以死者名誉为例，根据通常观念，死者名誉的好坏，往往影响对其近亲属的评价。因此，侵害死者名誉可能同时侵害其亲属的名誉，造成遗属名誉受损，或者侵害遗属对死者的敬爱追慕之情。[2]

4. 人格利益继承说

该说认为，人身权是专属权，不能继承，但人格利益不同于人身权，二者不能混为一谈。人格利益可以继承。死者的身体利益、人格利益和部分身份利益都可以继承。名誉利益也可以由被继承人以遗嘱方式遗赠给他人。[3]

5. 家庭利益说

该说认为，在个人人身利益之上还存在一个家庭的整体利益，即全体家庭成员的抽象人身利益。侵害死者名誉，就是侵害家庭名誉与家族权。[4]在保护路径上，也由此衍化出直接保护与间接保护两种路径。承认死者存在人格权益的学者均主张直接保护，而不承认死者存在人格权益的学者均主张间接保护。

（二）比较法上的相关实践

从比较法上来看，各国对倾向于对以死者为对象的侵权行为施加一定的责任。但由于理论基础不一样，责任理由也存在差异。

---

〔1〕 孙加锋："依法保护死者名誉的原因及方式"，载《法律科学（西北政法学院学报）》1991年第3期。

〔2〕 参见葛云松："死者生前人格利益的民法保护"，载《比较法研究》2002年第4期。

〔3〕 参见郭明瑞、房绍坤、唐广良：《民商法原理（一） 民商法总论 人身权法》，中国人民大学出版社1999年版，第36~37页。

〔4〕 参见冯象、汪庆华："临盆的是大山，产下的却是条耗子（有关名誉权问题与冯象的对话）"，载《中国法律人》2004年第2期。

1. 德国

德国法上对于死者的人格保护，是通过判例和立法逐渐发展起来的。《德国民法典》没有关于死者人格利益保护的内容，在 1899 年的"俾斯麦案"中，法院不得不采取了回避的态度。[1]

"科西马·瓦格纳案"是德国死者人格利益保护最早的案例。在审理该案时，德国最高法院认为，著作人格权在其原初权利人死亡后仍然继续存在，不仅著作人格权，一般人格权在其原初权利人死亡后也仍然继续存在。其根据在于，人格价值和尊严在主体权利能力终止后仍然继续存在。[2]这一观点在 1968 年的"《梅菲斯特》案"中表达得更为清晰。在该案中，作家克劳斯曼在其小说《梅菲斯特》中，影射演员古斯塔夫·古登为迎合纳粹而改变政治信念，置人类基本道德伦理于不顾。古登养子以该书侵害古登的人格权为由，请求法院禁止该书传播。德国联邦法院支持了原告的主张，理由是：①死者的精神利益超越死亡而继续存在，其仍有受侵害之可能而值得在死后加以保护，此种可受保护之利益没有理由在其结束生命而无法辩护时，使人格权之不作为请求权归于消灭。②根据《德国基本法》的价值秩序，不能认为死者生前可让与之财产利益可以通过继承继续存在，而不声望、名誉等却可任人侵害而不受保护。③只有当个人可信赖其人格形象不会在死后遭到严重扭曲，人性尊严和人格自由发展在个人生存时才能获得充足保护。[3]在该案的宪法诉愿中，德国联邦宪法法院进一步阐明，死者的人格尊严在死后仍然可以持续。个人死后遭受贬低或侮辱与宪法保障的人格尊严价值不符。[4]

德国民法学界一般认为，人格权尤其是一般人格权在权利人死亡后的特定时期内仍会存续，并经由指定的人或近亲属以托管方式行使。死者的

---

[1] 该案的案情是，两个记者偷偷翻进存放俾斯麦遗体的教堂，拍下俾斯麦遗体的照片刊载在报刊上。法院由于找不到遗体肖像保护的依据，回避了对于侵害行为的定性。而改以不当得利制度要求侵害者返还获利给子女。Vgl. RGZ 45，170.

[2] BGHZ 15，249，259.

[3] 参见张红："死者人格精神利益保护：案例比较与法官造法"，载《法商研究》2010 年第 4 期。

[4] Vgl. BverfGE 30. 173 = NJW 1971. 1645.

人格尊严仍应维护。但此种保护只是防御性的保护，只能请求停止侵害和排除妨碍，不能主张精神损害赔偿。原因在于，死者没有精神痛苦，也就不能产生精神损害赔偿。

2. 日本

《日本著作权法》规定了著作人格权在权利人死亡以后仍受到保护。《日本刑法》第 230 条第 2 项则从反面对于侵害死者名誉权的行为进行了规定。《日本刑事诉讼法》第 233 条明确规定了死者亲属及子孙对于侵害死者名誉犯罪提起诉讼的权利。可见，日本法并没有承认死者的人格权和人格利益。在理论上，以小说《事故的原委》是否侵害了已故的川端康成及其遗属的名誉与隐私的争端以及 "《夕阳在燃烧》案" 是否侵害死者名誉为契机，学术界对死者人格保护形成了两种不同的观点：直接保护说和间接保护说。直接保护说认为，现存者的人格利益是以已故之人的人格利益受到充分保护为基础的。在死者的名誉、隐私受到侵害时不予救济，与宪法保障个人尊严的宗旨相违背。仅以遗属的人格利益受到侵害为由进行保护，对死者的人格权保护就会不充分。间接保护说认为，在死者受到侵害时进行救济的法律依据是遗属的名誉毁损、遗属的敬仰之情受到侵害，通过对死者遗属固有的人格权进行保护来保护死者名誉等。相应的救济措施，就是传统的侵权责任和基于人格权的停止侵害请求权。[1] "《夕阳在燃烧》案" 的一审和上诉审判决，均采用了这一理论。[2]

3. 英美法系国家

英美法中不存在对死者利益进行保护的问题。名誉、隐私等权利被认为是被害人专属的权利，遗属不能代替死者行使。英美法长期拒绝对侵害死者的行为提供诉因，无论死者的近亲属还是死者的遗产管理人，在侵害死者的案件中，由于没有直接受到伤害，因此都不享有诉权。只有在对死者的侵害同时构成对于生者的侵害情况下，生者才可以自己的权利受到侵

---

〔1〕 参见张善斌："死者人格利益保护的理论基础和立法选择"，载《江汉论坛》2016 年第 12 期。

〔2〕 参见 [日] 五十岚清：《人格权法》，[日] 铃木贤、葛敏译，北京大学出版社 2009 年版，第 31~32 页。

害为由主张损害赔偿。"所谓死后人格权的保护这一概念在普通法上是完全陌生的。"[1]在英美法中，对于死者人格的侵犯被认为是一种对于社会公序良俗的侵害，死者人格利益保护被归入社会利益保护的范畴，因而法院更倾向于通过刑罚来惩罚侵害行为。

（三）我国的实践

在侵害死者的情况下，我国司法实践总体倾向于为死者提供一定的保护。其理论依据，则经历了从认为死者具有权利能力到认为是侵害死者近亲属利益的过程。

我国最早保护死者名誉的案例，是"荷花女案"。1989年《最高人民法院答复天津市人民法院的复函（《最高人民法院关于死亡人的名誉权应依法保护的复函》）指出："吉文贞（艺名荷花女）死后，其名誉权应依法保护，其母陈秀琴亦有权向人民法院提起诉讼。"在1990年《最高人民法院关于范应莲诉敬永祥等侵害海灯法师名誉权一案有关诉讼程序问题的复函》中，最高人民法院重申："海灯死亡后，其名誉权应依法保护，作为海灯的养子，范应莲有权向人民法院提起诉讼。"

但在1993年《最高人民法院关于审理名誉权案件若干问题的解答》中，最高人民法院没有继续坚持死者具有人身权的观点，而是刻意回避了对其性质的表述，其第5条仅规定："死者名誉受到损害的，其近亲属有权向人民法院起诉"。到了法释〔2001〕7号，最高人民法院明确规定，对死者的侵害实质上是对于死者近亲属的侵害。法释〔2001〕7号第3条规定"自然人死亡后，其近亲属因下列侵权行为遭受精神痛苦，向人民法院起诉请求赔偿精神损害的，人民法院应当依法予以受理：（一）以侮辱、诽谤、贬损、丑化或者违反社会公共利益、社会公德的其他方式，侵害死者姓名、肖像、名誉、荣誉；（二）非法披露、利用死者隐私，或者以违反社会公共利益、社会公德的其他方式侵害死者隐私；（三）非法利用、损害遗体、遗骨，或者以违反社会公共利益、社会公德的其他方式侵害遗

---

[1] 参见［德］克雷斯蒂安·冯·巴尔：《欧洲比较侵权行为法》（下卷），焦美华译，张新宝审校，法律出版社2001年版，第122、150页。

体、遗骨"，正式使用了侵害死者近亲属权益的表述。最典型的案例依据则是"李某诉《新生界》杂志社、何某明侵害名誉权纠纷案"，在该案中，法院认为，被告的行为已经损害李四光的生前名誉，同时也给李四光之女李某造成了一定的精神痛苦，应依法承担侵权的民事责任。[1]法释〔2003〕20 号重申了这一立场。法释〔2003〕20 号第 18 条第 1 款规定："受害人或者死者近亲属遭受精神损害，赔偿权利人向人民法院请求赔偿精神损害抚慰金的，适用《最高人民法院关于确定民事侵权精神损害赔偿责任若干问题的解释》予以确定。"

可见，在侵害死者人格权的情况下，我国先是认为死者仍存在名誉等人格权，继而认为死者不具有人格权，亦不具有人格利益，以死者为对象的侵害行为事实上侵害了死者近亲属的人格利益。因此，在死者人格权保护上，我国经历了由直接保护到间接保护路径的转变。

（四）关于侵害死者时精神损害赔偿的应然立场

《民法典》第 994 条规定，死者的姓名、肖像、名誉、荣誉、隐私，遗体等受到侵害的，其配偶、子女、父母有权依法请求行为人承担民事责任；死者没有配偶、子女且父母已经死亡的，其他近亲属有权依法请求行为人承担民事责任。此一规定回避了对侵害死者时其近亲属损害赔偿请求权的性质作出界定，因而存在探讨之必要。

笔者认为，死者没有民事权利能力，不能成为民事法律关系的主体，既然不是权利主体，当然也就不享有精神损害赔偿请求权。在唯物主义视野中，人死如灯灭，死者不具有任何感觉，因而也不存在所谓死者的权利或者利益。鉴于死者近亲属与死者之间休戚与共的关系，侵害死者的行为本质上是侵害死者近亲属的行为。德国式的直接保护模式和英美式通过刑罚制裁的方式都存在不可克服的缺陷，应予摒弃。我国以采间接保护方式为宜。

死者权益直接保护说至少存在如下问题：

第一，认为自然人死后其人格权仍在一定范围内继续发挥作用，应该

---

〔1〕　参见《最高人民法院公报》1998 年第 2 期。

保护死者的人格利益的观点，与权利能力理论相悖。认为对死者人格权的直接保护能够避免间接保护方法的迂回曲折，更能体现对于死者的尊严和人格予以保护的价值判断，在价值和逻辑上是一种无矛盾的解决方法之观点，[1]缺乏理论基础，难以令人信服。死者既已死亡，利或不利均已没有意义。但是由于死者生前的社会关系，其名誉可能与他人尤其是近亲属相关联，成为近亲属名誉利益之一部分。一般来说，人们普遍以自己的亲友（包括死亡者）有良好的名誉而荣，以自己的亲友名誉低下而感到羞耻。对死者的名誉之保护，与其说是保护死者的利益，不如说是保护生者即死者近亲属的利益。如果承认"死者名誉"是一种"法益"的话，那么这种法益不是死者的利益而是其近亲属的利益。[2]

第二，由于认为侵害对象是死者人格权益。而死者没有精神痛苦，不可能产生精神损害。即便遭受侵害，也只是能够进行防御性的保护，只能请求停止侵害和排除妨碍。这无法有效发挥民事责任制裁恶意侵害行为人的功能，也无法预防蓄意的侵害行为。而从实践来看，以死者为对象的侵害行为相当大比例是故意的，伍子胥鞭尸之类蓄意侵害事件相当普遍。若死者近亲属只能提起停止侵害与排除妨碍之诉，则对恶意侵害人起不到任何阻吓作用。

第三，在通常情况下，以死者为对象的侵害行为对于死者近亲属会产生直接的损害后果。在死者名誉被贬损的情况下，死者近亲属会感觉精神压抑，在人前抬不起头。在重视家庭和传承的东方文化氛围中，死者遗体、坟墓、墓碑、骨灰寄托着对于先人的情感和哀思，这些物体被侵犯，对于死者近亲属来说往往意味着奇耻大辱。若近亲属不能就其精神损害主张赔偿，不利于发挥精神损害赔偿在预防和制裁方面的功能，明显不利于受害人保护。

同样，英美式以刑罚方式对侵害死者的行为进行制裁，虽能起到阻吓侵权、预防侵害行为发生的作用，但也存在明显的缺陷。第一，侵害死者

---

〔1〕 参见刘召成："死者人格保护的比较与选择：直接保护理论的确立"，载《河北法学》2013 年第 10 期。

〔2〕 张新宝：《名誉权的法律保护》，中国政法大学出版社 1997 年版，第 36 页。

的行为既可能侵害公共利益，危及社会公共秩序，也可能侵害死者近亲属的利益。对于死者予以必要的尊重，是人类社会文明有序的基础。若侵害行为侵害死者遗体、骨灰、坟墓，则该行为挑战公共伦理和社会秩序，理应受到制裁，在构成犯罪时用刑罚方式制裁有其必要性和合理性。用刑罚的方式对侵害行为进行制裁，还可以避免近亲属利益理论下流浪、单身死者被侵害时无人有权主张权利的尴尬。但就数量占比最大的名誉毁损等其他侵害行为来说，虽存在侵害社会秩序和公共利益之可能，但主要还是侵害私益，即对死者近亲属构成侵害。恩怨情仇本就扑朔迷离，涉及名誉是非毁损的评价更是难以判断，因而主要应由民事责任进行调整。以刑罚取代民事责任，属于责任错位。第二，在死者近亲属遭遇精神损害的情况下，即便侵害人遭受惩罚，受害人损害亦得不到有效填补。以刑罚取代民事责任，效果也值得质疑。

在将前述行为视为对于死者亲属的侵害行为情况下，亲属可以就其精神损害主张赔偿。但在死者亲属可以主张精神损害赔偿的情况下，精神损害赔偿的滥觞是一个不能不防止的问题，因而需要对亲属的精神损害赔偿进行必要的限制：

第一，严格限制亲属可以主张精神损害赔偿的范围。就我国来说，可得主张精神损害赔偿的情形，应仅限于法释［2001］7 号第 3 条所列举之法定情形，即"以侮辱、诽谤、贬损、丑化或者违反社会公共利益、社会公德的其他方式，侵害死者姓名、肖像、名誉、荣誉；非法披露、利用死者隐私，或者以违反社会公共利益、社会公德的其他方式侵害死者隐私；非法利用、损害遗体、遗骨，或者以违反社会公共利益、社会公德的其他方式侵害遗体、遗骨"这三类情形。我国有学界有观点认为，法释［2001］7 号第 3 条缺乏兜底条款，难以对死者人格利益进行全面保护，因此主张设立概括的兜底条款。[1]此种观点明显只看到了受害人保护之必要性，而忽视了近亲属精神损害赔偿的风险，因而是不可取的。

---

［1］ 参见张善斌："死者人格利益保护的理论基础和立法选择"，载《江汉论坛》2016 年第 12 期。

第二，严格限制可以主张精神损害赔偿的亲属范围。我国将亲属限制于近亲属层面。而按照《民通意见》的规定，近亲属包括配偶、父母、子女、兄弟姐妹、祖父母、外祖父母、孙子女、外孙子女。这一范围大体与我国国情相适应。但不同亲等的近亲属精神损害赔偿请求权是否一样，并不明确。如前所述，笔者以为，应进行必要的限制。在存在第一亲等亲属的情况下，应原则上不承认第二亲等亲属的精神损害赔偿请求权，即便承认，第二亲等亲属主张的精神损害赔偿也以不超过第一亲等亲属精神损害赔偿数额的一定比例为宜。除此之外，还应将可主张精神损害赔偿的亲属范围扩展至与死者生前共同居住、具有赡养扶助关系的特定亲属。

第三，为控制责任风险，实现不同案件的平衡，防止因死者近亲属数量不同而在赔偿问题上产生巨大差异，应对近亲属的精神损害赔偿进行总额限制。

第二节　违约精神损害赔偿的引入与限制

如本书前文所述，为保持违约责任的可预见性，防止精神损害赔偿的滥殇，传统观念认为，精神损害赔偿是侵权损害赔偿的一部分，基于合同的精神损害赔偿通常不被承认。以我国为例，我国有学者就违约的精神损害赔偿曾经做过实证调查，在其于中国裁判文书网查询到的 600 余个违约精神损害赔偿的案件中，尽管原告主张精神损害赔偿的合同范围广泛，但法院一般认为，根据相关法律和司法解释的规定，当事人只有主张侵权赔偿责任的才得以主张精神损害赔偿，合同之诉主张精神损害赔偿缺乏法律依据，违约所造成的精神损害超出合同订立时可预见的范围等不予支持。[1] 2010 年《最高人民法院关于审理旅游纠纷案件适用法律若干问题的规定》更是明确否定了旅游合同中的精神损害赔偿，其第 21 条规定："旅游者提起违约之诉，主张精神损害赔偿的，人民法院应告知其变更为侵权之诉；

---

〔1〕　参见许中缘、崔雪炜："论合同中的人格利益损害赔偿"，载《法律科学（西北政法大学学报）》2018 年第 3 期。

旅游者仍坚持提起违约之诉的，对于其精神损害赔偿的主张，人民法院不予支持。"

一、比较法上的做法

1. 德国法

《德国民法典》并没有明确承认违约精神损害赔偿，其第 253 条规定的非财产损害，以法律有特别规定为限，得请求以金钱赔偿。而所谓特别规定，实际是指第 847 条的规定。而第 847 条在篇章结构上，位于第二编第七章"具体债务关系"第二十五节"侵权行为"中。因此，对于非财产性损害，当事人只能依据该条规定在侵权之诉中予以主张。[1]

第二次世界大战以后，随着人格权保护的加强，理论和实践均认为《德国民法典》第 253 条不利于保护受害人，早在 20 世纪 70 年代末即有学者主张承认违约精神损害赔偿，到了债法改革时期这一主张更是成为学术热点。有学者认为，基于意思自治原则，应当允许当事人对违约精神损害赔偿作出专门约定，并可将其纳入违约金规范调整。德国司法实践中，则通过一般人格权概念，扩大非财产损害的范围，或通过将精神损害，通过商业化处理，认定为物质性损害的方式来突破第 253 条的限制。但这种处理既不具有确定性，又不具有全面性。

德国最终通过修改法律的方式承认违约精神损害赔偿。2002 年德国债法改革修改了原第 253 条规定，将原条文变成第 253 条第 1 款，并在第 2 款中新增规定："因侵害身体、健康、自由和性的自我决定而须赔偿损害的，也可以因非财产损害而请求公平的金钱赔偿。"同时，将与该款内容相似的原第 847 条予以废止。基于这一改变，德国非财产性损害，不再限于侵权之诉中，在合同之诉中亦可以主张。而从操作便捷性来看，主张违约精神损害赔偿与侵权精神损害赔偿相比，往往对受害人更加有利·首先，在违约精神损害赔偿中，推定加害人存在过错（《德国民法典》第 280条），而在后者受害人往往要证明对方存在过错；其次是在违约精神损害

---

〔1〕　参见陆青："违约精神损害赔偿问题研究"，载《清华法学》2011 年第 5 期。

赔偿中加害人必须为其履行辅助人的过错行为负责（《德国民法典》第278条），而在侵权损害赔偿中加害人可以尽了必要注意义务为由免责。[1] 德国债法改革后新增的241条第2款明确规定："债务关系可以按其内容来说使任何一方负有顾及另一方的权利、法益和利益的义务。"由于债之中新增了依据诚实信用原则保护债权人人格利益的内容，一旦违约，就可以对相关的非财产性损害主张赔偿。

2. 意大利法

《意大利民法典》第2059条规定："只有在法律特别规定的情况下才可以要求精神损害赔偿。"由于该条规定在法典"不法行为"章节，而在合同相关章节中并没有类似的规定，因此通常认为只有在侵权之诉中才可以要求精神损害赔偿。在1942年《意大利民法典》制定之时，这里的"法律特别规定"实际是指《意大利刑法典》第185条，其中规定对犯罪行为导致的损害可以主张精神损害赔偿。

在理论上，对于是否承认违约精神损害赔偿，学术界一直争议不断。支持者认为，《意大利民法典》第1174条规定："债的标的的给付应当具有经济价值，并且应当与包括非财产性利益在内的债权性利益相一致。"可见，法律对于合同债权人的非财产性利益是予以保护的；《意大利民法典》第1223条对于债务不履行的原则规定也没有将损害限制为财产性损害；承认违约时的精神损害也有利于实现人的精神追求。反对者则认为，作为债的标的的给付本身始终只具有财产属性，第1174条并没有规定侵害了非财产性利益就应该予以赔偿；从损害赔偿的历史来看，第1223条的损害一向只针对财产损害。

与德国类似，司法在意大利法制进步的进程中扮演了重要的角色：①从20世纪70年代开始，司法实践中创造出了属于财产性损害的生物损害的概念，对人的身心健康遭受的损害直接根据《意大利民法典》第2043条的规定加以保护。②1986年意大利宪法法院判决确定，健康权的保护直接规定在《意大利宪法》第32条中，属于人的不可侵犯的基本权利，其保

---

[1] 参见陆青："违约精神损害赔偿问题研究"，载《清华法学》2011年第5期。

护不受第 2059 条规定的限制。③2003 年，意大利最高法院通过系列判决重新肯定了第 2059 条才是非财产损害赔偿的请求权基础。不过，尽管第 2059 条存在限制性规定，但宪法保护的人的不可侵犯的基本权利不应该受到任何限制。④意大利最高法院统一裁判庭通过 2008 年 11 月 11 日的第 26972、26973、26974、26975 号四个判决明确承认了违约精神损害赔偿制度。[1]

3. 欧洲统一法

在欧洲统一法层面，承认违约精神损害赔偿已是共识，欧盟几个相关的法律均作出了明确规定。

（1）《欧洲合同法原则》第 9. 501 条规定："对由对方不履行而造成的且依 8. 108 条未得免责的损害，受害方有权获取损害赔偿。可获取损害赔偿的损害包括：（a）非金钱损害，和（b）合理的将会发生的未来损害。"

（2）《欧洲合同法典》第 164 条规定："可赔偿的非财产性损害：由于生理伤害或对包括法人在内的情感伤害或者由于亲属对死者的怀念造成心理或情感上的严重伤害；由于身体受伤害导致的生理痛苦，即使没有带来病理学的、器官的或功能上的变化；对健康造成的伤害和其他情形下相关的条款规定的伤害。间接的非财产性损害的赔偿范围限于受害人的近亲属。"

（3）《欧盟法原则》第 8：402 条第 4 款，《欧洲共同参考框架草案》第三编第 3：701 条均肯定了违约精神损害赔偿。

4. 英美法

学界通常认为，英国 Addis v. Gramophone 案确立了对于违约精神损害不予赔偿的规则。[2]在实践中，在下属三类合同中，英国法院仍例外地承认违约精神赔偿：①合同目的是提供安宁和享乐；②合同目的是要摆脱痛

---

[1] 参见陆青："违约精神损害赔偿问题研究"，载《清华法学》2011 年第 5 期。

[2] 在该案中，被告虽提前 6 个月通知原告，但同时指派 1 人取代原告之位，使原告事实上无法行使经理职权。原告声称这种终止的方式突兀、难以忍受，不仅造成其 6 个月佣金的损失，而且其情感和名誉也受到损害。法院支持了原告赔偿薪金损失的主张，但否决了其情感和名誉所致的精神损害赔偿。See Addis v. Gramophone Co. Ltd 1909 A. C. 488（H. L）.

苦和麻烦；③违反合同带来生活上的不便直接造成了精神痛苦。[1]《美国第二次合同法重述》第 353 条规定，对精神损害赔偿不予支持，除非违约行为导致人身伤害或违约行为使严重精神损害成为一种特别可能的结果。

这一原则在近年遭受了越来越多的挑战，此种挑战从 Addis v. Gramophone 案是否确立了违约精神损害不予赔偿规则开始。一些观点认为，该案仅为限制不当解雇之精神损害赔偿的权威案例，并没有确定什么损害是不可以赔偿的，其不是从损害的结果角度，而是从引起损害的原因角度进行考虑的。在司法实践中，一些法官认为，拒绝对精神损害进行赔偿，缺乏原则的有效性基础。英国于 20 世纪 70 年代产生了许多因违约而承担非财产损害的案例。比如，在"翟维斯诉天鹅旅游公司案"中，被告刊登广告承诺提供浪漫的瑞士式晚会，但原告预定了一个假期后，所享受到的服务却与承诺相去甚远，原告进而提起诉讼。本案上诉法官丹宁勋爵认为，如果缔约方违反了合同义务，就应对相对人因此遭受之失望、痛苦、悲伤及沮丧提供赔偿。基于这一理由，法官判令被告承担了原告一定的精神损害赔偿。[2]在苏格兰判例中，对因违约造成的非财产性损害给予赔偿几乎成了一种规则而非仅仅是例外。苏格兰法律委员会甚至提出立法建议，认为应当明确规定，除了受限于通常之遥远性规则外，由违约行为引起之损失或损害均可获得赔偿，包括任何类型的非财产损失或损害，尤其应包括缔约所意欲获得之满足的丧失以及表现为疼痛、痛苦或精神痛苦等的损害。[3]

美国的判例、立法和学说在违约精神损害赔偿问题上跟英国基本相同，即原则上不予承认，但在例外的情况下也给予救济。例如在"卡拉诉音乐公司案"中，原告向被告预订了一支婚礼乐队，原告为此还专门聘请了一名招待、一名摄像师和一名招待者，但被告却爽约没有提供乐队。法官认为，单纯赔偿原告定金损失或者聘请其他乐队的价金不足以充分补偿原告遭受的损失，原告有权获得对其精神的痛苦、不便的赔偿及对招待会

---

〔1〕 参见周琼："论违约的精神损害赔偿"，载《理论月刊》2011 年第 6 期。

〔2〕 Smith & Tomas, *A Casebook on Contract*, 10th Edition, Sweet & Maxwell, pp. 609~611.

〔3〕 李永军：《合同法》，法律出版社 2004 年版，第 681 页。

价值降低的赔偿。[1]在司法实践中，美国支持违约精神损害赔偿的案件类型主要是：因违反婚约造成的精神损害；因违约造成人身伤害和精神伤害；因违约造成非违约方不方便并使其遭受精神损害；因某人极不负责或疏忽大意使他人蒙受耻辱或其他精神损害。[2]

二、违约精神损害赔偿的引入

我国学界对于违约精神损害赔偿，经历了从基本否认，到倾向于承认的转变。在精神损害赔偿的早期，我国理论界和实务界一致认为，违约不能适用精神损害赔偿。持否定态度的理由大致有：第一，违约责任和侵权责任的区别之一，就在于是否可以主张精神损害赔偿。对于违约行为所导致的精神损害，原则上是不予赔偿的，除非当事人在合同中作出了特别约定。第二，合同本质上是一种交易，需要遵循等价有偿原则。一方违约以后支付巨大的违约金，另一方在没有支付对价情况下获得巨大的利益，不符合等价有偿原则。故，精神损害赔偿有违合同性质。第三，违约所造成的精神损失因人而异，非违约方的精神痛苦违约方难以预测，赔偿违约所造成的精神损害违反可预见的原则，会加大缔约成本，阻碍民事交易。第四，在违约造成精神损害的情况下，只要违约与侵权竞合，就可以通过侵权责任主张精神损害赔偿，没必要基于违约精神损害赔偿。[3]

近年来，随着对违约精神损害赔偿研究的深入，学界开始逐步转变态度。除个别学者总体上否认违约精神损害赔偿之外，[4]多数学者转而持肯定的态度，至少应该部分承认违约精神损害的观点成为主流。比如，崔建远教授认为，否定违约精神损害赔偿的理由都不能成立；精神损害赔偿是

---

〔1〕 参见程啸："违约与非财产损害"，载梁慧星主编：《民商法论丛》（总第25卷），金桥文化出版（香港）有限公司2002年版，第77~79页。

〔2〕 参见姜作利："美国合同法中的精神损害赔偿探析"，载《法学论坛》2001年第6期。

〔3〕 相关观点参见王利明：《合同法研究》（第2卷），中国人民大学出版社2003年版，第670~673页；崔建远："论违约的精神损害赔偿"，载《河南省政法管理干部学院学报》2008年第1期。

〔4〕 参见许中缘、崔雪炜："论合同中的人格利益损害赔偿"，载《法律科学（西北政法大学学报）》2018年第3期。

交由侵权法处理，还是合同法处理，是立法政策问题，是否承认违约精神
损害赔偿，不仅要看法律的过去，更应考察社会、经济和伦理的要求；合
同不一定是交易，交易有很多种类型，交易的矫正形态，未必要体现等价
交换原则；《合同法》第 112 条肯定了违约责任与侵权责任的竞合，并不
意味着排斥非财产损害的赔偿；至于违约方是否预见，与法律是否规定及
是否广泛宣传有关，若法律明确进行了规定并进行了广泛宣传，当事人在
缔约时就有预见到违约可能承担精神损害赔偿的问题。[1] 李永军教授认
为，如果违约带来的精神损害不足以构成独立的侵权之诉的，应允许通过
违约之诉要求精神损害赔偿。[2] 尹志强教授认为，非财产损害赔偿并不是
先验的、唯一的属于侵权法领域，违约的非财产损害赔偿具有理论上的正
当性。[3]

　　在实践中，我国在 20 世纪 90 年代即已出现违约精神损害赔偿的案例。
比如，在"艾某民诉青山殡仪馆丢失寄存的骨灰损害赔偿纠纷案"中，死
者近亲属要求返还骨灰未果，主张 1000 元精神损害赔偿，该案虽以调解方
式结案，但法官已经肯定了死者近亲属的精神损害赔偿。[4] 在"马某涛诉
鞍山市铁东区服务公司梦真美容院美容损害赔偿纠纷案"中，法官认为，
"原告在被告处作激光扫斑美容后，致面部形成麻斑，是被告方美容手术
技术不过关造成的，现已经过半年之久，脸部麻斑尚未恢复，给原告精神
上带来不可弥补的损失，故原告要求被告赔偿其损失，理由正当，应予支
持"。法院判决被告给付精神损害补偿费 2000 元。[5] 在"肖某、刘某伟诉
国营旭光彩色扩印服务部丢失交付冲印的结婚活动照胶卷赔偿纠纷案"

---

〔1〕 参见崔建远："论违约的精神损害赔偿"，载《河南省政法管理干部学院学报》2008 年
第 1 期。

〔2〕 参见李永军："非财产性损害的契约性救济及其正当性——违约责任与侵权责任的二元
制体系下的边际案例救济"，载《比较法研究》2003 年第 6 期。

〔3〕 参见尹志强："论违约精神损害赔偿的正当性及适用范围"，载《中国政法大学学报》
2014 年第 6 期。

〔4〕 参见最高人民法院中国应用法学研究所编：《人民法院案例选》（总第 5 辑），人民法院
出版社 1993 年版，第 83~86 页。

〔5〕 参见最高人民法院中国应用法学研究所编：《人民法院案例选》（总第 7 辑），人民法院
出版社 1994 年版，第 89~90 页。

中，法官认为，丢失他人结婚活动的纪念胶卷，不仅给消费者造成财产损失，更主要的是造成了财产损害，应当给予精神损害赔偿。〔1〕在"王某云诉美洋达摄影有限公司丢失其送扩的父母生前照片赔偿案"中，法院依照《民法通则》第5条、第106条、第117条、第120条之规定，判令被告赔偿原告特定物损失和精神损害赔偿费8000元。〔2〕

可见，在加强受害人保护的大趋势下，无论是理论界还是司法实践中，一概排斥违约精神损害赔偿的观点已经逐步让步于一定情况下承认违约精神损害赔偿的主张。梁慧星教授在其主持起草的《中国民法典草案建议稿》中对违约精神损害赔偿也持肯定意见。该建议稿规定："当事人违约给对方造成损失的，对方有权请求赔偿，但依当事人的特别约定或者依法律规定可获免责的除外。可获得赔偿的损失除现实的财产损失外，还可包括：（一）非财产损失；（二）合理的将要发生的未来损失。"〔3〕正是在这一背景下，《民法典》第996条规定："因当事人一方的违约行为，损害对方人格权并造成严重精神损害，受损害方选择请求其承担违约责任的，不影响受损害方请求精神损害赔偿。"据此，合同关系中一方当事人如果因为对方的违约行为而导致人格权遭受侵害，遭受严重精神损害，亦可以在违约责任框架下主张赔偿。〔4〕

三、违约精神损害赔偿的限制

不能忽视的是，尽管有在特定情况下承认违约精神损害赔偿的必要，仍应对违约精神损害赔偿的引入对传统合同理论的冲击持必要谨慎的态度，而对违约精神损害赔偿进行必要的限制。正如有些学者所指出，如果在纯粹的商业合同中也被允许给予精神损害赔偿，则任何情感和不愉快都

〔1〕 参见最高人民法院中国应用法学研究所编：《人民法院案例选》（第5辑），人民法院出版社1995年版。

〔2〕 参见最高人民法院中国应用法学研究所编：《人民法院案例选》（1992—1999年合订本）（民事卷·中），中国法制出版社2000年版。

〔3〕 梁慧星主编：《中国民法典草案建议稿》，法律出版社2003年版。

〔4〕 参见薛军："《民法典》对精神损害赔偿制度的发展"，载《厦门大学学报（哲学社会科学版）》2021年第3期。

会得到赔偿，最终将使合同这一交易工具因不堪重负而死亡。[1]

就此而言，我国学者提出了一些设想。如李永军教授认为，可以依据《合同法》第 113 条解决如旅游合同之类"目的性合同"因目的不达所带来的非财产性损害问题，而对于加害给付中造成的精神损害，应根据《合同法》第 122 条的规定，区分是否构成独立的侵权之诉来处理。违约之诉和侵权之诉之间存在竞合关系。当事人已提起违约之诉的，不能再请求侵权责任上的精神损害赔偿。[2]许中缘教授认为，违约人格利益损害赔偿制度适用范围的确定应当遵循"通过类型化和构成要件加以限制"或"通过判例加以类型化"的形成路径。[3]周琼博士认为，违约导致的精神损害主要是三类：第一类是违约侵犯了他人的人身权而导致的精神损害；第二类是违约侵犯了他人的财产而导致的精神损害；第三类是单纯的违约行为所导致的精神损害。第三类精神损害需要受到更多的限制。[4]杨显滨认为，应当为违约精神损害赔偿设置一个合理的最高限额，可以考虑不得超过职工上年度平均工资的 50 倍。[5]

《民法典》将违约中的精神损害赔偿规定于第 996 条，明显体现了限制违约精神损害赔偿的理念。第一，该条规定于人格权编，而非合同编第八章违约责任部分，回避了直接在违约责任中承认精神损害赔偿。违约造成精神损害的情形多样，但由于只规定于人格权编而在合同编违约责任中没有规定，故一般违约精神损害均不能依此主张赔偿。唯有人格权遭受损害时，始能沿用第 996 条主张精神损害赔偿。第二，《民法典》人格权编并不只是规定了人格权，还规定了一定的人格利益。比如，一般人格权严格来说就只是人格利益，而非绝对权。一方违约时，极可能造成对方人格

〔1〕 参见李永军："非财产性损害的契约性救济及其正当性——违约责任与侵权责任的二元制体系下的边际案例救济"，载《比较法研究》2003 年第 6 期。

〔2〕 参见李永军："非财产性损害的契约性救济及其正当性——违约责任与侵权责任的二元制体系下的边际案例救济"，载《比较法研究》2003 年第 6 期。

〔3〕 参见许中缘、崔雪炜："论合同中的人格利益损害赔偿"，载《法律科学（西北政法大学学报）》2018 年第 3 期。

〔4〕 周琼："论违约的精神损害赔偿"，载《理论月刊》2011 年第 6 期。

〔5〕 杨显滨："违约精神损害赔偿制度的中国式建构"，载《当代法学》2017 年第 1 期。

权损害，亦可能造成对方人格利益损害。第 996 条仅承认了违约导致人格权损害造成严重精神损害时，受损害方主张违约责任时请求精神损害赔偿的权利。若违约行为仅损害人格利益，则受损害方仍然须遵守责任竞合的一般规则，即只要选择请求违约方承担责任，就不可以再请求精神损害赔偿。因此，除非最高人民法院作出扩大解释，一般人格权遭受侵害，受损害方不可以主张精神损害赔偿。第三，虽然第 996 条为一方违约时守约方的精神损害获得赔偿提供了法律依据，但依此认为其承认了违约精神损害赔偿是难以站得住脚的。至少从字面含义上来说，第 996 条并未明确承认违约精神损害赔偿。该条与其说是对违约精神损害赔偿的承认，倒不如说是对《民法典》第 186 条责任竞合规则的排除性适用。《民法典》第 186 条规定，因当事人一方的违约行为损害对方人身权益、财产权益的，受损害方有权选择请求其承担违约责任或者侵权责任。第 996 条即通过例外引入责任聚合规则，排除在违约致损害人格权并造成严重精神损害情况下责任竞合规则的适用。通过例外地不适用二选一的责任竞合规则，使因当事人一方的违约行为，人格权遭受侵害并造成严重精神损害的受害人，在选择请求对方承担违约责任的情况下，仍然保留通过适用侵权损害赔偿请求精神损害赔偿的权利。就此而言，第 996 条虽然一定程度上实现了为遭遇违约的受害人获得精神损害赔偿提供支持的效果，但其精神损害赔偿请求权性质仍然是侵权请求权，[1]本质上属于在侵权法律关系中寻求救济，[2]并不能就此认为承认了违约精神损害赔偿。一些学者将第 996 条诠释为《民法典》认可在违约责任框架下主张精神损害赔偿，明显有误。[3]

　　笔者认为，抛除《民法典》关于违约精神损害赔偿这一实然法因素，在正视违约中的精神损害并一定程度上承认违约精神损害赔偿这一应然命题下，对违约精神损害赔偿的限制，宜沿下述思路进行：

---

〔1〕 参见张子越："论《民法典》第九百九十六条中精神损害赔偿请求权性质"，载《宜宾学院学报》2021 年第 1 期。

〔2〕 参见李然、郑思清："违约精神损害赔偿的司法适用——以《民法典》第 996 条为解释路径"，载《山东法官培训学院学报》2020 年第 5 期。

〔3〕 参见薛军："《民法典》对精神损害赔偿制度的发展"，载《厦门大学学报（哲学社会科学版）》2021 年第 3 期。

（1）合同性质的限制。适用精神损害赔偿的合同应仅限于非商业性合同。违反商业性合同，是市场经济的正常风险，其违约原因亦是多种多样。正如阿蒂亚所指出，精神损害在普通的商业合同中是不能给予赔偿的。[1]在商业性合同违约中适用精神损害赔偿，将使缔约成本大增，不利于鼓励民事交易。从比较法上来看，商业性合同不适用精神损害赔偿。

（2）可预见性限制。支持违约精神损害赔偿的先决条件应该是：对于违约人来说，该损害是其在缔约时即能预见得到的。正如 Hadley v Baxendale 案的法官所说，守约方的精神损害应是"被公平合理地看作是自然的，也即依事务通常过程因违约而发生的"。[2]在加害给付的情况下，则应当从严认定因果关系。我国有学者提出，若违约行为与损害之间存在直接因果关系，则应当认定损害与违约行为之间存在因果关系。[3]笔者认为，所谓直接因果关系，其实就是近因原则的另一种表达，在因果关系理论上并无特异之处。若对违约因果关系的判断从严考虑，可以考虑摒弃相当因果关系理论这一因果关系判断的一般理论，改采必要因果关系理论，判断损害是否违约行为直接引起的结果。

（3）合同目的限制。在合同目的主要是获取精神利益，或至少与精神利益存在关联的情况下，违约时产生精神利益存在确定性，对于缔约当事人来说，预见到精神损害亦不存在困难，故而可以适用精神损害赔偿。这类合同主要有两类：①与精神安宁紧密联系的合同。这类合同虽主要不是关于精神享受的，但与精神的安宁有非常紧密的联系。②关乎精神享受的合同。这类合同的目的主要是精神享受，内容是一方提供服务以满足另一方的精神利益，而另一方提供对价。这类合同可以分为两种：其一，合同目的是提供精神享受的合同；其二，合同目的是为减轻或消除精神痛苦的

---

〔1〕［英］P. S. 阿狄亚：《合同法导论》（第5版），赵旭东、何帅领、邓晓霞译，法律出版社2002年版，第470页。此处的"阿狄亚"与正文中的"阿蒂亚"为同一人，仅翻译有所不同。

〔2〕参见李冰、李文峰："论违约与精神损害赔偿"，载《广西社会科学》2006年第8期。

〔3〕参见李永军："非财产性损害的契约性救济及其正当性——违约责任与侵权责任的二元制体系下的边际案例救济"，载《比较法研究》2003年第6期；杨显滨："违约精神损害赔偿制度的中国式建构"，载《当代法学》2017年第1期。

合同。[1]

（4）建立适用违约精神损害赔偿的合同类型清单。我国有学者提出，应依人身利益保护原则，以违约场景中人身利益的存在状态、受损情况和可救济性作类型化的核心参数，秉持全面原则，在尽可能囊括国内外司法实践中的具体情形的基础上，依据典型性原则，类型化反映极易发生精神损害的合同类型。[2]笔者认为确有道理。我国应以损害为对象，辅以合同这一切入点，建立违约精神损害类型化清单。

在我国，就合同目的是为提供精神享受的合同而言，极易因违约造成精神损害的合同类型主要是旅游合同与特殊服务合同。[3]在旅游合同中，提供符合约定标准的休闲服务是合同一方之义务。该义务具有明显的精神性因素，当服务方违反该义务时，游客遭受的精神损害是直接损害，对于违约精神损害予以赔偿几成各国通例，我国也不应例外。在一些特殊服务合同中，合同约定提供的服务内容本身包含某种精神利益，负载着重大情感寄托。其中，尤以婚庆服务合同、丧礼服务合同和美容合同为典型。在婚庆服务合同中，若婚庆公司违约而致婚礼未能如期举行，或未达预定效果，或婚礼资料丢失，对婚姻当事人必然造成无法弥补的精神损害，因此，也应适用违约精神损害赔偿；百事孝为先，丧葬活动寄托着对于亲人的哀思，一经打乱，则可能造成亲属们的长久遗憾和自责，在丧葬服务合同中，对于接受服务的守约方精神损害给予救济具有正当性；在美容服务合同中，一方提供专业服务的目的，是防止和消除合同一方的精神痛苦。提供服务一方违约时，美容一方的美好愿望落空，承认该类精神损害的客观性并予以救济，亦具有正当性。

除此之外，在国外，有些律师代理服务合同也是以减轻或消除债权人精神痛苦为目的的合同，法院在该类合同中也适用了精神损害赔偿。例如，在英国 Heywood v. Wellers 案中，诉讼代理律师未能依约成功启动正常

---

[1]　参见梅曦："违约精神损害类型化研究"，西南政法大学 2014 年硕士学位论文，第 18 页。

[2]　参见方乐坤："违约精神损害类型化分析"，载《甘肃政法学院学报》2012 年第 3 期。

[3]　参见尹志强："论违约精神损害赔偿的正当性及适用范围"，载《中国政法大学学报》2014 年第 6 期。

诉讼程序，致使原告本欲借诉讼消除的第三人猥亵未得到消除。本案法官丹宁勋爵的观点为：原告继续遭受猥亵的精神损失属于双方订约时的知晓范围，应为被告所合理预见，故应予赔偿。[1]因此，我国也有学者认为，在律师代理合同中，委托人寄托精神的目的明显，因此律师代理合同应适用违约精神损害赔偿。[2]笔者认为，律师代理合同也要看具体的情况，若仅代理进行一般财产纠纷案件，不应认为当然适用精神损害赔偿；在涉及人身权益纠纷的代理案件中，若律师违约，则委托人的精神痛苦可以预料，此时，可以适用精神损害赔偿。

我国还有学者认为，在观看演出的合同中，观看演出之目的即为放松心情，获得精神上的满足，违约一方导致精神损害的后果可以预见，因而，也应适用违约精神损害赔偿。对此，笔者不敢苟同。众所周知，就演出合同而言，观看演出者众多，每个观看人的感受不一样，若仅因演出合同就可适用违约精神损害赔偿，则很容易开启诉讼闸门，形成滥诉。

就与精神安宁紧密联系的合同而言，主要是特殊保管合同，尤其是标的特殊的保管合同。例如，与尸体、骨灰等具有人格象征意义的物品保管合同。尸体和骨灰作为具有特殊精神价值的物品，对于死者近亲属的意义不言而喻，尸体、骨灰保管合同一旦被违反，对债权人造成的精神损害是可以预见的；同样，具有人格象征意义的特定纪念物品中所蕴含的精神利益是可预见的，尽管侵权法已经提供明确的救济，但若寻求侵权法的救济，侵权行为的客体及行为人是否具有过错不易确定，且存在着裁判者向一般条款逃逸的可能。而类型化地适用精神损害赔偿，则不存在此一担忧。

我国有学者认为，客运运输合同的目的在于为乘客提供安全、便捷的行程，若承运人违约，则可能造成乘客人身损害和精神刺激；在住宿合同中，住宿人对于住宿条件的基本要求是安全、安静、舒适，一旦受到侵害，提供住宿的当事人应当承担精神损害赔偿责任；医疗合同的目的是为

---

[1] See Heywood v. Wellers，[1976] Q. B. 446（A. C. 1975）（U. K.）.

[2] 参见方乐坤："违约精神损害类型化分析"，载《甘肃政法学院学报》2012 年第 3 期。

患者解除痛苦，提供瑕疵的诊疗服务时，由于患者的痛苦未能得到解除，其损害是客观存在的，若以违约责任涵括精神损害的救济，则传统医疗合同救济制度的缺陷可得弥补。[1]笔者认为，此种认识过于牵强。如果依前述理由在上述合同中适用精神损害赔偿，则其他很多类合同也可获多或少作此解释，类型化的目的一是建立适用的通常标准以便捷司法，二是限制精神损害赔偿在违约领域的适用范围，过于广泛的违约精神损害类型与这一目的相悖，亦达不到限制责任适用的目的。

第三节　精神损害赔偿适用情形的适度扩张

一、与人格关联密切之物遭受侵害时的精神损害赔偿

1. 一定程度上承认侵害物之精神损害赔偿的必要性

民法上之物，是人体之外，能为人所控制，能够满足人的社会生活需要的客观存在。这一定义，以人为本位，确立了人与物之间"权利主体—权利客体"的二元关系，在这一关系中，人基于其主体价值的定位，支配和控制着物，而物则仅仅是人可用的手段。民法所认同的人与物之关系有两种内涵：①物满足人的需要的内部供需关系。人不需要或不可能需要之物，不是民法上之物。②抽象经济关系。人对物的需要可以为市场交易规则所衡量，可以通过货币或货币媒介发生形态变化。一旦发生毁损，受害人只能获得经济利益的补偿。受害人遭受的情感利益损失，原则上不存在赔偿的可能性。这一定义，割断了物的损坏与精神损害赔偿之间的因果关系。在物具有寄托情感功能和人身象征功能的情况下，精神损害赔偿机制仅仅适用于人身权遭受侵害的情形显然不当。为了保持民法制度功能，实现民法保护人之利益的功能，应当建立精神损害赔偿与物的损坏赔偿之间的关联。[2]

---

　　[1]　参见尹志强："论违约精神损害赔偿的正当性及适用范围"，载《中国政法大学学报》2014年第6期。

　　[2]　参见常鹏翱："论物的损坏与精神损害赔偿的关联——一种功能主义的诠释"，载《法律科学（西北政法学院学报）》2005年第1期。

世界是极为复杂的，人与物二元区分的二分法极为简便，却不见得与社会现实相吻合。随着生物技术的发展和冷冻人体胚胎继承案之类司法案件不断出现，人身关系和财产关系已不再泾渭分明。人格权和财产权的融合、联动乃至冲突日趋频繁并渐进为民法发展的重要趋势。[1]有的时候，在同一个事物上同时存在人格利益和财产利益，而与普通之物呈现出明显不同：其一，某物兼具有形性和无形性的双重特点，除了具有使用和交换价值之外，还寄托了当事人的特殊情感，对当事人意味着安慰、愉悦、哀思、寄托等；其二，虽然对于一般人而言，某个特定物可能只意味着使用和交换价值，但对拥有者而言，使用价值或者交货价值只是其价值的一部分，其所隐含的人格利益，有时甚至远超其市场价值；其三，由于物满足了个性化需要，故而物所蕴含的人格利益虽对当事人具有重要意义，但不一定为公众所熟知；其四，由于这些物与财产和人格有机连接，故其一旦毁损便不可逆转，即便恢复原状或照价赔偿，亦会因物是人非而对在物之上具有人格利益之人构成精神上的损害。

有损害必有救济。在物兼具人格和财产利益的情况下，对于兼具人格和财产利益之物的侵害，必然同时造成物之价值的损失即财产损害的后果，同时也造成人格利益遭受损害的后果，此时，单一的财产使用或交换价值的赔偿已经不能反映物之价值，在进行准确、合理的赔偿时理应区分物之经济价值和人格利益价值。其中，物之经济价值的赔偿，就是财产损害赔偿，而人格利益损害赔偿，则是精神损害赔偿。在比较法上，法国曾有判例认为，原告钟爱的名贵短腿钢毛犬遭被告的狼狗咬死，原告不仅只是遭受财产损害，还遭受了精神损害，法院由此判决被告除承担1400法郎购买新犬的费用外，还需另行赔偿2000法郎。[2]

就我国来说，法释［2001］7号第4条规定"具有人格象征意义的特定纪念物品，因侵权行为而永久性灭失或者毁损，物品所有人以侵权为由，向人民法院起诉请求赔偿精神损害的，人民法院应当依法予以受理"，

---

〔1〕 参见冷传莉："'人格物'的司法困境与理论突围"，载《中国法学》2018年第5期。

〔2〕 参见施启扬："关于侵害人格权时非财产上之损害赔偿制度之修正意见"，载《法学丛刊》1976年第83期。

首次承认了侵害物的精神损害赔偿。就司法实践来说，我国司法机关运用"具有人格象征意义的特定纪念物品"这一概念进行能动司法，在多类型案件中支持了被害人关于精神损害赔偿的主张。比如，在"杨季康（笔名杨绛）诉中贸圣佳国际拍卖有限公司、李某强侵害著作权及隐私权纠纷案"中，法院认为名人手稿构成作品，且承载了隐私这种人格利益，判决被告共同向杨绛赔偿精神损害赔偿金 10 万元。在"北京金立恒达供暖公司与周某等财产损害赔偿案"中，法院认为，婚房属于具有人格象征意义的物品。〔1〕在"杨某昌等诉宣威市羊场煤矿骨灰盒遗失精神损害赔偿纠纷案"中，法院认为，"骨灰作为具有特定人格象征意义的物质载体，蕴含着亲人精神寄托、感情抚慰的特殊意义。羊场煤矿因过失致黎某富骨灰混同使杨某昌等亲人丧失祭拜的特定物，给杨某昌等人造成精神痛苦，羊场煤矿应对造成杨某昌等人的精神痛苦予以赔偿"。〔2〕尽管《侵权责任法》第 22 条仅规定"侵害他人人身权益，造成他人严重精神损害的，被侵权人可以请求精神损害赔偿"，但一般认为，鉴于具有人格象征意义的特定物品中蕴含特定的人格利益，因此，侵害具有人格象征意义的特定物品，也可以造成侵害他人人身权益的后果。〔3〕

《民法典》第 1183 条第 2 款规定："因故意或者重大过失，侵害自然人具有人身意义的特定物造成严重精神损害的，被侵权人有权请求精神损害赔偿。"可见，《民法典》和法释〔2001〕7 号第 4 条均既承认侵害与人格关联密切的物之精神损害赔偿，又对其作出了一定的限制，但限制侧重的点存在一定差异。

第一，均对侵害对象进行了限定，但限定范围存在差异。法释〔2001〕7 号将侵害对象限定于具有人格象征意义的特定纪念物品，可以主张精神损害的范围限定于具有人身意义的特定物，《民法典》第 1183 条则将侵害对象限定于具有人身意义的特定物。"具有人身意义的特定物"包

〔1〕　参见北京市第二中级人民法院〔2014〕二民民终字第 04170 号民事判决书。
〔2〕　参见云南省高级人民法院〔2003〕云高民一终字第 138 号民事判决书。
〔3〕　参见杨立新："民法典对侵害具有人身意义的特定物精神损害赔偿规则的完善"，载《湖南大学学报（社会科学版）》2020 年第 5 期。

含但不限于"具有人格象征意义的特定纪念物品",显然,相对于法释〔2001〕7号,《民法典》扩大了可以主张精神损害赔偿的物品范围。

第二,对主观要件的要求不一样。法释〔2001〕7号第4条对于侵害具有人格象征意义的特定纪念物品之精神损害赔偿没有进行主观要件限制,《民法典》则将主观要件严格限制在"故意或者重大过失",若行为人仅为一般过失,即使遭受特定物的损害,且造成严重精神损害,也只能请求财产损害赔偿,而不能请求精神损害赔偿。原因在于,立法者认为,在侵权致被害人物品损失时,对侵权人而言,自己的行为侵害了被侵权人的物权,自己对此是非常清楚的。但除了遗体、遗骨等少数物品外,法律不能一般性地期待侵权人认知该物对于被侵权人具有人身意义。[1]因此,并非所有物品遭受侵害都可以主张精神损害赔偿,仅在具有人身意义的特定物遭受侵害时始可以主张精神损害赔偿。

第三,对损害后果限定不一样。法释〔2001〕7号第4条要求造成物品永久性灭失或者毁损,《民法典》不再要求造成物品永久性灭失或者毁损,即便是一般的毁损,只要造成受害人严重精神损害,就可以构成精神损害赔偿责任。

《民法典》第1183条第2款系在法释〔2001〕7号第4条的基础上,总结我国精神损害赔偿实践经验概括而成,是法释〔2001〕7号第4条在法典化时代的新发展。其对侵害与人格关联密切之物的精神损害赔偿限制思路,体现了既正视这类侵害行为所涉及的精神损害,又充分重视其损害赔偿所诱发的风险问题,体现了既尽力保护受害人又严格控制责任风险的思想,因而值得肯定。

2. 侵害物适用精神损害的通常类型

物无论价值大小,均能满足民事主体一定的需求。严格而言,任何物的毁损都会导致人的精神上的压抑或者痛苦,但若动辄适用精神损害赔偿,只可能造成精神损害赔偿的滥疡。就物本身来说,与权利主体的精神

---

〔1〕 参见黄薇主编:《中华人民共和国民法典侵权责任编解读》,中国法制出版社2020年版,第80页。

关联度不一样，物上所包含的精神利益不一样，遭受侵害时人的精神感受也会存在很大差异。故而，并非存在物遭受侵害之事实就可适用精神损害赔偿。在遭受侵害之时，可以适用精神损害赔偿的物之类型大致有如下几种：

（1）兼具人格特征的物。传统民法基于人的中心地位，构建了人与物区分的"权利主体—权利客体"框架。但随着生物技术的发展，冷冻胚胎之类难以定性的新型物体出现，这类物兼具"人"与"物"的特性，既难完全归入物的范畴，又难作为完整的人对待。若勉强归于物，则只能称为"兼具人格特征的物"。

在我国司法实践中，以我国首例冷冻胚胎继承权纠纷案为标志，冷冻胚胎的法律定位考验理论界和司法实践人士的智慧。在该案中，一对夫妇因不孕不育在医院接受体外授精人工生殖手术，将4枚受精胚胎冷冻保存以备胚胎移植。因该夫妇发生车祸遇难，双方父母主张这4枚冷冻胚胎由其监管和处置。一审法院认为胚胎是含有未来生命特征的特殊物，不能像一般物一样任意继承和转让。二审法院则回避了胚胎的民法定性，而是认为，胚胎是介于人与物之间的过渡存在，具有孕育成生命的潜质，比非生命体具有更高的道德地位，应受到特殊尊重与保护。[1]

在比较法上，冷冻胚胎的法理定性沿袭人与物二元分立的思想，在"主体说""客体说""中间说"之间摇摆。主体说认为，人之胚胎的生命始于受孕，冷冻胚胎属于人的范畴。典型案例如美国的 Davis v. Davis 案，在该案中，一审法院认为被冷冻的受精卵实际上是自然人。[2]客体说又分为物权客体说和人格权客体说。物权客体说认为，冷冻胚胎属于物权客体，其中又包括一般物和特殊物两种观点。一般物的观点认为，冷冻胚胎是不能承载人格的、没有生命的一般物。特殊物的观点认为，冷冻胚胎蕴含人格和伦理要素，应予以特殊对待。[3]中间说则认为，冷冻胚胎一方面存在发展为人的可能性，另一方面又不具备人的生命特征，因此既不同于

---

〔1〕 参见江苏省无锡市中级人民法院［2014］锡民终字第01235号民事判决书。

〔2〕 See Davis v. Davis, 1989 WL 140495, at 57 (Tenn. Cir. Sept. 21, 1989) (No. E-14496).

〔3〕 参见冷传莉："'人格物'的司法困境与理论突围"，载《中国法学》2018年第5期。

人，又不同于物。[1]

笔者认为，无论是将冷冻胚胎定位于主体抑或是客体，鉴于其所具有的人格特征，其至少不应是一般的物，因此，侵害冷冻胚胎致其毁损时，适用精神损害赔偿具有充分的正当性。我国司法实践中发生的相关案例也印证了这一点，以我国首例夫妻一方废弃冷冻胚胎的侵权赔偿案为例，在该案中，夫妻在婚姻存续期间在美国做了试管婴儿手续，存活了 6 个受精胚胎，在移植一个胚胎之后，夫妻感情破裂，且妻子意外流产。后因男方拒绝继续缴纳保管费剩余胚胎被医院遗弃。女方认为胚胎是爱情结晶，逐以遗弃胚胎使其精神遭受严重损害为由主张精神损害赔偿，法院支持了女方的主张，判决男方支付女方精神损害赔偿金 3 万元。[2]

除此之外，可以预料，在人工智能进入"强人工智能时代"以后，由于其具有思维，具有知觉和自我意识，能够创作作品，基于人的需要而提供个性化服务等特征，即便仍然属于传统的物之范畴，亦得认为其是具有一定人格特征的物。在人类文明进入到视动物为伴侣的时候，宠物犬等高级动物在特定

（2）具有人格象征意义的物。所谓具有人格象征意义的物，是指能够象征和体现特定人的性质、气质、品质和能力的特定物品，[3]如照片、信件、亲属遗留物、坟墓、墓碑等。[4]此类物与特定人格紧密关联，一旦毁损，往往给权利人带来巨大伤害。判断一个物是否为具有人格象征意义的物，主要应从如下方面考虑：其一，该物是否会使人产生象征特定人的联

---

[1] 参见孙良国："夫妻间冷冻胚胎处理难题的法律解决"，载《国家检察官学院学报》2015 年第 1 期。

[2] 参见赵兴武、隋文婷："爱情没了，冷冻胚胎怎么办——法院认定男方废弃胚胎损害女方生育知情权　判赔 3 万元"，载《人民法院报》2018 年 2 月 27 日。

[3] 参见易继明、周琼："论具有人格利益的财产"，载《法学研究》2008 年第 1 期。

[4] 一种观点认为，包括尸体、棺木、泥土、石沙等在内的坟墓，应被视为一个结合物，而被归类在源于特定人身体之物类型中。笔者认为有欠妥当。参见易继明、周琼："论具有人格利益的财产"，载《法学研究》2008 年第 1 期。尸体固然是源于身体之物，坟墓、墓碑等明显可与特定人格相关联，应属于具有人格象征意义之物。在毁坏坟墓而没有毁损尸体时，应是侵害具有人格象征意义之物；在既毁损坟墓又损及尸体时，则既侵害源于身体之物，又侵害具有人格象征意义之物。

想，当物与其所象征的人格在时间和空间上分离时，他人能否通过物联想到特定人及其风貌。比如，"王某云诉美洋达摄影有限公司丢失其送扩的父母生前照片赔偿案"中的照片，记载着王某云的父母影像，尽管本身价值很小，但对于原告来说，却是其父母的象征，是其怀念父母、寄托哀思的物质载体，具有唯一性、不可再现性和不可替代性，属于具有人格象征意义的物品。

能够象征特定人之物持续地体现了主体的人格，其所象征和体现的主体既可以是权利人，也可以是权利人之外的其他人。但"权利人之外的其他人"必须具有严格限制，只能限于依据社会观念与权利人存在密切联系的人，如近亲属等。同时，物所表征的人格象征意义必须符合公序良俗，为普遍的社会道德所接受。比如，象征种族歧视的物，即便具有象征意义，亦不属于法律保护的范围。

由于具有人格象征意义的物兼具人身和财产利益，因此，侵权人的主观心态、主观目的及行为场所等不同，后果也不一样。若行为人意在贬损他人人格而公然毁损具有人格象征意义的物，则侵害目的主要在于侵害他人人格，宜直接认定为侵害他人人格权。若是过失毁损具有人格象征意义的物，且客观上对于他人精神造成损害，则应适用精神损害赔偿。

（3）源于特定人身体之物。"身体之一部，一旦与人身分离，应视为物，人死后之遗骸亦属于物。"[1]尸体、骨灰、脱离人体的器官或组织等源于特定人身体之物，与人的身体具有很强的关联性，所蕴含的人格利益要素也显而易见。这些物遭受侵害时，相关主体可以提起精神损害赔偿，应无疑义。法释〔2001〕7号第3条第（三）项明确规定，在自然人死亡后，非法利用、损害遗体、遗骨，或者以违反社会公共利益、社会公德的其他方式侵害遗体、遗骨，其近亲属遭受精神痛苦的，可以向人民法院起诉主张精神损害赔偿。

就尸体而言，其是否属于物，学理上存在一定的争议。迪特尔·梅迪库斯教授认为："有关物的一般规则不适用于尸体，除非尸体已经变成

---

〔1〕　梁慧星：《民法总论》（第2版），法律出版社2001年版，第251页。

'非人格化'了的木乃伊或骨骼。因此，死者家属对尸体不享有所有权，而只具有一项不同于所有权的死者照管权利（及义务）。"[1]我国学者一般认为尸体是物。比如，史尚宽先生认为："尸体为物，固无疑义，然除为学术研究及合法目的之使用外，不得为财产权之标的，故原则上应为不融通物也。"[2]我国司法实践中也承认了尸体、遗骸、骨灰中的人格利益。比如，在"杨某龙等诉贵阳医学院附属医院受委托进行病理解剖时未经同意留取死者部分脏器侵权案"中，一审法院认为尸体受法律保护，确认了因尸体受到侵害而致死者亲属的精神损害；[3]在"李某诉锦州市殡仪馆骨灰盒丢失达成赔偿协议履行后反悔要求再行赔偿案"中，一审法院虽否认原告的诉讼请求，但并不否认原告在死者骨灰上的人格利益。二审法院主持下的调解协议不仅增加了精神损害赔偿金，而且增加了权利人。[4]在"苗某腾、张某与定陶县人民医院、菏泽市立医院医疗服务合同纠纷案"中，法院认为，苗某某尸体去向不明给其父母造成精神上的损害，法院因此判决被告赔偿精神损害抚慰金 4000 元。[5]

就人体器官或组织如心脏、肾脏、血液、精液、细胞等而言，"身体的部分，如头发、牙齿、血液、器官等与身体分离时，即成为物，并属动产，其所有权属于身体的主体者，但得因让与而归属他人，或因抛弃而成为无主物，由他人先占而取得之"。[6]笔者认为，人体器官或组织包含基因信息等敏感信息，且涉及社会伦理，因此不同于一般的物，其交易和取得均应有特殊的规则，也不可以简单地适用无主先占原则。鉴于人体器官或组织的特殊性，对这种特殊物的侵害，理应考虑其中人格利益的因素。

---

〔1〕 ［德］迪特尔·梅迪库斯：《德国民法总论》，邵建东译，法律出版社 2000 年版，第 877 页。

〔2〕 史尚宽：《民法总论》，中国政法大学出版社 2000 年版，第 251 页。

〔3〕 该案二审法院以贵阳医学院附属医院没有违反《解剖尸体规则》第 7 条关于"留取部分组织或器官作诊断及研究之用"的规定为由，撤销了一审判决。参见最高人民法院中国应用法学研究所编：《人民法院案例选》（总第 33 辑），人民法院出版社 2001 年版。

〔4〕 参见最高人民法院中国应用法学研究所编：《人民法院案例选》（总第 32 辑），人民法院出版社 2000 年版。

〔5〕 参见山东省菏泽市人民法院 ［2014］菏民终字第 157 号民事判决书。

〔6〕 王泽鉴：《侵权行为法》（第 1 册），中国政法大学出版社 2001 年版，第 108 页。

（4）寄托特定人情感的物。具有丰富的情感是人类的精神特质。人们往往会由于种种原因将情感寄托于具有特殊关系的人或者某种熟悉的物。当某一物承载着主体的情感期待之时，该物就与人格利益紧密关联。

在现实生活中，宠物是最常被寄托情感之物。我国老年化严重，许多空巢老人亲人不在身边，靠着养只猫或狗陪伴余生。随着社会观念的转变，我国年轻人不婚现象严重，即便走入婚姻殿堂，亦有不少人选择不育孩子的丁克生活，许多人以宠物为伴，视宠物为家庭成员，自己则甘当"狗爸"和"狗妈"。除此之外，可以用来寄托情感之物还有很多。比如，在"毛某彬诉南京晓庄学院简历遗失返还案"中，原告所有的我国著名历史学家胡绳先生的手写简历，对于研究胡绳的原告而言，该资料之珍贵及原告对于资料的酷爱之情，可以想象。[1]

3. 侵害与人格关联密切之物时适用精神损害赔偿的限制

在侵害与人格关联密切之物的情况下，何时适用精神损害赔偿，何时不应适用精神损害赔偿，需要考虑物与人格利益、精神和情感关联的程度，这既是一种事实判断，也是一种法律评价。

为防止精神损害赔偿的滥觞，除按照物品与人格利益、精神与情感关联的程度进行类型化区分，从类型化的角度限制精神损害赔偿范围，还应建立具有可操作性的个案判断标准，指导司法实践。

一般而言，判断物之侵害是否适用精神损害赔偿，至少需要考虑如下因素：①目的和用途。人们拥有物的目的和用途，直接决定着该物中人格利益的有无及大小。比如，对于珠宝商而言，戒指仅仅意味着商品和谋利的工具，但对于经历了风风雨雨的夫妻来说，结婚戒指寄托着夫妻之间的情感。尤其在一方死亡而另一方生存的情况下，一旦丢失，必然造成巨大的精神痛苦，此时，单纯赔偿戒指的使用或交换价值就不足以弥补受害人的损失，在赔偿财产损失之外，还应就精神损害进行一定的赔偿。②来源。不同来源的物，价值相去甚远。家人、恋人或朋友馈赠之物，往往寄

---

〔1〕　参见最高人民法院中国应用法学研究所编：《人民法院案例选》（总第 51 辑），人民法院出版社 2005 年版。

托着友谊和情感，较一同质同量的同类商品价值更大。来自祖上代代传承的玉器，较之通过购买获得的玉器，对于所有人来说，几乎具有完全不同的意义。来自心爱对象的书信，其所寄托的情感或许远超物品本身。历经千辛万苦得到的东西，会让人倍感珍惜。③时间因素。主体拥有物的时间长短，也是判断的重要因素。[1]拥有物的时间越长，对物的感情越深。一个陪伴自己几十年的杯子被毁损，与一个新购的杯子被毁损，意义可能截然不同；一双陪伴主人走过大半人生的草鞋，在主人眼中的珍贵程度可能远超过一双精美的皮鞋。④珍稀程度。物以稀为贵，物品越稀少，对于主体的意义就越大。同样，一个可以替代之物与一个不可替代之物，对于主体来说，前者价值明显小于后者。⑤爱惜程度。物对人之意义越大，人对于物就越珍惜。比如，对于一个狂热的球迷而言，有篮球明星乔丹签名的篮球可能意味着无价之宝，因而专门用特别器皿进行存放，而普通的篮球则可能随便置于一隅。⑥物本身的价值内涵。物本身所承载的历史、文化、精神和社会价值，如结婚纪念照片记载着情感的记忆、小孩周岁的照片承载着父母对于孩子成长过程的关注等。

此种标准，应建立在动态判断的基础上。当出现使物与人之情感联结松动的事由时，就应将物与人之情感或精神利益切割，不应再一味地认为侵害该物就将导致精神损害，对权利人的精神损害赔偿主张亦不能再予支持。这些事由主要有：①权利人抛弃物之上的人格、精神利益。当权利人明确抛弃该利益时，此类物品就丧失了人格属性而转换为一般的物。②将物作为普通物进行交易。物品一旦交易，就丧失了跟特定主体的人格、精神利益关联的特性。③赖以产生精神、情感利益的原因消失。比如，在夫妻离婚后，作为爱情见证的结婚戒指、婚纱等纪念品的价值就会大大降低。④其他导致人格、情感割裂的因素。比如，自然人所购买的结婚戒指，因婚约解除而丧失情感寄托意义。

---

〔1〕 参见易继明、周琼："论具有人格利益的财产"，载《法学研究》2008 年第 1 期。

二、单纯人格利益遭受侵害时的精神损害赔偿

1. 单纯人格利益的特征

人格权是人格利益的权利化表现，但人格利益的范围远大于人格权。在人格权之外，还存在广阔的利益空间。人格利益作为一个范围极为广泛的群体，与法律的关系呈现出错综复杂的多样化特征。"有些利益适宜由法律进行保护，因法律的肯定而成为合法利益；有些利益属于社会自由利益，适宜以一种非法律干预的状态存在；有些利益根本就是法律所否定和排斥的非法利益。"[1]

与人格权相比，人身利益不存在明确的权利外观，具有隐形性，法律对其的保护是消极的，很多时候是不确定的。与人格权不同，人格利益即便受到法律保护，法律的保护方式也存在明显差异。由于立法者通常只制定概括性或原则性规定，立法对司法的指引多只是大的方向性指引，人格利益能否得到保护往往依赖于法官对法律原则的理解，不同法官基于不同的价值观念，可能作出截然不同的判决，因此遭受侵害时能否得到救济，能得到何种程度的救济都具有不确定性，行为后果的可预见性程度不高。

人格权与人格利益作为法律保护的两种重要利益形态，在表现形式、调整范围、功能定位、运行方式、内在含义上均具有明显差异。大体而言，人格利益具有如下不同于人格权的特点：

（1）人格权有明确的外观，有确定的内涵和外延。而人格利益不具有明确的权利外观。且人格利益因人而异，人的需要不同，人格利益也有差异。

（2）与人格权的确定化、类型化不同，人格利益的范围特别广泛，形式过于多样，仅能实现典型利益的有限类型化，多数是不能归类的。就我国实践中涌现出来的人格利益侵害案件来看，也是千奇百怪。既有"性权利"之类的基本人格利益，又有"亲吻权"之类的个性化利益。比如，在"李某方诉成都市第二人民医院其他人身权案"中，原告因其丈夫遭遇医

---

〔1〕　参见鲁晓明：《权利外利益损害的赔偿责任研究》，法律出版社 2015 年版，第 11 页。

疗事故致性功能丧失而主张"性权利"侵害的精神损害赔偿;[1]在"陶某萍诉被告吴某道路交通事故人身损害赔偿纠纷案"中,原告诉称交通事故致其"牙齿折断、松动及上唇裂伤,影响了我的容貌;上唇裂伤和门牙折断,使我不能感受与爱人亲吻的醉人甜蜜,不能感受与女儿亲吻的天伦亲情"而主张亲吻权侵害的精神损害赔偿。[2]原告虽然使用了权利之类的表述,但由于我国法律权利清单中并无这类权利,其很明显是一种人格利益。

(3)法律的保护程度不同。由于具体人格权的内涵明确、外延清晰,立法者往往采取各种手段保护人格权。不仅设权性规则与具体性规则有机配套,而且设权性规范、义务性规范和禁止性规范互相配合,为人格权提供全方位保护。但人格利益则不然,人格利益在权益位阶体系中的地位不显赫,多数人格利益的特色也不是很鲜明,因此法律很少对其进行正面保护,设权性规范几乎不起作用。其保护主要是通过义务性规范和禁止性规范进行,在具体保护形式上,主要是通过事后救济的方式进行。

(4)人格权具有权能,权利人可以通过权能积极地行使权利。人格利益很多情况下只是对于客观存在之利益的事实保护,利益人并不享有权能。人格利益的享有者无法请求他人履行某种义务,而只能在受到侵害时请求法律保护。

2. 侵害单纯人格利益精神损害赔偿面临的问题

人格利益没有明确的外观,不像权利那样具有醒目的形式,而是具有隐形性。人的诉求不同,人格利益也不一样,千人千面,类型多样,因而难以为他人所注意。对行为人课以一个注意义务,要求其注意到人格利益的存在不仅强人所难,而且不合情理。即便侵害行为导致人格利益的损害,要求行为人承担责任也存在违反可预见性规则、有违过错责任原则等问题。

精神具有无形性,极易被伪装和夸大。在人身权利没有遭受侵害,而单纯侵害人格利益并造成精神损害的情况下,法律在精神损害的应赔性与

---

[1] 参见张俊、刘文彬:"因人身损害导致性功能丧失的其配偶有权就健康权受到侵害请求精神损害赔偿",载 http://cdfy. chinacourt. gov. cn/article/detail/2007/11/id/559455. shtml,最后访问日期:2019年6月23日。

[2] 参见四川省广汉市人民法院[2001]广汉民初字第832号民事判决书。

可赔性问题上往往陷入两难境地。若赔偿，则可能开启诉讼闸门，造成精神损害赔偿滥疡，若一概不予赔偿，则难以对受害人进行全面保护。

鉴于学界将单纯精神损害混淆于纯粹经济损失这一概念之事实，为研究之便利，并提示学界注意到此种损害与纯粹经济损失的差异，笔者曾提出纯粹精神损害的概念，并将其界定为"作为民事主体的自然人在其民事权利未受侵害情况下的精神利益损害"。[1]

对此，有学者提出质疑，认为借鉴美国法的概念而不考察其渊源和内涵，有张冠李戴之嫌。其理由是，以是否有权利受到侵害作为划分精神损害"纯粹"与否的标准并不适宜。精神损害与特定人的人身之间具有密切联系，而与权利是否受到侵害之间没有必然联系。美国法的纯粹精神损害是为了解决身体损害与精神损害的关系而提出的一个概念，是以该精神损害是否由身体上的损害所导致作为划分标准，而非以是否有基础权利受到侵害为标准。[2]因此，与其标新立异使用"纯粹精神损害"的概念，不如就使用《侵权责任法》已经认可的"其他人格利益"精神损害赔偿这一概念。

笔者认为，第一，鉴于人格利益与身体之关联，身体未受到侵害情况下的精神损害，确实是美国法中纯粹精神损害的主体类型。但因此断言美国法上的纯粹精神损害仅为解决身体未受侵害下的精神损害，则未免失之绝对。英美法由于其判例法传统，喜欢就事论事而非抽象规划，现实中出现什么案型，司法实践中就解决什么案型，并无明确的条规，在概念使用上较为随意。目前而言，几乎没有英美法学者明确界定纯粹精神损害的具体范围，因此得出前述结论失之牵强。由于精神损害赔偿主要存在于人身权益遭受侵害的领域，这导致基础权利侵害与人身损害在很大程度上具有同一性，但并不表明纯粹精神损害就仅指非人身的损害。第二，笔者提出纯粹精神损害的目的，是在学术界普遍将单纯精神损害与纯粹经济损失混为一谈，没有认识到精神损害与经济损失之区别的情况下，通过纯粹精神

---

〔1〕　鲁晓明："论纯粹精神损害赔偿"，载《法学家》2010 年第 1 期。

〔2〕　参见周琼、陈晓红："侵害'其他人格利益'精神损害赔偿的限制——一种比较法的视角"，载《法商研究》2011 年第 5 期。

损害概念的提出，提示学界注意其与纯粹精神损害的差异，将其单独的现象进行研究。而非为了引入美国法中的概念，亦不存在一个以美为师的问题。因而，在我国不存在既有概念的情况下，就其概念内涵并不存在既有概念的继承问题，而只存在概念的应然界定问题。第三，退一步来说，即便如质疑的学者所称，美国法中的纯粹精神损害是指人身损害之外的损害，也不意味着我国应该采用这一内涵。由于历史传统的原因，大陆法系和英美法系在话语体系上存在差异早已有之。权利、无过错责任这些词，在大陆法系和英美法系都客观存在，内涵却各有所指，便是鲜明的例子。英美法系以人身为基础通过司法判例确立精神损害赔偿体系，精神损害赔偿的范围相对狭窄，而大陆法系精神损害赔偿的适用范围则要广泛得多。比如，英美法系不承认具有人格利益之物的损害，但大陆法系却承认侵害具有人格利益之物时的精神损害赔偿。此时，受害人的基础权利受到了侵害，受害人所遭受的精神损害通常也不认为是纯粹精神损害，若仅因非属于人身损害而归入纯粹精神赔偿，明显不具有合适性。同样，英美法不承认侵害死者利益的精神损害赔偿，而在笔者的话语体系中，侵害死者近亲属的精神损害是一种很重要的纯粹精神损害类型。第四，纯粹精神损害与"侵害其他人格利益的精神损害"不是一个层面的概念，纯粹精神损害是归类和总结的结果，其涵盖的范围相对广泛，"侵害其他人格利益的精神损害"的范围则相对狭窄。从功用上来说，纯粹精神损害适合作为一个学理概念，而"侵害他人人格利益的精神损害"则适合作为一个法律实然概念，两者各有其功用，不能混为一谈，更不应该非此薄彼。

3. 比较法上的做法

（1）德国法上的做法。根据《德国民法典》第847条的规定，可以获得赔偿的非财产损害类型主要有侵害身体、健康、自由权或诱使进行婚姻以外的同居行为等。另外，依据《德国民法典》第611条、第651条及第824条至第826条的规定，雇用中的性别歧视、违反旅游合同、诱使发生性行为因故意违背善良风俗侵害人格利益均可能承担非财产损害赔偿。但整体而言，由于《德国民法典》第253条将非财产损害限制于法律明确规定的情形，因此，法律在对受害人救济方面经常显得力不从心。

司法实践中主要通过对《德国民法典》第823条的扩大化解释来应对受害人保护不够的问题。其方法，一是扩大解释健康权，使其包含休克损害、精神恐惧和环境利益遭受侵害所致的精神损害等类型。"如果将健康侵害的界限置于一个较低的水平之上，那么第823条第1款可以被有效地用来应付来自环境的致害行为。"〔1〕一是创设一般人格权概念，并且将其解释为第823条第1款后段所称的"其他权利"。对于前者，主要通过严格侵害事实的认定、严格因果关系的认定等方式限制精神损害范围，对于后者，则通过从严认定违法性限制责任风险，单纯侵害事实并不表明违法性，是否构成违法还需考察是否违反了注意义务。并且，在认定非法侵犯一般人格权时，"权衡财产利益就是必要的"。〔2〕换言之，即便侵害了一般人格权，是否构成侵权，还要进行个案考察和利益平衡。

（2）英美法上的做法。英美法中，在侵害单纯人格利益的情况下，为防止滥诉，对其精神损害赔偿亦进行了层层限制。

第一，身体影响规则限制。即损害对于身体之影响，一般要求构成某种可识别的身体上的症状，包括身体上的症状或医学上可以诊断的疾病，如恶心、呕吐、流产等，或者符合《美国精神障碍病人的诊断和统计手册》以及国际疾病分类中《精神障碍辞典》所规定的创伤后压力综合症的症状等。

第二，可预见性规则限制。按照该规则，侵权行为之责任，须以不法行为引发之损害，具有理性谨慎之人，居于加害人之地位，在事件发生当时，可得预见者为限。〔3〕在美国最早提出"合理预见标准"的 Dillon v Legg 案中，被告疏忽驾驶撞死了正在穿越街道的小女孩 Erin Lee Dillon。死者的母亲和妹妹就其震惊损害提起诉讼。法官提出三个指标取代碰触规则和危险区理论作为合理预见标准的参考：原告在事故现场附近；原告知道

〔1〕　［德］迪特尔·梅迪库斯：《德国民法总论》，邵建东译，法律出版社2000年版，第636~637页。

〔2〕　参见［德］卡尔·拉伦茨：《德国民法通论》（上册），王晓晔等译，法律出版社2003年版，第173~174页。

〔3〕　参见陈聪富：《因果关系与损害赔偿》，元照出版公司2004年版，第138页。

对受害者进行的伤害或者威胁；原告与受害者有亲属关系。[1]"此标准即 Dillon 标准，它奠定了精神打击案件判断标准的基础。"[2]

第三，因果关系的限制。在侵害人格利益的案件中，被告的侵害行为与原告的精神损害之间是否有直接的因果关系，是限制精神损害赔偿的常见手段。如在 Mitchell v. Rochester 案中，法官就认为，原告流产并不是被告过失行为的直接后果，而是意外的、不寻常的情况结合在一起所导致的。[3]

4. 我国的应然做法

《民法典》第 1183 条第 1 款规定，侵害自然人人身权益造成严重精神损害的，被侵权人有权请求精神损害赔偿。该规定使精神损害的赔偿客体涵括了受法律保护的人身利益。侵害人身权之外的其他人格利益造成精神损害的，受害人可以循此主张精神损害赔偿。而对于人格利益的保护，则可追溯到法释〔2001〕7 号的出台。自法释〔2001〕7 号颁布以来，司法实践中因侵害人格利益而被责以精神损害赔偿的案件越来越多，在侵犯"性权利""贞操权"[4]"祭奠权"[5]"生育选择权"、[6]担心感染狂

---

〔1〕　See 68 Cal. 2d 728, 441 p. 2d 912, 69 Cal. Rptr. 72（1968）.

〔2〕　参见张新宝、高燕竹："英美法上'精神打击'损害赔偿制度及其借鉴"，载《法商研究》2007 年第 5 期。

〔3〕　See Mitchell v. Rochester Ry. Co. 45 N. E. 354（N. Y. 1896）.

〔4〕　在我国首例贞操权案件中，原告遭被告强奸。原告提起刑事附带民事诉讼，以"行为实质是一种严重侵权行为，其侵害的直接对象是原告的生命健康权和贞操权"为由，主张精神损害赔偿。一审法院判决 8 万元精神损害赔偿。二审则以刑事附带民事不能提起精神损害赔偿为由，驳回了原告的主张。参见管亚东："全国首例贞操权精神索赔案终审裁定"，载 https://www. chinacourt. org/article/detail/2002/12/id/25147. shtml，最后访问日期：2019 年 6 月 24 日。

〔5〕　在一起祭奠权案件中，在外打工的原告，在料理完父亲丧事以后，去岳父家接患病之妻子回家时方知妻子已经病故，且岳父以原告没有尽到照看义务为由拒绝告知其妻子埋葬地。原告以岳父岳母违反了传统的公序良俗为由，将岳父岳母起诉到法院，要求享有对亡妻遗体的处分权和对亡妻的祭奠权。参见韩景玮："女婿状告岳父索要亡妻'祭奠权'"，载《大河报》2014 年 10 月 27 日。

〔6〕　在"吴某、杨某诉莱芜市妇幼保健院医疗损害纠纷案"中，原告在被告处检测胎儿未监测出异常，但出生以后的胎儿患有唐氏综合征。原告遂以被告过错致错误出生为由，主张精神损害赔偿。法院认为医院作为无过错责任的承担主体，违反注意义务，应承担 80% 的赔偿责任。判决被告负担原告医疗费、精神损害抚慰金等 372 946. 72 元。参见山东省莱芜市中级人民法院〔2016〕鲁 12 终 115 号民事判决书。

犬病、[1]被欺骗进行错误抚养[2]的案件中，法院都曾判决予以精神损害赔偿。前述案件中原告虽使用了"某某权"之类的表述，但由于我国民法上并没有这些所谓权利，其事实上只是一种人格利益。

可见，我国法律采取了"对民事权利和民事利益在保护程度和侵权构成要件上不作区分"、[3]民事权利与民事利益一体保护的做法，此种做法有利于加强对受害人的保护，但无视人格权和人格利益的巨大差异进行笼统规制，导致法律调整手段缺少针对性。在民事利益对行为人的指引极为模糊的情况下，将极大地增加行为后果的不确定性，使行为人陷入动辄得咎的境地。"侵权行为法只有当它避免了过分苛严的责任时，才能作为有效的、有意义的和公正的赔偿体系运行。"[4]权益一体保护的做法尽管形式上可以为受害人提供全面保护这样的学术理想提供法律支持，但事实上根本达不到，反而会使重要人格利益权利化的努力变得没有必要，因为权利也好利益也罢，反正法律都对其提供保护。"一个国家建立的侵权责任法只有对受害人与行为人的保护是均衡的，才是正义的。"[5]在利益不具有明确的权利外观情况下，只要人格利益遭受侵害就可以主张精神损害赔偿，极可能违反可预见性规则，加大行为风险。

为限制单纯利益损害赔偿责任之风险，我国学者的普遍观点是借鉴《德国民法典》第823条第2款与第826条的规定，建立特别规范、保护性法律和故意背俗致损三层利益保护立法体系。[6]但这种观点的问题在于，

---

〔1〕　在广东省深圳市中级人民法院［2011］号深中法民一终字第805号民事判决书中，法院指出，原告由于被狗咬伤产生的对于狂犬病的恐惧，以及受病毒潜伏期不确定的因素长期困扰产生的心理压力，都对原告日后的生活造成了一定影响。

〔2〕　从北大法宝搜索的结果来看，在女性婚外性行为生下孩子的案件中，除极个别案件外，原告以侵犯人格利益为由主张的精神损害赔偿均获得了支持。

〔3〕　王胜明主编：《中华人民共和国侵权责任法解读》，中国法制出版社2010年版，第10页。

〔4〕　［德］克雷斯蒂安·冯·巴尔：《欧洲比较侵权行为法》（第2版）（下卷），焦美华译，张新宝审校，法律出版社2004年版，第1页。

〔5〕　参见张新宝："侵权责任法立法：功能定位、利益平衡与制度构建"，载《中国人民大学学报》2009年第3期。

〔6〕　相关观点参见于飞："违背善良风俗故意致人损害与纯粹经济损失保护"，载《法学研究》2012年第4期；葛云松："《侵权责任法》保护的民事权益"，载《中国法学》2010年第3期；杨立新：《侵权责任法》，法律出版社2011年版，第19~20页。

《德国民法典》的保护模式是对于受害人保护至为狭窄的模式，在我国《民法典》侵权责任一般条款摒弃了德国民法的做法而借鉴法国式一般条款，以便于对受害人提供充分保护的情况下，此种做法架空了一般条款，无异于对立法定位的背离，其实质无异于全新立法。

"利益的保护尤其取决于该利益的顺位、价值、是否可以界定以及其公示性，但也同样取决于人格自由展开、权利享有的利益以及公共利益。"[1] 笔者认为，在侵害单纯人格利益的情况下，为防止产生责任风险，对人格利益损害的赔偿责任，确有必要进行限缩。在进行限缩时，德国的做法显然是必要的参考。但不能直接照搬德国的做法，尤其是在立法政策作出了选择的情况下，不能轻易作出相反的选择，损害法规范的权威。何况，德国民法对于受害人保护不周延的缺陷是人尽皆知的事实。[2] 我国进行目的性限缩的目标，应是一种对人格利益的保护程度小于法国，又广于德国的水平。我国应当通过从严认定过错、从严认定因果关系、建立个案中的利益衡量规则缩小侵害人格利益的精神损害赔偿适用的范围。

人格利益未能上升为权利之原因众多。有的是因为不是核心人格利益，比如多数标表性人格利益；有的是因为正处于成长之中，暂时还有待观察，比如，随着信息网络发展产生出来的一些人格利益；有的是由于传统观念的制约，比如性利益；有的则纯粹是因为立法漏洞，某种程度上，性权利在我国法律中的缺位就是一个立法漏洞。因此，司法实务中对于涉及人格利益的精神损害，可以按照重要性程度进行类型化处理。可以通过指导性案例的方式，确立承认精神损害赔偿的案件类型。重要程度较高的核心人格利益（比如性利益）遭受侵害时，承认受害人的精神损害赔偿主张；重要程度稍次的人格利益遭受侵害时，以个案衡量为基础，在损害确定及不存在责任风险的基础上，酌情承认受害人的精神损害赔偿主张；非

---

[1] 参见《奥地利损害赔偿法学者建议稿草案》第 1293 条第 2 款、第 1298 条第 1 款后段，转引自 [德] 布吕格迈耶尔、朱岩：《中国侵权责任法学者建议稿及其立法理由》，北京大学出版社 2009 年版，第 287 页。

[2] 参见鲁晓明：《权利外利益损害的赔偿责任研究》，法律出版社 2015 年版，第 119 页。

核心人格利益遭受侵害，则除非侵害人故意或存在重大过失，原则上不承认受害人的精神损害赔偿主张，或仅承认较少赔偿额度的名义性精神损害赔偿。正处于成长之中，暂时有待观察的人格利益，亦视其是否核心人格利益确定损害赔偿规则。